谈判心理学

尹旭升 编著

PSYCHOLOGY OF NEGOTIATION

图书在版编目（CIP）数据

谈判心理学 / 尹旭升编著. ——北京：海潮出版社，2016.5（2016.9重印）

ISBN 978-7-5157-0860-7

Ⅰ. ①谈… Ⅱ. ①尹… Ⅲ. ①谈判学—社会心理学 Ⅳ. ①C912.3

中国版本图书馆CIP数据核字(2016)第003610号

书　　　名：谈判心理学

作　　　者：尹旭升
责任编辑：雷　婷
封面设计：荆棘设计
出版发行：海潮出版社
社　　　址：北京市西三环中路19号
邮政编编：100841
电　　　话：(010) 66969738（发行）　66969751（编辑）　66969746（邮购）
经　　　销：全国新华书店
印刷装订：三河市祥达印刷包装有限公司
开　　　本：170mm×240mm　1/16
印　　　张：16
字　　　数：185千字
版　　　次：2016年5月第1版
印　　　次：2016年9月第2次印刷
ISBN 978-7-5157-0860-7
定　　　价：32.80元

(如有印刷、装订错误，请寄本社发行部调换)

前 言 Preface

提起谈判，很多人觉得那是高层次的活动，与普通人无关，所涉及的必是国家大事，外交事务，或者是重大的商务活动。其实，谈判的核心任务在于一方企图说服另一方或理解或允许或接受自己的观点，通俗地说谈判就是：让对方按照我方的意愿去做。从这个意义上来说，人间平凡小事处处都需要谈判。

去菜市场与小贩讨价还价要谈判；租赁或购买房屋要谈判；推销某种物品要谈判；让别人接纳建议要谈判；为了薪水或职级与上司或与下属交涉要谈判；谈婚论嫁要谈判；与配偶讨论如何分配家务要谈判；拒绝孩子的不当要求要谈判……举凡物质和精神的满足，几乎没有能离得开谈判的。

美国著名的谈判专家荷伯·科恩说："世界是一张巨大的谈判桌，每个人都有可能成为谈判者。"的确，谈判无处不在，它已成为人们社会生活中不可或缺的组成部分，不管你喜欢不喜欢，愿意不愿意，每个人都会不知不觉地成为一个谈判者，并经常参与这样或那样的谈判。在交谈或讨论某些问题时，即使你自己不认为是谈判，其实也正是在谈判。

有人的地方就有谈判。作为社会中的个体，每个人都需要通过谈判谋求利益、改变关系、消除分歧，以获得想要的名誉、地位、金钱、爱情、友谊、公平、权利，可以说，是否善于谈判，直接决定了一个人能否过上成功、幸福的生活。

不过，谈判的成败并不完全取决于雄厚的实力或伶俐的口舌，而取决于有没有掌握谈判心理。因为不管是什么类型的谈判，都是一场心理博弈，谈

判的过程就是人与人之间相互揣摩、试探、博弈的过程。在这场心理较量中，双方都使出浑身解数，试图占据上风，以获得自己想要的结果。如果不懂点心理学，不能根据谈判对手的心理采取适当的策略，就会在谈判中陷入被动。

谈判中潜藏着各种影响谈判的心理因素，你将扮演一个怎样的角色，你会得到怎样的谈判结果，全在于你对心理的把握。只有明白人性的特点，只有善于在谈判中运用心理学知识，才能影响对手，主导谈话内容，使谈判局势按照你所想要的方向发展，最后赢得谈判的成功。

为了让广大读者学习和使用谈判中的心理技巧，本书将心理学和具体实践相结合，对谈判过程和技巧进行深度剖析，系统地阐述了谈判中人的需求、动机与行为的密切关系，并结合具有代表性的典型实例，分析人性微妙心理，启发读者如何运用心理学策略使谈判结果朝有利于己方的方向发展，是一部不可多得的实用工具书。不管您从事何种职业，身居何职，相信本书都将让您受益匪浅。

本书在编写的过程中参考了一些专家、学者的著作和观点，在此向各位表示衷心的感谢。

由于笔者水平有限，书中若有偏颇及错谬之处，敬请各界朋友批评指正。

编著者
2015 年 7 月

目 录   Contents

|第一章|
制造心理优势：一开局就要获得谈判主动权

主场优势效应：选择利己之地的心理策略 /002
巧妙安排谈判时间，陷对方于心理劣势中 /004
展示强大气场，用满腔自信压倒对方 /006
让人觉得你是个精明强干之人 /008
巧施手段，让自己显得更具威慑力 /010
摸清对手底细，做到知彼知己 /012

|第二章|
喜怒不形于色：Hold 住自己才能击得垮对手

不懂藏心，会让自己成为"活靶子" /016
失去自制，会被人轻易打败 /018
别让不良情绪随便"冒"出来 /020
沉住气，有耐心才能掌握谈判主动权 /023
顶得住压力，靠坚强的意志笑到最后 /024

谈判心理学

| 第三章 |
学会察言观色：敏锐地捕捉对方的心理动向

谈判人员常见的心理表现 /028
观察入微，洞察谈判对手的内心 /030
成为一个有敏锐洞察力的谈判者 /033
通过言语揣摩对方的内心真意 /035
从非语言交流中推测对方的心理活动 /036

| 第四章 |
营造和谐氛围：解除对手的心理戒备再下手

开局巧寒暄，激起对方的认同心理 /040
让温暖的微笑融化对方心中的坚冰 /043
与人谈判时，脸上要有"真"字 /045
善套近乎，与对方"一见如故"/046
从兴趣爱好入手，让对方"相见恨晚"/048
保持同步，给对方"合拍"的感觉 /050

| 第五章 |
做好心理诱导：使对方朝着你预定的方向走

通过心理暗示进行潜意识说服 /054
故作悬念，引起别人的好奇心 /057
诱使对方说"是"，避免他说"不"/060
层递效应：先提出小要求，再实现大目标 /062
表达信任，激发对方的高尚动机 /064

| 第六章 |
紧抓对方软肋：瞄准人性的弱点最能攻破心防

趋利避害：没人会跟自己过不去 /068

赞美的魔棒能敲开任何人的心门 /070
提要求时,最好能结合对方的长处 /073
巧用激将法 /075
制造短缺,让对方觉得"机不可失" /079
"请教"是开启心灵的金钥匙 /081

第七章
虚与实相结合:看准时机,审时度势

听到对方报价,要装作大吃一惊 /084
无论买卖,都要让人觉得你很不情愿 /086
欲盖还露,影响对方的判断和决策 /088
晕轮效应:通过虚张声势让对方做出误判 /090
有意制造误解,转移对方的视线 /092

第八章
善于藏巧露拙:把明白揣进表面的糊涂中

故作愚笨,淡化对方的争斗心理 /096
装作没弄懂,曲解对方意图 /099
不宜明说的话,不妨含糊其辞 /101
以装糊涂的形式避免尴尬,解除窘境 /104
利用模糊思维解决谈判中的问题 /106

第九章
实施心理加压:通过施压促使对方"就范"

学会向对方施压,使他屈服 /110
若即若离,让对方感到焦虑不安 /112
用精神压力使对方乱方寸 /114
随时准备离开:最有力的施压方式 /117

通过时间压力，逼对方做出让步 /119
巧用最后通牒，突然提出最后期限 /122

|第十章|
巧用迂回之法：绕个弯子，谈判不必硬碰硬

留些情面，力避对方为捍卫自尊心而战 /126
旁敲侧击，绕过对方的心理防线 /128
提出不同意见，不妨用商量的语气 /130
良药不必苦口，忠言也可顺耳 /132
说"不"时照顾一下别人的心理感受 /134
正话反说，迂回达到你的目的 /137

|第十一章|
知进也要知退：为进一尺，何妨先退一寸

谈判知进不知退，往往事与愿违 /140
遵循心理规律，掌握让步原则 /142
灵活运用谈判中让步的章法与技巧 /143
以退让的姿态作为进攻的阶梯 /146
善于用"不"字暗中进攻和争取 /147
主动示弱，用感情打动对方的心 /149

|第十二章|
给人说话机会：在倾听中洞悉对方的底牌

谈判时说得越多，越容易出错 /152
越让对方多说，你越能抓住他的心 /154
有效倾听必须要把握情感要领 /156
巧用沉默，使对手先亮出底牌 /160

第十三章
用好提问艺术：探知和引导对方的心理意图

不要只顾发表主张而不询问对方 /164
灵活掌握提问的类型和用法 /166
通过一系列提问开发客户的需求 /168
多问为什么，直到对方说不出理由 /171
了解意图，巧妙应对谈判对手的提问 /174

第十四章
提高说服效果：先触动人心，再说服大脑

与人说理，须使人心中点头 /178
运用"权威效应"改变对方的态度 /180
更易说动人心的12条说服技巧 /182
抓住重点，点到对方的要害 /185
有力反击要找准对方的"七寸" /187
反击有度，避免语言的刀子伤人伤己 /191

第十五章
掌握刚柔之道：既要有软招，也要有硬法

软硬兼施，使对方按你的意图行事 /194
刚柔相济，可收到极佳的效果 /196
冷热水效应：遥控对方心中的秤砣 /199
先给对方一个糟糕的心理预期，再做出让步 /201
活用黑、白脸，使对方做出你想要的选择 /203

第十六章
不按常理出牌：出人意料地击破其心理防线

指哪不打哪，把对方的注意力引向别处 /208
利用逆反心理，让对方主动给你想要的 /211
欲擒故纵，瓦解对方的防御心理 /213
引而不发，不急着说出自己的目的 /215

第十七章
化解谈判僵局：使"硬接触"变成"软着陆"

有时你就是要让谈判陷入僵局 /220
正视谈判心理战中的非人为性僵局 /221
掌握化解谈判僵局的基本原则 /223
灵活运用化解谈判僵局的方法 /225
把协调的重点放在利益上，而不是立场上 /228
谈判不是战争，而是求同存异、和而不同 /230

第十八章
摆出双赢姿态：让对方得到一些心理平衡

谈判是输是赢，只是一种心理感觉 /234
将赢的感觉给对方，把目标达成给自己 /236
吃肉时，别忘记留一碗汤给对方喝 /238
在谁都不会输的基础上谋求共赢 /240
寻找使双方需要都能满足的方案 /242

主要参考文献 /244

第一章

制造心理优势：
一开局就要获得谈判主动权

俗话说，好的开始是成功的一半。在谈判这场心理战中，开局虽然只占整个谈判过程的很小一部分，而且似乎与谈判的主题关系不大，但却为整个谈判奠定了基础。因此，要想抓住谈判的主动权，必须在一开始就使对方陷入心理弱势之中。

主场优势效应：选择利己之地的心理策略

在谈判中，谈判的地点往往是一个争议较大的议题，因为谈判地点的选择往往对双方的心理影响较大，进而影响到谈判的结果。一般来说，地点对谁有利，谈判的结果就有可能被谁操纵。因此，在一般情况下，如果你掌握了"地利"的优势，那么你也就有了谈判的心理优势，胜利便离你不远了。

现实中我们不难发现，国际体育赛事的东道国，总获得很多金牌。水平相当的两队，若在甲队所在国举行，甲队胜出机会多；若在乙队所在国比赛，乙队胜出机会多。这种在自己的场地上做事对自己更有利的现象，在心理学中被称为"主场优势效应"或"居家优势效应"。

心理学家泰勒尔和他的助手兰尼曾针对"主场优势效应"做过一次有趣的实验：他们让一组参试者在自己的客厅里谈话，让另一组参试者在他人的客厅里谈话，实验结果发现：大多数参试者在自己的客厅里谈话，比在他人的客厅里谈话更容易说服对方。

罗伯特·阿垂尔在他所著的《重要的领土》里说，动物在自己的领土里，最有办法防卫自己。而人类在自己的地盘上也更易赢得胜利。请看下面的例子：

作为一个以进口资源为主要发展手段的岛国，日本的钢铁和煤炭资源是相当匮乏的，而澳大利亚的矿产资源则相对要丰富得多。由于要发展自己的工业，日本非常希望能够从澳大利亚那里购买到足够的钢铁和煤炭，澳大利亚在资源方面占绝对优势，从来都不愁找到好的贸易伙伴。照理，日本人的谈判筹码要比澳大利亚人少得多，处于弱势地位。

但是，日本人总是想尽办法把澳大利亚人请到日本去谈生意。澳大利亚人到了日本后，二者在谈判桌上的相互地位发生了显著的变化。澳大利亚人一般都比较谨慎，讲究礼仪，而不会过分侵犯东道主的权益。而且，他们过惯了富裕的舒适生活，对日本的生活环境和习惯很不适应。到了日本之后不几天，他们就急于想回到故乡别墅的游泳池、海滨和妻儿身旁去，在谈判桌上常常表现出急躁的情绪；而作为东道主的日本谈判代表则不慌不忙地讨价还价，紧紧咬住自己的价格丝毫都不让步。结果日本方面仅仅花费了少量款待作"鱼饵"，就钓到了"大鱼"，取得了常规谈判难以得到的巨大利润。

在日本人与澳大利亚商人的谈判中，日本方面之所以能够轻松地取得极大的成功，关键在于他们宁可多花招待费用，也要把谈判争取到自己的主场进行，使原本占据主动地位的澳大利亚商人最终败在了日本人的手里。

单就谈判本身而言，地点所带来的影响并不明显。但从心理学角度看，地点却可以影响谈判双方的心理，甚至从一开始就确立了双方所处的地位。这样看来，谈判的地点就十分重要了。

有句俗话说："家即是堡垒。"人们在"家"中能得到安全感，以主待客，以逸待劳，不必花时间和精力去适应环境，谈判时注意力集中，比较有利于自己水平的正常发挥。相反，对于处于客场位置的对手来说，车马劳顿地来到一个新的环境，一切都不熟悉，甚至忙了半天，还不知道厕所在哪；对于在谈判场上新出现的人员，对方都紧张一番，不是客套几句，就是私下匆匆了解来人身份，再加上有点精力不足，谈判的时候就不利于水平的发挥。

从谈判双方的心理方面看，在主客场中的谈判，双方大都是不对等的。为客的一方从心理上总是处于劣势或弱势，而为主的一方则恰恰相反。受到邀请的一方到一个陌生而且不受自己掌握或支配的环境时，会感到紧张和恐慌，也会本能地产生自我保护心理，也就是说从一开始就站在了防御的态势上；而主方则比较放松，回旋余地很大，也就占据了主动的心理态势。

心理学家研究发现，一旦被动地位得以形成，人们就会产生一种弱势心理。在弱势心理的作用下，人通常会不自觉地逐步妥协，这样就会造成在谈判中失利。

因此，我们要尽量选择自己的单位或私人空间作为谈判地点，以便在第一时间获得心理优势。即使你的地盘很简陋，在自己的领域里谈判仍然是最好的选择。假如商谈不得不在别的地方举行时，要尽量避免到对方的地盘上去谈，应挑选一个中立的地方。

如果实在避免不了到对方的地盘上去，那就要在去之前做好功课，调整

好心态，用心观察和研究对方的情况，始终坚信自己的能力，保持冷静头脑，时刻牢记自己的使命。千万不要为了"不空手而回"，而赶在返回前达成一些协议，然后回来后又懊恼个半死，这是客场谈判的大忌。我们可以"发现问题"，或随时借口资料不全而离去，撤出谈判，然后择期请他们来我们的地盘上再谈。

巧妙安排谈判时间，陷对方于心理劣势中

在"快节奏"的现代社会，时间是每个人都非常重视的，尤其是对于谈判活动，时间的掌握和控制更加重要。

在实践中，什么时候进行谈判一般都会在谈判之前决定，而且由双方共同商定。不懂谈判心理的人往往随意和对方约定一个时间，结果谈判失败了还不知道是什么原因。

谈判时间按其是否有利于谈判双方，在总体上划分为四类：

一是利己时间：此时间是己方谈判条件成熟且最易达到己方谈判目标的时间。

二是利他时间：此时间是对方谈判条件成熟且极易达到他方谈判目标的时间。

三是互利时间：此时间是谈判双方的谈判条件均已成熟的时间，谈判于此时开场并进行，时间因素对双方的心理影响不大。

四是不利时间：指谈判双方的谈判条件均不成熟、准备不充分，不利于谈判展开并进行的时间。

可见，谈判时间是不能随便定的，要想在一开始就获得心理优势，就要巧妙安排时间，使对方处于劣势之中。

（1）对方准备不足时

谈判前的准备工作对于谈判至关重要，准备得越充分，成功的可能性越大。谈判之前，要通过各种渠道收集对方的信息，如果发现我方准备充足而对方准备不足，则可以促使对方尽快谈判，以先发制人，占有谈判的主动权。相反，如果我方准备不足，应坚决拒绝谈判。

（2）对方身心状况不佳时

对方谈判人员，特别是主谈人员身体、情绪（心理）状况不佳，心理负担沉重等等，比如，在对方连续紧张工作后，经过长途跋涉后，或身体不适、情绪不稳定，或吃得太饱、饮酒过量时，他们的思绪就会比较零乱，难以专心致力于谈判之中，是击败对手的好时机。

（3）对方急需或急售某种商品时

越是着急，越是容易让步。当得知对方急需某种商品或亟待出售产品，此时进行谈判能迫使对方更多地妥协。对自己而言，则要有一个适当的提前量，同时要注意利用时间差，选择对自己最有利的时机。

（4）对方已经花费了很多时间后

古人说"一寸光阴一寸金"，现代人说"时间就是金钱"。可见时间何其宝贵，其本身就包含极大的价值。人们之所以要花费时间进行谈判，无非是希望通过谈判达到某种目标。花费时间谈判，本身也是一种投资，投资就是想要有所收获。在谈判中，所花费的时间越多，促成谈判成功的意愿就会越强。所以，我们要让对手多花费些时间，比如，上文提到的，尽可能让对手来到你的"地盘"，这样对方就会多花时间，特别是异地或异国，对手可能需要花费几天的时间在路上，已经进行了很大的投资，一般不会甘心空手而归。而你可以在进行谈判前5分钟一直处理其他事情，不用对本次的谈判投入太多时间。这样，在谈判开始时，你就已经处于优势地位。如果谈判对手的态度过于强硬，你可以立即中断谈判，之后还可以继续去做其他事情。

除了让对方到自己的"地盘"之外，还可以暂缓提及谈判的关键问题来使对方多花时间。比如，在你买一件东西时，如果一开始就猛砍价，对方可能立即拒绝，然后招呼其他顾客去了，根本不跟你谈；而如果你先不提价格异议，让对方详细介绍产品的材料、性能、使用方法等等，还让对方示范操作或陪你试试，最后猛砍价时，对方就容易让步。因为他已经在你身上花费了很多时间，不甘心就此放弃，说不定心里还暗暗发誓一定要做成你这单生意呢。

（5）合理利用谈判的截止期限

双方谈判所用时间通常有两种情况：一种是双方都没有表明谈判将持续

的时间，即处于保密或者随机应变的状况；另一种则是事先协商好谈判的截止期限。在第一种情况下，要竭尽全力争取掌握对方的期限，以便制定自己的谈判策略。如双方都对谈判期限持随意而定的态度，一般在时间上更有忍耐力的一方常常会占优势。因此，持久战成为一些谈判高手喜好的策略。

在谈判中，还可以从或实或虚的角度出发，以最后期限式的"时间圈套"来造成对方的心理压力，取得谈判的良好效果。关于这一点，我们将在后面的章节中详细讲述。

 展示强大气场，用满腔自信压倒对方

在谈判时，我们要采取各种手段让对方产生弱势心理，然后在此基础上步步紧逼，最终达成对己方有利的协议。达到此效果的方法很多，其中用自己强大气场来震慑对方，就是一个不错的选择。

心怀豪气压倒人。谈判席上，抖擞的精神面貌至关重要，如果再在言谈举止间，流露出一泻千里的豪气，其勇气和胆魄，就会击倒对方的心理防线；而谦卑常会被视为无能，对方就会高高在上，接下来的情形，你将会节节挫败。

"假使我们自比为泥块，"美国著名哲学家科内里说，"那我们将真的会成为被人践踏的泥块。"在谈判中，如果我们在言谈举止之间都表现出自认为卑微渺小，而处处显得不信任自己、不尊重自己，别人自然也会不信任我们、尊重我们。

自信是积极沟通的首要因素，如果你在谈判之前先怯场，对自己说的都没有把握，别人怎么会相信你呢？

利用自信的气场建立心理优势，除了需要有自信的心理外，还需要使自己的外表显得更自信。

初看起来，这似乎是怪论，实际上这是有科学道理的。美国哈佛大学著名行为学家皮鲁克斯早就发现：一个人的外表胜过任何语言，是一种"外强力"的表现。

让自己更具自信的气场，一定要使自己表现出一种有力的姿态，这是让人肯定的基础，也是增加自信的一种有效方法。

一位自以为很有实力的主管却惊讶地发现有些合作对象经常问他"你有哪儿不舒服？"原来他没意识到，是他松弛无力的姿态使他显得无精打采。不久，他才知道，采纳"抬起下巴"这种方法可使自己显得更加自信。

萎靡不振的姿态表明你缺乏信心，使你看上去疲惫，漫不经心或者冷漠。这是谈判人员的大忌，如果站直了，你不仅看起来更有精神，而且显得更有信心。可设想一下，在你的背部有一根丝线，让它穿过头顶把你拉直。

站立时，保持两脚分开约 10～20 厘米，与髋同宽，和肩膀平行，将全身重量落在脚趾上。肩膀保持放松，两臂自然下垂；如把双臂抱于胸前，容易让人感到你有所戒备甚至敌对。不要把手插在口袋里，那样你可能会玩零钱或钥匙，从而分散他人的注意力。应把双手放于身体两侧。

坐时，注意不要贪图舒服。许多人养成了瘫坐的习惯，很难改正。坐着时，如果脚不停地抖动，或者身体扭来扭去，坐不稳当，都表明你有些不耐烦。

弯腰时应屈膝，这不仅是有礼貌的行为（后背不会露出来），而且对保护背部有好处。

谈判者必须有自信的走姿。走路的姿态应该是优雅、自然而且简洁的。你可以把走路的姿态录下来，或者边走边看着对面镜子里的形象。然后自问，你会怎样看待像这样走路的人。

一个人的手势就像语言一样，深深地受到个性形成时期的影响。手势也是文化与个性的表现。

首先，避免使用令人不快的手势。双手背在身后，挥动拳头或双臂抱胸表示生气，而用手指点则意味着指责。绞动双手说明你很紧张。这些手势都有其隐含的意义，但大多数人意识不到他们正在做这些手势。建议你看看自己的录像，你在录像中的表现往往和现实生活差不多。

另外，手势使用得恰当会收到意想不到的效果，特别是面对众人发言的时候。你要注意动作自然，使手势与讲话内容一致（不要在讨论第四点时伸出三个手指）。五指合拢，摊开手掌表明开诚布公；握紧拳头则意义相反，有时甚至意味着威胁。

我们建议，使用手势时手的动作要在腰部以上。面对一大群听众时，手势的动作幅度要大些，面对少量听众时，这样的手势可能有些过于强烈。同时，

谈判心理学

还要注意变换手势，以免重复。

手势是一种姿态，更是信号语言的一种形式。尽管未发一言，但我们仍能有效、有礼貌地与人交流。请记住，姿态是无声的语言，它在你开口说话之前就传递出了信息，使人对你产生印象。你的姿态表明你是否在意他人对你的看法。

另外要注意自己的装扮。一个人的形象是透露给人的第一印象，第一印象又往往是最重要的。所以在进行一项重要的谈判时一定要注意自己的衣着打扮。俗话说：人靠衣装，马靠鞍。穿戴整齐、干净利落会赢得对方的尊重与信任。

总之，自信是行为的动力，信心是成功的基石，没有自信就没有良好的行为。谈判人员必须从心理、着装、姿态等方面透露你的自信；对自己、对自己代表的团队、对自己谈判的内容与己方的策略也充满自信。这样才会在谈判中占得心理优势，从而获得理想的谈判结果。

让人觉得你是个精明强干之人

在言行举止中显得精明强干，是谈判者塑造和提高自身形象、获得心理优势、使谈判对手折服的一种重要技巧。

精明强干是谈判高手最为重要的特点之一。无论是说话、办事还是决策，我们都要做到干脆、利落，不犹豫不决，不拖泥带水，这是一个人才能、魄力最直观的表现。不能做到坚决果断的人，往往给人以懦弱无能的感觉，那么这样的人在谈判一开始就被人的气场压住了。

仅仅是坚决果断，还不足以打造出自己精明强干的形象，谈判的一点一滴中你都需要一些手段来包装自己。以下这些手段非常有效，大家不妨酌情运用：

（1）坚定信念，言语有力。说话没有底气，言语软弱无力，原因是心虚不坚定。一个具有坚强意志的人说话绝不会软弱无力、含糊其辞。是什么就是什么，该怎么做就怎么做，信念十足，坚定不移，说话还会没底气吗？

（2）说话以前先说重点，可给人很有头脑的印象。一开始就给听者几个主题，可以让他自由地把话解释到容易理解，这么一来，即使所说的话有些前后颠倒或不甚清楚，也不会给人留下思维混乱的印象。可以说，这种先说重点的方法，其实是借助他人的能力，来加强对方觉得你很有头脑的印象。

（3）要注意停顿。一句话不能说得太长，也不能说得太短。适当地停顿，不仅可以调整自己的思维，而且可以引起对方的注意。在停顿的间隙，可以观察对方的反应。

（4）每一件事都在3分钟内说完，是一个聪明的秘诀。无论什么事情，大致内容都只要3分钟即可说明。如果你做不到这一点，那么你的话中一定会有许多无关紧要的内容，使人产生沉闷、无边无际、废话连篇的印象。

（5）用低沉浑厚的声音说话。一般来说，低沉的声音比高的声音更洗练，更富有魅力，更易使人获得安全感。心理学家根据声音质量的研究报告认为，说话浑厚低沉且回声响亮的人，一般是外向的、有领导能力的人，而且他们的言辞也颇具说服力。

如何用浑厚低沉的声音讲话，也有一个小窍门，这就是要注意保持用均匀的速度讲话。对此，我们可以通过读报纸的社论来进行训练，并把自己的声音录下来，不断调整和练习。

（6）谈话中自然而然地说些专门术语可引人注目。我们大家都有这样的经验：就是偶尔在车上或水果店里，无意间听到别人谈话时，如果其中有专门术语或外语，你就会特别注意到说话的人，这种情形在心理学上叫"凝离效果"。

比如，在一大串的数字中有一个温度标志，那么这个标志就会很自然地变得特别明显。换句话说，在一大堆的同样东西中，只要有少数不同的东西存在，那么这些少数的东西就会成为大家注目的对象，这就叫做"凝离效果"。但是，值得注意的是，如果使用得太频繁，就会使"凝离效果"减弱，而给人一种故意卖弄的不良印象。

（7）与人订约时，不要约"几点整"，而应约"几点几分"，这样可使对方对你产生能干的印象。与人约会时，如果说"大概几点左右"会面，会使人误认为你对什么事都不在乎，因而尚未见面就对你的印象打了折扣。相反，如果你定在"几点几分"见面，可使对方对你产生善于把握时间、珍惜时间

的印象。

（8）频繁地接、打电话，谈判对手会以为你很成功。有些演员在洽谈拍片报酬时，常把谈判的地点定在自己的公司，并故意托自己的亲朋好友在适当的时候打电话给他，以显示自己忙得不可开交，从而提高自己的身价，提高报酬。尤其是那些以观众为对象的谈判，这种忙碌的"包装"就显得更为重要了。由于这种职业的特殊性，所以只要凭接、打电话数量之多，就可以体现出其受欢迎的程度。因此，明星在捧场者或大众媒介者那里，经常把自己表现得很忙碌。

（9）对于一些畅销书籍可以不必详看，但必须表示出予以关注的态度，可以给谈判对手留下你紧跟时代潮流的印象。

（10）与大家共餐点菜时，如果犹豫、迟疑不决的话，很容易被认为是没有决断力的人。

（11）把写满约会事项的记事簿"无意"地让谈判对手看到，可以显示你的细心周到。在约定见面时，先看看记事簿后再决定时间，可以表现出一副忙碌的样子。

（12）为了让人看出自己是个从容不迫的"人物"，尽量放慢动作可以达到效果。

（13）业余特长远离自己的工作范围，会给别人留下深刻的印象。

当然，我们在运用以上技巧时，一定要显得自然，万不可流露出做作之态，否则，效果可能会适得其反。若想长久地保持自己精明强干的形象，就必须把上述这些办法反复运用，并且形成一种习惯。俗话说，习惯成自然，既然已经习惯了、自然了，那就不会显得做作，时间一久，这种精明强干的气质也就刻在你的骨子里了。

巧施手段，让自己显得更具威慑力

毫无疑问，如果在谈判时能威慑对方，就很容易拥有谈判的心理优势。绝大多数人都希望自己有一定威慑力，事实上，确实有一些人在不时地威慑着你，并且，你也希望去威慑他人。

很多人在一些场合有过被威慑的经历。通常人们喜欢表现出自己对手上正干的事很在行，而事实上却知之甚少，或一窍不通，一旦被人点破就会受到威慑。最倒霉、最常见的被威慑情形，就是在买家具、古玩或跟装修工打交道时。有时真不可思议，那些装修工就敢在最有钱的商人面前耍威风。其中最关键的一点就是，他们对本行是专家，而对方却知之甚少，因而受到威慑，而处于劣势。

一旦别人涉足了你从事的领域，你是这方面的专家，而他不是——无论你从事什么工作，会计、医生、建筑承包商、花商、殡仪馆经理、药房老板或经营旧汽车的商人，你都必须记住，对于你的工作，你远比来找你的人懂得多。所以，你就应充满自信，有把握地主动出击。这样，你就不会处于一种被威慑的境地。实际上，如果你愿意，你现在就可威慑别人了。

很多人相信，医生是头号最具威慑力的人。一些医生命令病人干这干那，例如，他也许会说："我不管你有多忙，我要你现在马上来医院，我们将给你做彻底的检查，找出你头痛的原因！哪怕要整整一个星期才能查出结果来，我也不管！"当医生这样命令时，病人大多会照他说的去做。

一般而言，低声说话更有威慑力。低声讲话容易使人信服，因为它能显示说话人坚定的信心，而且少了虚张声势之嫌疑。**当你的谈判对手冒犯了你，别涨红了脸，而应像个自信的巨人般高视阔步。**假使你觉得他想欺骗你，你就把有力的证据摆在后头。一个人的声音愈大，他所表现出的力量就愈小。只有懦夫才又威胁又大叫的。

这里还有一些小手段，可以帮助你提升自己的威慑力：

（1）把办公室的家具摆放得让来人只能坐在一个较低的位子上，尴尬地仰着头看你，从而造成一种威慑的阵势。

（2）直视对方眼手等某一身体部位，给对方以压迫感。

（3）占据背光位置，可产生威慑效果。站在反光线的位置上，可给予对方有目眩的物理效应，同时也能产生各种不同的心理影响，让对方无法认清你的表情。而对方的形象却被阳光照遍了各个角落，暴露了身体的每一部分，这在一定程度上会使其惶恐不安。同时，置光于后的形象，也能与光融合为一体，使对方对你产生比实物更大的印象，这种后光照射的状态，能使你在

精神上压倒对方，确保自己优越的地位。

当然，类似这种人为的、刻意的通过外界因素增强自己外表威慑力的做法，我们并不一定完全提倡，而是主张从自身的内在气质和能力方面去强化自己的信心和气场，从而由内而外起到威慑作用。

摸清对手底细，做到知彼知己

谈判桌上风云变幻，谈判者要想在一开局就占据心理优势，并掌控谈判的整个局面，就必须做好各项准备工作。在谈判准备过程中，要对自身情况全面分析，同时全面了解谈判对手的情况至关重要。

兵法云："知己知彼，百战不殆。"只有详尽地了解自己和对方的优劣、意图，才能确定自己的最高目标——达到的最好结果，和最低目标——所能接受的最低条件，才能进一步准备好对策。

知己是对自己的真切了解，可从自身、企业、国家等不同的角度进行分析，哪些属于优势方面，哪些是薄弱环节，以客观的态度，来一番考察和评价。

知彼，就是要对对方真切了解，做到"胸中有数"。作为一种心理战，谈判的胜负往往取决于掌握信息的多寡。只有摸清对方的现状、意图、目的、策略，我方才能对症下药，针对其薄弱之处发动进攻，进而使我方在整个谈判中处于较为有利的地位，获得想要的结果。

谈判力的表现不是你能够滔滔不绝的说话，而是能够抓住要点。在双方有异议时，有没有掌握对方的信息，直接决定了谈得如何，甚至决定能不能谈下去。请看下面两种情景：

情景一：

小刘：张总，你好，我是××公司的销售代表小王，这是我们产品的资料，你看你们是否感兴趣？

张总：放我这吧！我感兴趣的话给你打电话。

小刘：你看看，我们的设备质量好，而且价格也便宜……

张总：对不起，我还有个会，我会和你联系的，好吗？

小刘：好吧。

小刘刚走，张总顺手将资料扔进了垃圾桶。

情景二：

小周：张总，你好，我是××公司的销售代表小周，这是我们产品的资料，你看你们是否感兴趣？

张总：放我这吧！我感兴趣的话给你打电话。

小周：如果用我们的设备，会比你现在用的W型号的设备效率提高30%，而且节能15%……

张总：哦？真的吗？你说说看。

小周详细介绍了产品，张总连连点头。

为什么小刘的销售谈判刚开始就夭折了？他的准备明显不足，他不清楚客户正在使用什么设备，这种设备与自己所销售的设备有何区别，所以也就无法打动客户的心；而小周显然事先经过调查，知道客户所用的是什么设备，并且表明自己所销售的设备和原设备相比有什么优势，因而很快引起了张总的兴趣。

可见，谈判之前一定要做到知己知彼，不打无准备之仗。了解谈判对手的信息越详尽，越容易找到解决问题的突破口，谈判成功的几率就越高。

美国前总统肯尼迪在前往维也纳与苏联部长会议主席赫鲁晓夫谈判之前，就通过各种渠道收集了赫鲁晓夫的全部演说和公开声明，他还收集了可以获得的这位部长会议主席的其他资料，诸如个人经历、业余爱好，甚至早餐嗜好、音乐欣赏趣味等等，并精心进行了研究，从而对赫鲁晓夫的心理状态、思维

特点均有所了解。因此,尽管还未见面,肯尼迪一旦说起赫鲁晓夫,能像对待老朋友那样,如数家珍地说上一大通,以至于两人谈判时,肯尼迪总是胸有成竹,仿佛对赫鲁晓夫下一句要说什么都了如指掌一般。这次谈判的结果虽然没有公布于世,但不少观察家分析,在后来的古巴导弹危机中,肯尼迪之所以敢于作出如此强硬的姿态,不仅是因为他已经摸透了赫鲁晓夫的脾气,说不定就是在那次谈判中,赫鲁晓夫败在肯尼迪的手下,对肯尼迪惧怕三分所致。

一般情况下,谈判者掌握的信息越充分、越准确,就越能掌握谈判大局,越容易促使谈判对手做出利于己方的妥协。在正式谈判以前,如果没有进行信息的收集与综合选择,就无法正确确定谈判的方案。如果你对对方谈判的目的、对方谈判人员的组成情况、谈判风格、谈判权限、所允诺条件的优势等信息没有足够的认识,相应的谈判也就没有多少把握。在谈判进程中,对变化中的、动态的谈判信息——如对方谈判目标、谈判策略方法、动作的状态、竞争行情、外界其他制约因素等的变动不能及时进行捕捉、分析,那也就无法相应地做出己方谈判的应变对策,在谈判继续深入的进程当中就会失去主动权,也根本无法去获得谈判的最优结局。

因此,在严格保密己方信息的同时,谈判者应当通过各种渠道、采取各种方法,尽最大努力掌握更多的双方谈判资料和有关谈判对手的有用信息,这样才能在谈判中抓住要点,从而实现谈判的目标。

第二章

喜怒不形于色：
Hold 住自己才能击得垮对手

在谈判这场心理战中，非有城府不足以致胜，非有过硬的心理素质不足以自保。古今中外的谈判高手，在任何环境、任何情形之下，都能做到从容镇定，使自己保持一个清醒的头脑，同时避免别人窥到自己的底牌，最终击垮对手，获得谈判的胜利。

不懂藏心，会让自己成为"活靶子"

一个人的谈判水平与其做人做事的方式有很大关系。性格直爽、真诚待人本没有错，但如果身处复杂的谈判桌上，仍不善藏心，让人一览无余，只能让自己成为"活靶子"。只有懂得控制自己的情绪，才能把握进退的主动权，在谈判过程中游刃有余。

比如，经常逛街的女孩子，当她在商店里看见自己喜欢的衣服时，她会不动声色，更不会让店员猜出她究竟喜欢哪一件，而是耐心地与店员讨论其他衣服的优缺点，反复试穿。等到店员产生了倦怠，而不知道她是否真心想买时，她才拿出自己喜欢的那件，漫不经心地，做出可买也可不买的样子。这时店员为了做成一笔交易，往往会主动降低价格。倘若她刚进店，就表现出看中了一件衣服，并急于想得到的样子，那么店员就会故意把价格抬高。隐藏自己对衣服的喜好，也就等于暗示店主，这件衣服还不够吸引自己，不值得自己购买。在买卖谈判中，这就能占据主动权。

在谈判过程中，最忌别人一看你的脸色、一听你的言辞就知阴晴寒暑、雨雪风霜。谈判高手一般都喜欢把自己的情绪隐藏起来，不让别人窥出自己的底细。

《三国演义》中的诸葛亮，总是身披八卦衣，手持鹅毛扇，一副运筹帷幄，决胜千里的姿态。传说鹅毛扇是妻子黄氏送给他的。诸葛亮准备出山辅佐刘备，黄氏用其父亲赠给她的一只大鹏的羽毛做了一把扇子，扇柄上画着八阵图，要诸葛亮随身携带，一则不忘夫妻恩爱，二则对行军作战大有裨益，三则告诫他息怒。黄氏对诸葛亮说："你与家父畅谈天下大事的时候，我发现当你说到你的胸怀大志则气宇轩昂；当你说到刘备先生想请你出山就眉飞色舞；但你每一次讲到曹操，就眉头深锁，一讲到孙权，就忧戚于心。大丈夫做事情，一定要沉得住气，我送你这把扇子，就是给你用来遮面的，挡住你的脸。"因此，诸葛亮出山之后，一直身不离八卦衣，手不离鹅毛扇。看来，诸葛亮的情绪控制能力本来不怎么好，经妻子黄氏提醒和训练之后才得以提高。

对现代社会的谈判人员来说，适当控制自己的情绪有下列好处：

（1）避免自己的弱点被利用。要知道，无论是谁，只要稍有智力，便能多多少少练就察言观色的本事，他们会根据你的喜怒哀乐来调整和你谈判的方式，为自己谋取利益。这样一来，如果你的情绪表达失当，你的意志也会在不知不觉中受到别人的掌控。因此，高明的谈判者一般都不随便表现这些情绪，以免被人窥破弱点，予人以可乘之机。

（2）情绪自控是做出正确决策的需要。在谈判时一旦露出了"真情"，就容易为人所看穿，受到影响，而导致做出错误的决策。谈判时要做到"喜怒不形于色"，亦即尽量控制个人的感情，而以冷静客观的态度来谈判。

（3）做好工作需要积极情绪的支持。专业谈判人员所从事的工作很关键，其结果如何，关系到相关人员的利害得失，关系到某项事业的成败兴衰，有的重大谈判甚至还关系到组织的生存发展。这就需要你自觉主动地对个人的情绪进行自我控制，创造良好的心境。

（4）情绪自控是建立良好人际关系的基石。良好的人际关系，是谈判者顺利开展工作的重要外部条件。与人谈判，有时并非你一个人，而是需要一个谈判小组，谈判者本人的情绪状态，直接关系到小组成员能否抱成一团。何况，很多谈判的目的是为了合作，而不是为了闹僵，懂得情绪自控才能更好地与对方沟通，达成双赢的谈判结果。

（5）情绪自控也是增强理智的核心。情绪是有迁移性的，平时我们讲的"爱屋及乌""惊弓之鸟""草木皆兵"等都是情绪的迁移性的表现。这种迁移性，带有十分明显、强烈的感情色彩，具有主观性。如某些谈判人员因为某事受到挫折，心里郁闷，在谈判时会情不自禁地耍脾气、发怨气，因而影响了谈判，造成谈判僵局。因此，谈判人员必须对自己的情绪进行控制。这种自控反映了一个人的修养和心理水平的成熟程度，体现了其理智水平的高低。

（6）情绪自控能使你在谈判遭遇困难时保持若无其事的冷静与沉稳，这是最能稳住阵脚的方法。如果你控制不了自己的情绪，露出不安的表情或慌乱的态度，便会影响到谈判局面，使己方更加被动。

（7）情绪自控也会使你在对外交涉谈判时具有从容镇定、成竹在胸的泱泱大风。如果把持不住露出感情，如同自掀底牌一般，容易被对方控制，而屈居下风。

虽然说喜怒哀乐是人的基本情绪，但作为一名谈判人员，要想使自己更加成熟，使谈判取得理想的结果，必须时刻保持理性的头脑，注意控制自己的情绪，做到喜怒不行于色。只有学会控制自己，才不会把事情搞糟，也才不会被对方控制。

做到控制自己，其要点是：第一，在你欣喜或愤懑时，让别人看不出来，喜怒哀乐不露于形。第二，你的脸色或许是你内心的反面，又或许是你内心的表现，但都要达到你自己想达到的目的，都要为你的目的服务。

 失去自制，会被人轻易打败

谈判中并非张牙舞爪、气势夺人就会占据主动，反倒是喜怒不形于色，情绪不被对方所引导，心思不被对方所洞悉的方式更能克制对手。

在生活中，我们能控制的东西太少了。你控制不了政治环境，控制不了经济形势，控制不了你的上级领导！但幸运的是，自己的态度与情绪是能够控制的。

一个人在谈判时的表现主要取决于他的"情商"，而不是学历或能力。如果你不能自制，就如同自掀底牌一般陷入被动，很容易被对方打败。

美国著名成功学大师拿破仑·希尔，在年轻时曾和办公大楼的管理员发生了一场误会。这场误会导致了他们两人之间彼此的憎恨，甚至演变成激烈的敌对状态。这位管理员为了表示他对拿破仑·希尔的不悦，当他知道整栋大楼里只有拿破仑·希尔一个人在办公室中工作时，他立刻把大楼的电灯全部关掉。这种情形一连发生了好几次。最后，拿破仑·希尔决定进行"反击"。

某个星期天，拿破仑·希尔在办公室里准备一篇预备在第二天晚上发表的演讲稿，当他刚刚在书桌前坐好时，电灯熄灭了。拿破仑·希尔立刻跳起来，奔向大楼地下室，他知道可以在那儿找到这位管理员。

当拿破仑·希尔到那儿时，发现管理员正在忙着把煤炭一铲一铲地送进

第二章　喜怒不形于色：Hold 住自己才能击得垮对手

锅炉内，同时一面吹着口哨，仿佛什么事情都未发生似的。顿时，拿破仑·希尔对他破口大骂。一连5分钟，拿破仑·希尔都以比管理员正在添加煤炭燃烧着的那个锅炉内的火更热辣辣的词句对他痛骂着。最后，拿破仑·希尔实在想不出什么骂人的词句了，只好放慢了速度。

这时候，管理员站直身体，转过头来，脸上露出开朗的微笑，并以一种充满镇静与自制的柔和的声调说道："哎呀，你今天有点儿激动吧，难道不是吗？"

他的这句话就像一把锐利的短剑，一下子刺进拿破仑·希尔的心脏。想想看，拿破仑·希尔那个时候会是什么感觉。站在拿破仑·希尔面前的是一位文盲，他既不会写也不会读，却在这场战斗中打败了希尔，更何况这场战斗的发生，以及武器，都是希尔自己所挑选的，拿破仑·希尔的良心用谴责的手指对准了自己。拿破仑·希尔知道，他不仅被打败了，而且更糟糕的是，他是主动的，而且是错误的一方，这一切只会更增加他的羞辱感。

拿破仑·希尔转过身子，以最快的速度回到办公室。他再也没有其他事情可做了。当他把这件事反省了一遍之后，立即看出了自己的错误。但是，坦率地说来，他很不愿意采取行动来化解自己的错误。拿破仑·希尔知道，必须向那个人道歉，内心才能平静。最后，他费了很长的时间才下定决心，决定到地下室去，忍受必须忍受的羞辱。

拿破仑·希尔来到地下室后，把那位管理员叫到门边。管理员以平静、温和的声调问道："你这一次想要干什么？"拿破仑·希尔告诉他："我是回来为我的行为道歉的———如果你愿意接受的话。"管理员脸上又露出那种微笑，他说："凭着上帝的爱心，你用不着向我道歉。除了这四堵墙壁，以及你和我之外，并没有人听见你刚才所说的话。我不会把它说出去的，我知道你也不会说出去的。因此，我们倒不如就把此件事情忘记了吧。"

这一段话对拿破仑·希尔所造成的触动更甚于他第一次所说的话，因为他不仅表示愿意原谅拿破仑·希尔，实际上更表示愿意协助拿破仑·希尔隐瞒此事，不使它宣扬出去，不对拿破仑·希尔造成影响。拿破仑·希尔向他走过去，抓住他的手，使劲地握了握。拿破仑·希尔不仅是用手和他握手，

更是用心和他握手。在走回办公室途中,拿破仑·希尔感到心情十分愉快,因为他终于鼓起勇气,化解了自己做错的事。

这件事发生之后,拿破仑·希尔下定了决心,以后绝不再失去自制。因为一失去自制之后,另一个人———不管是一名目不识丁的管理员还是有教养的绅士,都能轻易地将他打败。在下定这个决心之后,希尔身上立刻发生了显著的变化,他的笔开始发挥出更大的力量,他所说的话更具有分量。这个事件成为拿破仑·希尔一生当中最重要的一个转折点。拿破仑·希尔说:"这件事教导我,一个人除非先控制了自己,否则他将无法控制别人。它也使我明白了这两句话的真正意义:'上帝要毁灭一个人,必先使他疯狂。'"

学会控制自己,这样才能控制别人。在谈判时,情况瞬息万变,有很多的压力和矛盾需要面对,如果失去自制,任何人都能将你打败。只有情绪稳定、内心平和,才能思维清晰,不冲动、不盲从,在谈判和交涉中占据主动地位。

别让不良情绪随便"冒"出来

在竞争日趋激烈的今天,每个人都面临着不同的挑战,承受着不同的压力,因此人人也都会有心情烦躁的时候,都会遇到难言的苦衷。在这种情绪笼罩下,谁都会有一种想发泄的愿望。

"人生不如意之事十有八九。"人生在世总会碰到不愉快的人和事,难免怒火中烧,这就需要我们想办法平息它。如果你认为谈判面对的是"敌手",就可以不必再控制自己的情绪了,那你就错了。

《塔木德》里面说过这样一句话:"带着情绪的谈判是愚蠢的。"谈判应该是理智冷静的行为,不应该加入更多感情因素,将情绪和复杂的个人感情因素带入谈判中,就会让自己变得很不理智，这样的人在谈判中怎么能成功呢？

史密斯创业办公司，在与客户谈判时经常会勃然大怒，向着对方发火，导致很多本来有意向与他合作的客户也愤然而去。史密斯为此感到非常苦恼，他向亲近的人抱怨说："我的工作压力这么大，什么事都在那儿撑着，压抑着自己，不让我发泄一下，我的心理健康会受到损害，也许还会得病呢！"

其实，许多人都和史密斯有着一样的想法，认为生气时不把不良情绪发泄出来，久而久之会造成心理压抑，只有把心中的不良情绪释放出来才有益于健康。事实也的确是这样，许多专家也建议我们在生气时最好不要压抑，而是把它宣泄出来。

然而，动辄就提高嗓门、大声指责对方，这样很容易导致谈判陷入僵局；而乱发脾气、失去控制，也只能让你得到一时的心理满足，怒火之后，仍然会心烦意乱，有些人还会为自己如此失去控制平添一分担忧。因为发泄怨气会使自己的形象受损，谈判对象可能因此而恶言相向，甚至反目成仇。这样的情况当然是你不希望看到的。

其实，人是有感情的动物。但谈判时则不能流露感情，应该保持情绪的稳定，避免情绪上的某些不良反应。不良情绪会让人失去理智，做出错误的决定，毁掉谈判对手的合作意愿。因此必须懂得自我控制。

虽然情绪和性格有很大的关系，但并不是不可改变的。只要我们常常提醒自己去注意去克制，就完全可能让自己远离情绪的漩涡，提高自己的情商。以下几点值得我们参考：

（1）不要带着情绪的尾巴去谈判

因为，带着情绪谈判，自己变得心烦气躁，对别人也成了一种负担，这样谈判效果自然不佳。无论我们在自己的生活中碰上了什么不如意的事，即使是身陷苦海，也不要把情绪带到谈判桌上去，而要将它弃掷于门外，进入正常的谈判状态。

（2）学会冷却自己的情绪

假如你在谈判时意识到自己情绪不好，就要爆发出来时，一定要告诫自己千万不可失控，要尽快想法子冷却自己的情绪，即使是遇到令人生气的事，也不要让自己当场发作，切勿向对方大发脾气。在这些情况下，不妨用这么几种方式，比如命令自己脸上挂着微笑，因为笑脸可以将你的情绪隐藏起来，或者上洗手间或其他地方一趟，待理智占上风能冷却自己的情绪后再返回继续谈。

（3）把焦点集中在解决问题的办法上

谈判过程中，一旦遇到会让你生气，引发情绪波动的事情，不要把焦点放在谁是谁非上面，也不要以为发发脾气就能了事，更没必要为此耿耿于怀，这样只会使自己的情绪变得更为糟糕，无济于事。最好的办法是把焦点放在解决问题上面，就事论事，别的只是枝节问题，争取经过你的努力使问题得到妥善的解决，这样更有助于消除负面的影响。

（4）激励自我，主动培养坚韧的意志

人的一生无论在工作中还是在生活上都会遇到很多的困难和挫折，如果不去正确地面对，及时地从困难和挫折的痛苦中解脱出来，就会影响自己的身心健康和个人的前途，有时还会走上绝路。在受到挫折后，要想得开，能够用自己的人生目标去激励自己，主动培养坚韧的意志，以乐观积极的态度去克服困难，摆脱挫折，切莫陷在痛苦的深渊里不能自拔。在承认挫折、看到不足的同时，眼光要放远，不要拘泥于眼前的得失，要学会把这次挫折看成是下次成功的前奏，是成功必须付出的代价。这样，坚韧的意志就会逐渐培养起来，谈判时也没那么容易情绪化了。

（5）合理地发泄情绪

这是排解不良情绪的一种积极的方式，它要求在适当的场合、用恰当的方式来解除心中消极的情绪。不论男女，你可以找个没人的地方大喊大叫或大哭一场，使自己的愤怒或悲痛的情绪得到释放；也可以向亲戚、朋友倾诉；还可以高声放歌……方法不一而足，其目的只有一个：使郁积已久的怒气和其他不愉快的情绪得到充分的发泄，从而改变内心消极的情绪状态。

最后要指出的是，在谈判中有时佯装发怒，适当地装着发点小脾气，也能给对手施加不少压力。但这只是一种心理策略，目的只是要向对方输出这样的信息：他的做法让人无法忍受，实际上情绪并没有冲动。在发脾气时，

为了不致让场面太僵,最好用黑白脸默契配合。

☕ 沉住气,有耐心才能掌握谈判主动权

耐心是成功谈判的心理基础,也是在心理上战胜谈判对手的一种战术与谋略。在谈判中,耐心表现为不急于取得谈判结果,能够很好地控制自己的情绪,掌握谈判的主动权。

在生活中有很多性子急的人,他们做事沉不住气,过分追求数量和效率,但由于急于求成,考虑问题不仔细、不周全,很容易出现疏漏和错误。谈判中,抱有急躁心理的谈判人员不乏其人。很多人在谈判时心急火燎,总是希望能够尽快签单。其实,急躁不仅不能成事,反而会误事,更有可能会使人因为急于求成而不得。毕竟,在谈判过程中,不会每次都那么顺利,遇到困难和挫折是难免的,如果一味求快,只会事与愿违。

耐心可以作为谈判中的一种战术与谋略,能使谈判者认真地倾听对方讲话,冷静、客观地谈判,分析谈判形势,恰当地运用谈判策略与方法;耐心可以使人们更多地倾听对方,了解掌握更多的信息;耐心也使人们更好地克服自身的弱点,增强自控能力,有效地加强、控制谈判局面;耐心使谈判者避免了意气用事,融洽谈判气氛,缓和谈判僵局;耐心使谈判者正确区分人与问题,学会采取对人软、对事硬的态度;耐心也是对付脾气急躁、性格鲁莽、咄咄逼人谈判对手的有效方法,是实施以软制硬、以柔克刚的最为理想的策略方法。

具有耐心是谈判者心理成熟的标志,它有助于谈判人员对客观事物现象做出全面分析和理性思考,有助于谈判者做出科学决策。如果你的谈判对手没有你那么有耐心,你靠这一点就能击溃对方的心理防线。

美国前总统卡特是一个极为沉得住气的人,他对于谈判也是极具谋略。有人曾说:同卡特总统只要呆上 10 分钟,那么,你就会像服了镇静剂一样。在 1978 年的"戴维营和平协议"的谈判中,卡特的耐心就在其中起到了关键性作用。

当时，为了缓解埃及与以色列紧张的关系，卡特总统特地安排了一场和平谈判，并精心地将这场谈判选在了戴维营。这是一个环境优美且透着一股优雅气息的地方，生活设施十分完善。当埃及总统萨达特和以色列总理贝京带着随从到来时，卡特安排他们住下，同行的一共有14人，但卡特却只给他们两辆自行车和两套娱乐设备和三部乏味的电影。

第一天，谈判无果；第二天，结果仍不理想；第三天，第四天……住到第六天时，两行人已经把这些电影看过两遍，实在是厌烦得想要抓狂了。然而，卡特总统却总是会在每天早上的八点来到萨达特和贝京的门前，重复那说了六天的同一句话："您好，我是卡特，请再把那个乏味的主题讨论一天吧。"

到了第十三天，萨达特和贝京终于再也按捺不住，对于日复一日的讨论中的一些问题也产生厌倦，再也不想为此而争论不休了，于是纷纷退一步，签署了世界历史上著名的"戴维营和平协议"。

卡特运用耐心最终使得谈判圆满结束，这更加佐证了这一点：沉得住气的人最终赢得了胜利，撑不住的人最终只能无奈让步。

顶得住压力，靠坚强的意志笑到最后

谈判中有各种各样的压力，我们可以对谈判对手施加心理压力以实现我们的谈判目标，同时对方也有可能对我们施压。这就要求我们拥有坚强的意志，建立起抵制压力的屏障，以便在心理较量中笑到最后。

第一次世界大战以后，英国联合法、意、美、日等国各派代表，与土耳其在洛桑谈判，企图胁迫土耳其签订不平等条约。英国代表克敦态度傲慢，谈吐嚣张。当土耳其代表伊斯麦提出维持土耳其的条件时，克敦暴跳如雷，挥动拳头，大声咆哮，恫吓辱骂对方。

这是一种典型的心理施压策略。而伊斯麦面对压力，却态度安详，视若无睹，等克敦声嘶力竭地停下来，才不慌不忙地张开右手靠在耳边，把身子靠向克敦，十分温和地说："你说什么？我还没听明白呢！"言外之意是请克敦再说一遍，克敦当然不能再重新发一次脾气，只能像泄了气的皮球，连

第二章 喜怒不形于色：Hold住自己才能击得垮对手

话都说不出来了。土耳其代表伊斯麦就是典型的意志型谈判者。

意志在谈判中具有特殊的意义。一则，谈判者有了坚强的意志就能战胜谈判中重重困难，顶住对方的施压，取得谈判的最后胜利。对一个意志坚强的人来说，即使谈判局势对己方来说已近渺茫的地步，但他却能沉着冷静、机智顽强、锲而不舍、坚持不懈地执行既定方针，最终又能使谈判迎得了新的转机。所以，作为谈判者来说具有坚强的意志是非常重要的。

美国硅谷一家电子公司研制出一种新型集成电路，其先进性尚不能被公众理解，而此时，公司又负债累累，即将破产，这种集成电路能否被赏识可以说是公司最后的希望。幸运的是，一家德国公司慧眼识珠，派三名代表飞了几千英里来洽谈转让事宜。

来到这家电子公司之后，欧洲公司的三位谈判代表无论从谈判礼仪方面还是从外在态度上都表现出了极大的合作诚意，但是当谈判进入实质性的价格协商阶段时，他们提出的产品报价居然只有研制费用的三分之二！

这家电子公司当时面临的处境十分困难，如果这笔生意做不成的话很可能就会遭遇破产，看来对方正是因为比较了解该公司的处境所以才故意向他们施加压力的。但是无论压力再大，电子公司也不可能以低于研制成本的价格转让这种集成电路，因为一旦那样做的话，公司也维持不了多久。更何况，该公司的领导人知道，他们研制出的这种新型集成电路一定可以为对方公司带来重大效益，虽然现在公众不太理解这种新型集成电路的先进性，但是对方公司早已经十分清楚地意识到了这一点。

一面是公司眼前的艰难处境和对方施加的重大压力，一面又是新型集成电路的研制成本和公司未来的发展希望，电子公司的领导人几乎成了夹缝中的羔羊，无路可走了。但是，越是在无路可走之时，往往越需要坚强的意志，他们决定置对方施加的压力于不顾，同时再通过拖延时间的方式反过来向对方施以重压，因为他们知道过不了多久，这种新型集成电路的先进性就会被人们所知，而这家德国公司肯定对此更是心知肚明。

经过一番认真考虑之后，这家电子公司派出谈判代表告诉那家公司"谈判先到此为止，等你们觉得自己真正有了合作的诚意之后，我们再坐下来认

真对此事进行谈判"。

电子公司在短时间内主动提出结束谈判是欧洲公司的三位谈判代表根本没有想到的事情,而他们来到这里的任务是必须和电子公司达成协议,而且总公司已经为他们规定了达成协议的最后期限,如果电子公司一拖再拖的话,那等待他们的结果将是非常可怕的。于是,在电子公司宣布谈判结束后的当天下午,欧洲公司的谈判代表就要求谈判继续进行,他们的态度明显"合作"了不少,而且还主动表示愿意在价格方面做出较大程度的妥协。于是,电路专利以一个双方都能接受的价格转让了,那三位欧洲人满意地回到公司赴命去了。

缓解谈判过程中的压力需要坚强的意志,在进行谈判时,最好忘记自己被动的局面。不管对自己如何不利,都要从容不迫地进行谈判。刘翔的教练孙海平曾说:"运动员要提升自己的水平,在训练到极限的一刹那,一定要咬牙挺过去,挺过哪怕一秒,你就会上升一大步;如果挺不过去,水平绝不会提高。"这是很有道理的,谈判也一样,如果遇到困难或压力就害怕,就无法闯过难关。

从谈判一开始,双方的意志较量就开始了。这正如拔河比赛,当一方试图把标界拉过去的时候,另一方也在这样做。此时,除了凭借力气大外,还要依靠意志,坚守住自己的底线,无论如何不动摇,不妥协。这是对抗压力最有效的方法,坚持就是胜利。谁笑到最后,谁笑得最好。

当然,并非谈判中每一点都值得自己那么坚持,如果不加选择地坚持,不仅达不到效果,反而会被对方认为做事不灵活,没有合作的诚意。我们在谈判中该坚持的就要坚持,不需要坚持的就要懂得让步,否则会导致谈判破裂。

第三章

学会察言观色：
敏锐地捕捉对方的心理动向

在多数谈判中，谈判对手是不会轻易让你了解真实情况的，甚至一些表面现象与实际正相反。这就需要谈判人员善于察言观色，通过谈判对手的外在分析揣摩对手的心理，正确判断其个性和意图，如此才能决定该采取什么样的谈判战术和技巧。

谈判人员常见的心理表现

谈判是由人来实现的，人的心理对谈判具有强烈的影响，只有有效地掌握谈判对手的心理状况，才有可能控制谈判节奏，争取良好的谈判效果。

任何一场谈判，任何一个谈判人员，只要身处谈判之中，心理活动都会非常丰富，心理上的变化也会非常之快，且在不同的谈判阶段会呈现出不同的心理特征。那么，谈判人员的心理究竟会以何种方式表现出来呢？

（1）投射

所谓"投射"是指个体依据其需要、情绪的主观指向，把自己的性格、态度、动机或欲望，"投射"到别人身上。投射的实质，是个体将自己身上所存在的心理行为特征推测成在他人身上也同样存在。有一首词"我见青山多妩媚，料青山、见我应如是"，及庄子与惠施《临渊羡鱼》的故事，都是投射的例子。不同个性的人，在投射上会有不同的表现，且对个人的影响也不同。严重的情况是，投射者给外部世界涂上主观的色彩，且又加以歪曲。比如，为了赚钱而参与商务谈判，由此，就把赚钱的动机移植给对方，强加于任何一个参加谈判的人，这种情况是不利于谈判的。如果谈判的一方不是把赚钱看得高于一切，而是把自己的商业信誉和尊严看得比赚钱更重要，此时仍以人人都想赚钱的心理设计谈判策略显然是不合时宜的。遇到有强烈投射心理的谈判对手，我们要适当包容，把重点放在求同存异上。

（2）文饰

文饰也称掩饰，指一个人试图通过看上去很合理的途径使发生的问题合理化，是宣泄自己的感情、提高自己的身份，并为自己辩护的行为方式。在谈判中，谈判者即使有所失误，在心理上也总是在替自己辩护，通过似乎合理的途径，来使不利于自己的情势合理化，这就是一种文饰心理。例如，有个房屋买卖谈判，由于卖方说漏了嘴，将价格底盘泄漏出来，立即丧失了继续讨价还价的能力，他虽懊悔不已，但在嘴上却向别人说道："也许对方已经知道这种价格了。"当一个人在谈判中试图用文字游戏来掩饰自己时，通常情况下，他并不是处在最有利的位置上。在谈判时，如果发现对手出现以上这种情况，谈判人员就应该顺水推舟，满足对方的这种需求，以获得皆大欢喜的谈判结局。

（3）同一化

是指谈判者把所钦佩或羡慕的性格当作自己的特点，用于掩饰自己的缺点而感到满足和自豪。谈判桌前常见把一些自己不好意思谈的或谈不清或担心被人反驳的话题，委托给他人去谈。这也是一种同一化的心理反应。

（4）移置

移置是无意识地将指向某一对象的情绪、意图或幻想转移到另一个对象或替代的象征物上，以减轻精神负担取得心理安宁。如一个孩子被妈妈打后，满腔愤怒，又不能打妈妈，转而踢倒身边板凳，把对妈妈的怒气转移到身边的物体上。在谈判中，移置会表现为无端地对谈判中某些无关紧要的东西大声抱怨或提出完全站不住脚的理由。这种情况下一定要仔细分析对方何以如此的原因，然后采取针对性的策略加以处理。

（5）压抑

指试图通过排解自我意识中的某些情感、欲望、动机等来解除内心的烦恼与冲突。大多数谈判场合，谈判人员都会产生压抑的感觉，特别是当谈判陷入僵局、谈判人员没有获得满意的谈判结果以及谈判过程中频出变故等情况下，压抑就更为明显。压抑容易让人消极，它本身是因为谈判活动不顺利而产生的，反过来，它也会阻碍谈判朝积极的方向发展。所以，谈判人员一方面要注意不要让自己受压抑的情绪的影响，另一方面也要注意对方是否处在压抑的状态下，针对对方的情绪要及时地改变自己的谈判策略，调动对方的积极性，使其与自己充满热情地解决双方面临的问题，消除双方的分歧。

（6）攻击

当谈判者的锐气受到挫折时，有时会产生一种激烈的攻击反应，将自己愤怒的情绪直接宣泄出来，有时还可能通过无关的事务反映出来。如果谈判者在谈判桌上出现莫名其妙的情绪变化，可能就是攻击心理的外化形式。有的谈判者即使在家里、单位里或者公共场所遇到不快，也会在谈判桌前暴露无遗。对此，我们要正确对待，不必太在意。

（7）反向行为

当个体的欲望和动机不为自己的意识或社会所接受时，唯恐自己会做出这样的事，就将其压抑至潜意识，并再以相反的行为表现在外显行为上，这种心理行为就称为反向。换言之，使用反向者，其所表现的外在行为，与其内在的动机是相反的。如在谈判中，有的谈判者表情冷淡、交流不积极，其实内心最想成交、最急需成交；也有一再宣称自己的产品质高价优，并立"军令状"保证："保退、保换、保修终生"等的人正是"质次价高"的不良推销者。在谈判中，要注意识别有这种反向行为的人。

（8）自我意象

自我意象就是"我属于哪种人"的自我观念，它建立在我们对自身的认知和评价基础上。在谈判中，通过了解对方的自我意象，我们可以判定对方对某一件事情可能做出的反应，把握对方的心理活动，从而为自己的谈判策略的选择提供依据。如果谈判过程中的某些因素与对方的自我意象相违背，则通常会遭到严重的抗议；而顺着对方的自我意象进行谈判则往往能够取得很好的谈判成果。

以上谈判心理的表现形式并非涵盖一切，也不是唯一的和固定不变的，有待于谈判人员在实践中去观察和分析，以辩证地看待谈判对手，找出双方的共同点或沟通点，理智、有效地解决问题。

观察入微，洞察谈判对手的内心

谈判人员必须拥有非凡的观察力，如果能透过扑朔迷离的表面洞察其隐秘的内心，我方就可以随时调整谈判方向，选择更好的谈判策略，为自己争取更大化的利益。

观察，是预测的基础。 一位优秀的谈判人员，同时也应该是一位细心的观察员。只有进行细致入微的观察，才能找出真相，做出预测，做好谈判。

谈判人员观察的对象主要是人，而人是最难揣摩的，具有很强的掩饰能力，观察难度非常大。因此，要想成为一名优秀的谈判人员，在观察上必须做到以下几点：

(1) 观察必须足够细致

我国战国时期的谈判高手淳于髡就以善于观察著称于世。有一次，淳于髡被介绍到魏国去见惠王。进宫后，他始终静坐不语。不久，惠王第二次邀请他，他还是一语不发。惠王很生气，把推荐淳于髡的人骂了一顿。淳于髡知道了这件事辩解说："第一次与王见面，王好像在想骏马的事情；第二次与王见面，王好像沉浸于歌声中，所以我一句话都不说了。"惠王听完心悸不已，说："确实如此啊，第一次我是在想骏马的事情，第二次又沉浸在歌妓的歌声中，完全无视先生的存在，实在对不起！"于是，第三次见面时，惠王洗耳恭听淳于髡的高见，据说谈了三天三夜都不觉得厌倦！淳于髡之所以看出惠王的心思，这不能不归功于他那惊人的观察力和细心的程度。

(2) 观察必须尽量准确

人有时候是很主观的，这就会造成观察的错误，也许这样的错误不能避免，但你要做到使它尽量的准确，这就要求你在观察中态度必须谨慎。

在一次国际心理学会议正在举行的时候，突然从外面冲进来一个村夫，后面追着一个黑人，手中挥舞着手枪。两人在会场上追逐着，突然"砰"的一声枪响，两人又一起冲出门外。与会者惊魂未定，会议主席却笑嘻嘻地请与会者写下目击经过。原来这是一位心理学教授请求做的关于"观察力"的实验。结果，在上交的40篇报告中，没有一篇错误少于20%，有14篇的错误在20%～40%之间，12篇的错误在40%～50%之间，其余的错误在50%以上，而且许多报告的细节是臆造出来的。观察力敏锐的心理学家尚且如此，常人在观察时就更要注意准确性这个问题了。

(3) 观察必须全面

盲人摸象，以偏概全，摸到象腿的说大象像柱子，摸到象的身体的说大象像堵墙，摸到象的耳朵的说大象像蒲扇，摸到象鼻子的说大象像蛇……这些盲人很可笑。可惜的是，我们这些眼睛看得见的人有的还不如这几个盲人。有人就因为只观察到了某一方面而忽视了其他方面，做出了错误的判断。日本在与美国谈判时暗地里准备偷袭珍珠港，这次事件的发生，就是由于美国人被日本政府营造的假象蒙蔽，对日本军舰的调动等问题不予理会。我们不能犯这样的错误，观察一定要多方位地进行。

（4）观察与思考相结合

著名作家高尔基、安德列耶夫、蒲宁一次在意大利那不勒斯城的一家饭馆玩过这样的游戏：当一个客户进门后，限定每个人用 3 分钟观察来人，然后每个人说出结果，看谁描绘得逼真。一个客户推门而入，过了一会儿，高尔基说："这是一个脸色苍白的人，穿着灰色西服，长着细长发红的手。"安德列耶夫什么也没有观察出来，只得胡诌了几句。蒲宁有条不紊地从那个人的服饰谈起，连小指甲不正常这样的细节也没放过，最后推测道："这人是骗子！"饭馆侍者证实了蒲宁的观察结论。显然，蒲宁之所以能作出深刻正确的判断，除了观察的细致、准确、全面外，还具有严密的逻辑推理能力，善于将观察和思考有机地结合起来。

要深入细致地观察，必须有着与众不同的细密和敏锐。有专家总结出观察的十个要点，并将其视为一个人观察力的十种表现，它们是：

迷：贵在专一，紧紧盯住目标，切忌浮光掠影，见异思迁。

苦：观察时要有吃苦精神，殚精竭虑。

全：全面地、理性地看待问题，既要看到事物的目前状况，更要预测其发展趋势。

微：善于见一叶而知秋，敏感地看到别人不易察觉到的细节。

时：审时度势，不要忽略事物存在的时间因素。

比：学会对比分析，从而辩证地看待问题。

思：要将观察与思考结合起来，深入自己的理性认识。

巧：为了增强观察效果，要借助一定的物质手段。

写：必要时要做好观察记录。

恒：持之以恒地锻炼自己的观察能力，不能三天打鱼，两天晒网。

以上十点，谈判人员不妨逐条对照一下，认真培养自己的观察力，进而提升谈判能力和心理技巧。

第三章 学会察言观色：敏锐地捕捉对方的心理动向

 成为一个有敏锐洞察力的谈判者

在日常工作和生活中，我们需要和各种各样的人谈判和交涉，谈判对象可以说是千差万别的，有不同的性格，职业，家庭情况，财产情况。谈判活动的开展，必定是与对方身上的隐藏信息紧密相关的。因此，我们必须具备一定的洞察力，以辅助我们更快地了解谈判对象的心理特征。

深刻充分的洞察力是优秀谈判人员必备的素质。洞察力包括以下几种因素：

· 初步了解对方的性格和处世作风；

· 明白对方的期盼；

· 看出对方的智慧；

· 了解对方的价值观和信念；

· 知道对方的思考过程和原则性；

· 懂得动用适当的方式控制自己，有分寸地对待属于理智型或感情型的人。

洞察力不仅仅包括对事物细致的观察力，还包括观察后通过缜密分析得出结论。也许你会发现，一般洞察力强的人，都思维敏捷、情感细腻。实际上，洞察力就是看你的细心程度，加上你的思维能力。要想培养和提高敏锐的洞察力，平时生活中就要做个"有心人"。

（1）让观察变成一种生活方式

洞察力的提高离不开观察。有效观察不是一种被动的行为，而是有意识的、经过深思熟虑的行为。要成为一个真正有能力的观察者，最佳的方式就是，每时每刻有意识地观察周围的世界。你需要在早晨醒来的那一分钟就开始进行观察，并和周围的世界互动。一直到晚上闭上眼睛睡觉，都必须不断地进行观察。周全又细致的观察必须变成一种习惯，这样才能够更有效地察言观色，观察也会变得更加自然和娴熟。

（2）开启好奇心，主动发现问题

好奇是出自内心的一种疑问，如果有足够的好奇心，一个月之内能学到的知识会比别人一年学的还多！所谓好奇，包括观察、发问、学习。所以，

你要尽量好奇才行。

让我们来设想一个情况，一位经理去参加在职进修研讨会，他会秉持什么态度？也许到那里，参加了每一场演讲，觉得有些很不错，有些却无聊得让人想睡觉。结束后，也许认为自己学到了一些经营法宝，也许会懊悔自己浪费了时间和金钱。

有好奇心的经理会如何呢？他也和其他人一样，希望听到些专家之言。可是，他会同时睁大眼睛观察周围的一切状况和每一个人、重要的事物和一些看起来似乎毫无关系的细枝末节，正因为他对任何新事物都好奇，他会注意：

那些讲师上台时的气势如何？看得出他们花了多少工夫在自己的外观打扮上吗？他们是不是真的像自己说的那么有权威、有成就？他们是如何掌握听众的？会场上其他同仁如何穿着打扮，是打领带，穿运动鞋，还是手上带了戒指，为什么？他们开哪一种车子？哪些同事让人有鹤立鸡群的感觉？为什么？他们有什么特质和表现？留小胡子是不是已过时了？现在流行看哪些书？中场休息时大家谈的是什么？有没有什么新趋势或新的市场契机？

这样的人，与众不同之处就在于他有着很强的好奇心，所以能从研讨会上除了听讲之外，还能获得满箩筐的宝贵经验和知识。而缺乏好奇心的人却只知道大肆批评讲师差劲，抱怨什么都没有学到，言下之意当然是错不在己。

长久保持好奇心能带来智慧。你发现和提出的问题越多，解决的问题也就越多，那么你获得的知识也就越多。

（3）善于思考，分析问题

很多人似乎从来不多加思考，不分析，也不想像，只会闷头去做事，凭着自己的感觉去工作。结果，上次做过的事情，这次还是不会做。就像那些路盲一样，一个地方去过很多次，永远也不记得如何走。

我们对一件事物的思考过程，实际上就是我们的认知从现象到本质、从感性到理性、从具象到抽象的过程。思考其实就是一个分析的过程。由于思考，我们才能够认识事物内部、事物与事物之间的联系。在思考的过程中，我们要学会对照比较、归纳概括、融会贯通、举一反三。比如，一件事情的发生是必然的，还是偶然的？它为什么会发生，今后是否还有发生的可能，等等。

（4）多积累，丰富自己的经验

一个人的洞察力与他的经验是分不开的。只有多了解实际情况，丰富自己的人生经验，多积累，思考的内容才能更具体、更丰富，洞察力才能更强。因此，谈判人员要多看书，多了解一些心理规律，用前人的经验来充实自己。

通过言语揣摩对方的内心真意

现实中，尽管各种谈判内容和方式都各不相同，但有一点是共同的，即都是一个相互沟通和磋商的过程。沟通就是通过语言交流以确立双方共同的经济利益和相互关系。没有言语作为沟通中介，谈判几乎无法进行。因此，通过"察言"获取其心理动向，是每个谈判人员都必须掌握的技能。

人内心的思想，常会不知不觉地在口头上流露出来。人们总是认为是在用自己的话说话，写文章，实际上无意中在借用别人的话，有自我扩大欲。因此，与别人谈判时，我们要反过来探寻这一点，只要留心，就可以从谈话中探知别人的内心世界。

人们常常将情绪从一个话题里不自觉地呈现出来。话题的种类是形形色色的，如果要明白对方的性格、气质、想法，最容易着手的步骤，就是分析话题与说话者本身的相关状况，从这里能获得很多的信息。语言表明出身，语言除了社会的、阶层的或地理上的差别外，还有因个人的水平而出现差别的心理性的措辞。人的种种曲折的深层心理就会不知不觉地反映在自我表现的手段——措辞上。即使同自己想表现的自我形象无关，通过分析措辞常常就可以大体上看出这个人的真实形象，在这种意义上，本人没意识到的措辞的特征要比词语的内容远为雄辩地告诉我们其人自身。例如，在说话时使用难懂的词和外语的人多是将词语作为掩饰自己内心弱点的盾牌。这种情形常常不过是反证了自己的自卑意识。

一般说来，一个人的感情或意见，都在说话方式里表现得清清楚楚，只要仔细揣摩，即使是弦外之音也能从说话的帘幕下逐渐透露出来。一般心怀不满或有敌意的人，说话速度会不自觉地放慢，甚至让人感到好像不会说话。相反，当有人心怀愧意或想要说谎，说话的速度往往会快得吓人，特别是想取得对方谅解时,不仅速度加快,还会找些话题以示亲近。曾有一位评论家说:"男人在外面拈花惹草之后,回家往往会突然对妻子滔滔不绝地说很多话。"这是很合乎规律的现象。因为一般人在深层心理有烦恼不安或恐惧等感情时,说话速度都会快得异乎寻常,以此自欺欺人,缓和内心的不安与恐惧。但是,由于没有冷静地思考,所以,即使说得滔滔不绝,内容却空泛无物。倘若对方是个感情细腻的人,必定可以看透他的内心里很不平静。所以,我们在谈判过程中,要注意对方的语气及说话速度,以了解他们的心理。在工作场所也是一样,平时沉默寡言的人,如果突然话多得令人感到不自然,相信此人心中一定有了不愿意让他人知道的秘密。

在谈判中,我们可以更微妙地领略语速中透露出的各种人的丰富的心理变化。一位平常说话慢慢悠悠,不火不急的人,面对一些人对他说出不利于他的话的时候,如果他用快于平常的语速大声地进行反驳,那么很可能这些话都是对他的无端诽谤;如果他支支吾吾,半天说不出话来,那么很可能这些指责就是事实,他自己心虚、中气不足;当两个人意见相左时,一个人提高说话的音调,即表示他想压倒对方;那种心怀企图的人,他说话时就一定会有意地抑扬顿挫,制造一种与众不同的感觉,有一种吸引别人注意力的欲望,自我显示欲隐隐约约地透露出来了。

从非语言交流中推测对方的心理活动

在谈判的过程中,仅仅从语言中揣摩对方心理是不够的。据有关专家研究表明,在谈判双方的交流过程中,单纯的语言成分只占谈判双方全部交流信息的7%,其余93%的信息都要靠非语言的交流来获得。正因为如此,谈判人员不但要字斟句酌地和对方进行语言交流,还应该细心冷静地从对方的衣着、体态、行为、表情等方面推测对方的个性及心理活动。

(1) 服装语言

心理学研究表明,穿着风格是一个人思想理念和个性的外化,他们的心理特征会透过衣着的风格、颜色、质料等袒露无遗。人总是试图掩饰赤裸裸的身躯而穿着衣服,但是又往往因为自己对衣着的选择反而使得内心暴露于外了。所以，有人将衣服视为与人体不可分的部分，甚至视为"自己的化身"。郭沫若曾经说："衣服是文化的表征，衣服是思想的形象。"从心理学上来讲，通过一个人所穿的衣服，我们可以判断其情趣和性格。比如，衣着朴素者向来非常小心，做任何事情都有计划性，并且诚实，很少产生损人利己的念头，这种人大多重视现实，敏感而刚愎自用，对别人的批评非常在意，很难接受别人的意见；穿着洋味十足者大多对时尚流行很敏感，对自己缺乏信心，在很多时候，他们情绪不安定且有自卑感，对生意上的事情非常敏感，当自己处于不利地位时，会积极寻找外援，而一旦失手则会推卸责任，诿过于人；衣着华丽者有强烈的自我显示欲，对于金钱的欲望特别强烈，当你与这类身着华服的人谈判时，顺应他们的心理，多夸奖他们的服饰，满足其膨胀的显示欲是一个好办法。

（2）体态语言

常言道：知人知面难知心。单从一个人的衣着装扮来看，很难真正地了解一个人。但是，人们在举止上会泄露自己的内心世界。体态语言亦称"人体示意语言"、"身体言语表现"等，人的行为是由人脑的意识活动所控制和指引的。人脑的意识活动表现为心理状态，而因心理与行为之间有着密切的联系。善于察言观色的人可以根据别人的心理去推断其行为，也常根据别人的行为去判断其心理。心理与行为之间的密切相关性告诉我们，为了改变或引导谈判对手的行为，我们可以首先去努力改变或者引导对方的意识活动，即心理。人的心理现象既生动，又复杂，有着发生和发展的无穷奥秘。所以谈判人员必须注意客户的身姿举止，以及时把握顾客的心理变化。比如，会谈的一方到另一方拜访，如果对方沏茶倒水招待你，并认真归拢桌上物品，坐正姿势，下意识地身体前倾，双手并拢，认真地望着你，那么，这表明他准备认真与你交谈，而对方靠在椅子上，全身放松，一副无所谓的样子，那么，你最好不要打算谈什么实质问题。

（3）行为语言

心理学家莱恩德曾说："人们日常做出的各种习惯行为，实际反映了客观情况与他们的性格间的一种特殊的对应变化关系。"人是一个矛盾的综合体，人们的喜怒哀乐，远非自身所表现出来的那么简单。欢笑并不一定代表高兴，流泪并不一定代表伤心，拍手并不一定代表赞赏……为此，你要认真分析，掌握一些辨识他人行为的本领。除了别人的习惯性小动作以外，我们还要善于使用策略性的试探技巧，令其做出反应，通过对这些反应的细致观察与分析，反复地揣摩，就可以得出更为精确的认识。比如，齐威王的夫人去世了，宫中有10个宫女都受到齐威王的喜爱。孟尝君很想确切地获知齐威王到底想立其中哪一个当夫人。因为他想通过推荐一个齐威王心中最喜爱的女人，并劝齐威王立这个女人当夫人的方法，拍齐威王的马屁，可又怕推荐不准，反而把马屁拍到了马蹄上。于是，孟尝君让工匠精心制成了10副精美漂亮的耳环，在这10副耳环之中，只有一副尤其漂亮，然后他装作若无其事的样子将其献给齐威王。齐威王马上把这些耳环分给10个宫女。第二天，孟尝君就找到那个戴着最漂亮耳环的宫女，并向齐威王推荐她为继任的夫人，果然正中齐威王的心意。

（4）表情语言

俗话说："出门观天色，进门看脸色。"观天色，可推知阴晴雨雪，携带行具，以不受日晒雨淋；看脸色，便可知其情绪。狄德罗在他的《绘画论》一书中说过："一个人心灵的每一个活动都表现在他的脸上，刻画得很清晰、很明显。"面部表情的色彩屏幕上显示的图像不同，人的情绪也不同。把喜恶之色看准了，才好对症下药，决定你的进退方案。如下这些"脸语"是比较容易读懂的：蹙眉皱额表示关怀、专注、不满、愤怒或受到挫折等情绪；双眉上扬、双目张大，可能是表现惊奇、惊讶的神情；皱鼻，一般表示不高兴、遇到麻烦、不满等。心理学家认为，眼睛是心灵的"窗户"，它能作为武器来运用，使人胆怯、恐惧。常见的瞳孔语言为，在表示反感和仇恨时，瞳孔缩小，还露出刺人的目光。相反，睁大眼睛则表示具有同情心和怀有极大的兴趣，还表明赞同和好感。目光中除了能看出上级与下级，权力与依赖的关系外，还能揭示出更多的东西。的确，看他说什么，比听他说什么更重要。如果一个人的嘴巴讲一种意思，而表情则表示另一种意思，我们应当相信他的表情所表示的。

非语言传递的信息远不止这些，因篇幅有限，这里不做过多介绍，感兴趣的朋友可以找一些专门的著述学习，并在实践中用心观察、认真掌握。要指出的是，几乎任何有效的观察，是除了你看到、听到的以外，还要对整个情况作一个全盘思考和推敲，不可以偏概全。

第四章

营造和谐氛围：
解除对手的心理戒备再下手

谈判多是为了合作，一般而言，谈判需要和谐的氛围。为取得一致，形成共识，也为了获得尽可能多的利益，我们要善于利用灵活的技巧营造良好的谈判气氛，以消除对方的防卫心理，拉近彼此的心理距离，使对方在谈判中更愿意向我方靠近。

谈判心理学

开局巧寒暄，激起对方的认同心理

谈判气氛是弥漫在谈判现场空间中的能够影响谈判进程和谈判结果的心理因素和心理感受的总和。任何谈判都是在一定的气氛中进行的，和谐的氛围会对参与谈判的人员在心理上和情感上产生影响，直接关系到谈判的成败。所以，成功的谈判人员无不重视在谈判的开局阶段创造良好的谈判气氛。

营造和谐的谈判氛围方法有很多，其中开局的寒暄是基础。

心理学研究发现： 人最关心的是自己，而且希望他人也关心自己，就好比我们拿起一张有自己在内的集体照片，首先看到的是自己。因而在谈判伊始，先拿出一定的时间，以寒暄的形式表达你的关心是十分必要的。这样，可以使谈判在一种轻松、友好的气氛中进行。从你的关心中，对方感到他是

在同一个富有爱心的人打交道，不必担心自己会受到欺骗和不公正的待遇，从而消除戒备之心，积极与你合作。

一个有经验的谈判者能透过相互寒暄时的那些应酬话去掌握对方的背景材料：他的性格爱好、处事方式、谈判经验及作风等，进而找到双方的共同语言，为相互间的心理沟通做好准备，这些对谈判成功都有着积极意义。

毛泽东就善于在寒

暄中发挥出他独特的魅力，缩短与谈判对手的心理距离，并让对方自然产生一种受到尊重的快感。

1949年4月国共和谈期间，毛泽东接见了国民党方面的代表刘斐先生。刘斐开始时非常紧张。见面后，毛泽东和刘斐寒暄起来："你是湖南人吧？"刘斐答道："我是醴陵人。"醴陵与毛泽东的家乡是邻县。毛泽东高兴地说："老乡见老乡，两眼泪汪汪哩。"听了这话，刘斐紧张的心情很快就放松下来，拘束感完全消失了。

主动与对方寒暄，就等于在向对方宣布：我坦率地打开心扉，我愿意与你建立良好的关系。这样做很容易获得对方的好感，消除对方的紧张情绪和敌对戒备心理，使其以轻松的心理开始谈判。

从心理学的角度看，恰当的寒暄能够使双方产生一种认同心理，使一方被另一方的感情所同化，体现着人们的亲和需求，这种亲和需求在融洽的气氛的推动下逐渐升华，从而顺利地达到谈判目的。

寒暄让人感到亲切，能够很快地赢得别人好感，是友好商谈的良好开始。反之，当被介绍给他人之后，若一言不发，或只点点头，通常会被理解为不愿与之交流；碰上熟人，若视若不见，不置一辞，难免显得自己妄自尊大。

寒暄不仅可以营造友好和谐的谈判气氛，而且也是在谈判之始观察对方情绪和个性特征、获取有用信息的好方法。松下电器公司创始人松下幸之助刚"出道"的时候，曾被对手以寒暄的形式探测到了自己的底细，因而使自己产品的销售大受损失。

当松下幸之助第一次到东京找批发商谈判时，刚一见面，批发商就友善地对他寒暄说："我们是第一次打交道吧？以前我好像没见过您。"批发商想用寒暄来探测对手究竟是生意场上的老手还是新手。松下缺乏经验，恭敬地回答："我是第一次来东京，什么都不懂，请多多关照。"正是这番极为平常的寒暄答复使批发商获得了重要的信息：对方原来只是一个新手。批发商接着问："你打算以什么价格卖出你的产品？"松下又如实地告知对方："我

的产品每件成本是20元,我准备卖25元。"

批发商了解到松下幸之助在东京人地两生,又暴露出急于要为产品打开销路的愿望,因此趁机杀价:"你首次来东京做生意,刚开张应该卖得更便宜些。每件20元如何?"结果没有经验的松下先生在这次交易中吃了亏。

可以看出,那位老练的批发商通过表面上的寒暄探测到对方的虚实,在谈判中赢得了主动。而松下先生由于在寒暄之中暴露了自身的底细,从而导致了被动与失利。

需要注意的是,寒暄具有非常鲜明的民俗性、地域性的特征。比如,中国人爱问别人:"吃饭了吗?"其实质就是"您好!"外国人常会把此话理解为:"要请我吃饭""讽刺我不具有自食其力的能力""多管闲事""没话找话",从而引起误会。在阿拉伯人中间,也有一句与"吃饭了吗?"异曲同工的问候语:"牲口好吗?"在以游牧为主的阿拉伯人中间,牲口是非常重要的,问"牲口好吗?"是在关心对方的日子过得怎么样。另外,牵涉到个人私生活、个人禁忌等方面的话语,最好别拿出来"寒暄"。例如,一见面就问候别人"跟朋友吹了没有",或是"现在还吃不吃中药",都会令对方反感。

让温暖的微笑融化对方心中的坚冰

在陌生的环境里，或者面对陌生人，大家都习惯板起一张面孔，保护着原本虚弱的尊严，以免受来自外界的侵犯和伤害。但是，即使防卫心最强的人，其内心也喜欢别人对自己微笑。

真诚的微笑是突破心理距离感的最佳利器。不管你的方案有多么完美，如果谈判人员的表情阴沉、冷漠，也会让对方觉得不舒服而产生抗拒心理，那么这个谈判活动也多半不能成功。

中国有句俗话："伸手不打笑面人。"这话是很有道理的。如果有人对你百般侮辱，你却能以笑脸相对，对方一定会不好意思再为难你，而且会与你化干戈为玉帛。每一个谈判人员都应该学会以微笑面对谈判对手，融化其心中的坚冰。

人是喜爱见到笑的动物。发自内心的微笑是人们美好心灵的体现，也是心地善良、待人友好的表露，是一个人有文化、有风度、有涵养的具体体现。一个善于与人交涉的人，也常常是面带微笑的人。

微笑就像善意的信差，它所表示的是，"我喜欢你。你使我快乐。我很高兴见到你。"你的笑容能照亮所有看到它的人。在谈判活动中，保持微笑，至少有以下几个方面的作用。

（1）微笑能给对方良好的第一印象

微笑反映自己心底坦荡，善良友好，待人真心实意。尤其是谈判双方在第一次见面时，面带微笑可以给对方良好的第一印象，使对方在沟通中自然放松，不知不觉地缩短了心理距离。

（2）微笑是对人谦和尊重的表示

一个懂礼貌的人，微笑总是挂在脸上，使人感到亲切、愉快。微笑还充满了自信和力量，能驱散他人阴郁、沮丧、恐惧、苦恼等不良情绪。正确运用微笑，还能表现自己的谦虚随和，表现对对方的尊重。

（3）微笑可以产生融洽的谈判气氛

有人说："严肃使人拘谨，愤怒使人气恼，佯笑给人虚伪印象，冷笑给

人以奸诈之疑，至于捧腹大笑又有失身份，惟有微笑恰到好处。"笑是有感染作用的，如果一屋人都在大笑，即使其中有一个人不想笑也会受到感染，不禁笑出声来。如果人人脸上带着微笑，就会使置身其中的人感到愉悦、融洽、平和。这种微笑能够使人们心灵相通、相近、相亲，产生净化情绪气氛的作用。

（4）微笑是打破僵局的手段

微笑，实际上是一种谈判手段，谈生意、联系事，不管对方语气如何咄咄逼人，甚至遭到严词拒绝，只要脸上带着微笑，就不会引起"面红耳赤"或"暴跳如雷"的结果。这种微笑，并无攻击对方之意，却有助于缓和矛盾的激发。因此在谈判中，微笑可以增进情谊，可以"化敌为友"。

可见，微笑是一门学问，从某种意义上说也是一种心理技巧，真正的谈判高手绝不会吝啬自己的微笑。

那么，怎样才能自然地微笑呢？

如果你对别人抱着友好的态度，对社会具有好感，自然会笑口常开，久而久之，微笑会自然地变成你自身的一部分。当你遇到别人时，如果心中想："啊！能看到你，真高兴！"把这种心情表现在你脸上，你会显得满面春风。

如果你平时不太喜欢笑，又想学会笑，那么可先从搜集各种趣事和笑话做起，还可以记下日常生活中遇到的可笑事情，你一翻阅就会笑起来。

如果你觉得现在笑得还不自然，那就在家里对着镜子练习。你可以先练习做各种各样的笑法，从中选出你自己认为最有魅力的笑容。然后反复练习，直到最后你运用自如。一开始的时候，如果你自己把握不好，可以请家里的人、同事和朋友给你当参谋。但是，当你笑得还不太熟练时，最好别到外面乱笑。

学会微笑后，特别是在与客户谈判的时候，就要养成微笑的习惯。因为你一微笑，对方就会产生亲切感。对方对你产生了好感后，你们之间的交流沟通就会变得自然多了，而你脸上的笑容也会越来越自然真诚。

与人谈判时，脸上要有"真"字

消除对方的戒备心理，很重要的一点就是在谈判中以诚相待。现代化城市，人们的心本来就像建筑物的钢筋水泥一样防备着，冷漠着，每个人的心灵上都加固了一道铁门。在谈判中，人与人之间更容易产生一种防范心理，这种心理阻碍着正常的交流。要想破除阻碍，就要用真诚去感染、打动对方。

国外的一位学者曾经做过这样的一个试验，他列举出555个描绘人的个性品质的词语，然后让人们说出他们喜欢的那些个性品质的词语，并说明喜欢的程度。结果排在前八位的人们最喜欢的词语分别是：真诚、诚实、理解、忠诚、真实、信得过、理智、可靠。其中竟然有六种与真诚有关。而在人们最不喜欢的词语中，虚伪居于首位。可见，人们都把真诚作为与人交往的基础。

谈判不仅仅是一种竞争，更重要的是一种合作的行为，若合作，则必须让对方感觉到你的诚意。

精诚所至，金石为开！ 在谈判过程中，真诚既是一种品德，也是一种智慧和心理策略。与人谈判，脸上挂着"真"字，你一定能得到巨大的收获。

诸葛亮高卧陇中，自比管仲、伯乐，抱膝长吟，略无意于当世，他与刘备原是素昧平生，谈不上有什么私人友谊，刘备也知道诸葛亮是杰出人才，一心想收为己用，三顾茅庐，才得坐到一起"谈判"。刘备的这种做法，十足表示他的诚意，以致诸葛亮后来竟以"鞠躬尽瘁，死而后已"自励，可见诚挚动人之深。

所以你如果真能显示出你的真诚，谁都不会拒绝的。

在谈判中，为了显示自己的真诚，要开诚布公，态度诚恳而坦率，适当地流露出自己的感情、希望和担心，公开自己的立场和目标，增加谈判的透明度，以消除对方的戒备之心。谈判者越坦率，越可能逐步引导对方采取同样的态度。谈判者的智慧、技巧固然重要，但它取代不了谈判者态度的诚恳，一项缺少诚意的谈判，是很难成功的。

真诚赢得信任。 任何一种谈判，没有信任，是不可能达成任何协议的。

如果对方信任你,谈判就会在轻松和谐的气氛中顺利进行。反之,如果对方顾虑重重,就会使谈判气氛紧张,就有可能达不成协议,甚至谈判破裂。神经处于高度紧张状态的人们不可能取得好的谈判结局,他们会要求更多的保证。而在两个相互信任的谈判者中间,谈判的气氛必然是坦诚的,开诚布公的,真挚的,对方不会有太多的戒备。这样,彼此就能直截了当地触及问题的核心,而不必纠缠于细枝末节。

当我们致力于通过谈判建立合作关系的时候,态度应该是坦率的、真诚的,即使心里一时还做不到,最起码脸上要有"真"字。

真诚在多数情况下都比欺瞒更有力量。林肯曾经说:"你能在所有的时候欺瞒某些人,也能在某些时候欺瞒所有的人,但你不能在所有的时候欺瞒所有的人。"美国著名作家马克·吐温说得好:"真诚和热情是每个成功者的秘诀。这如同英雄有本领一样,是不能拿假武器去冒充的。"鲁迅说得也很深刻:"只有真的声音,才能感动中国人和世界人;必须有真的声音,才能同世界人同在世界上生活。"这个真就是真实和笃诚。不管世界上哪一个民族的语言,只要饱含真诚的情感,就能产生巨大的影响,就能唤起群众的热忱,就有震撼人心的力量。任何语言,情不真,情不深,则无以动人。

无诚不信、无信不诚,你要诚,必先要修信,修乃能立信,立信乃能行诚,因此,我们无论是在谈判时还是与别人打交道时,要让自己"显得"诚实可信。

善套近乎,与对方"一见如故"

工作和生活中,我们免不了与初次见面的人交涉和谈判。俗话说,万事开头难。又说第一印象决定了人与人之间以后的交往。因此,我们在与陌生人的谈判中,要适当运用一些心理技巧,快速拉近我们和陌生人的距离。

拉近与陌生人的距离方法很多,"套近乎"就是其中非常有效的一种。套近乎就是要在双方的经历、志趣、追求、爱好等方面寻找共同点,为谈判创造一个良好的氛围,进而与对方"一见如故"。

(1)找机会接近对方的身体

从心理学的角度来讲,一个人与另一个人的亲密程度往往视其与对方的距离而定。空间距离较近，心理距离也较近；空间距离较远，心理距离则较远。因为，彼此距离缩短的同时，双方的戒备心理也开始放松，而且有产生亲密感的心理倾向。我们买衣服时女店员总是会说："我替你量一下尺寸吧！"替你量尺寸，她的身体势必会接近过来，有时还接近到只有情侣之间才可能的极近距离，使得被接近者的心中，涌起一种兴奋感。这是因为，每个人对自己身体四周的地方，都会有一种势力范围的感觉，而这种靠近身体的势力范围内，通常只能允许亲近之人接近。一个人允许别人进入他的身体四周，就会有种已经承认和对方有亲近关系的错觉，这一心理对任何人来说都是相同的。这也是为什么心理医生会选择空间小而隔音的房间，来进行心理咨询的原因。心理医生在小的空间面对患者，一方面能让患者有安全感，而更重要的是，能缩小彼此间的心理距离。谈判也是如此。如果把对方从会议室拉到饭店甚至小小的酒吧，这样最后交涉往往能够成功。

（2）坐在对方的身边而不是对面

在谈判的过程中，坐在对方的身边不仅起到接近对方身体的作用，还能减弱对立的心理。一位富豪说过，如果有他不愿意借钱的人向他借钱，他就会和他面对面交谈。因为这样谈话会使对方紧张而不敢乱开口，即使借给了他也不敢不还。而相反借钱不还的人，都是坐在旁边位置谈话的人。

与人谈判时坐在旁边的位置，自然就会轻松下来，这是因为不必一直处于对方的视线中，而只在必要时看他的视线即可。通常，比较重要的见面，有经验的人都会为了使对方不紧张，令对方说出真心话而使用各种办法，其中之一就是在室内放一盆花，以便有一个让他转移视线的对象。另外，就是坐在对方旁边的位置与之交谈，对亲近感的增加很有帮助。

（3）巧用"自己人效应"

"自己人效应"是指对"自己人"所说的话更信赖、更容易接受。

我们都有这样一种心理体验：同一故乡或同一母校的人，往往不知不觉地因同伴意识、同族意识而亲密地联结在一起，同乡会、校友会的产生正是因此；若是女性，也常因血型、星座、爱好相同产生共鸣。这都是"自己人效应"的具体体现。作为谈判人员，如果你想拉近与谈判对象之间的心理距离，就不能忽视此种心理技巧。

人们常常在和初次见面的人谈话时，会问道："你是哪里人？""哪个学校毕业的？"这种做法就是想找寻到彼此的共同点，当对方说出地点后，也许你会说："哦！两年前我去过。"如此一来，心理的距离便缩短了一些。

据说，要劝导嗜酒者戒酒或嗜烟者戒烟，医生的话不太管用，反而是具有同样经历的人较有说服力，因为团体意识能够削弱警戒心，造成虚心听教的心理；一位优秀的销售员，一进入阳台，会立刻找寻与那位家庭主妇有关的事物为话题，例如，看到花瓶里的康乃馨，"我也很喜欢这种花"，以此方式来造成和对方是"自己人"的感觉。

"自己人效应"告诉我们，要使对方接受你，那么你就必须同对方保持"同体观"的关系。即把彼此视为一体，让对方觉得，你是在为他们说话，或你是为他们好的。这样，对方不会感到某种心理压力的存在，也无须抱有戒心。利用此种方法，找出与对方拥有的某种共同点，即使是初次见面，无形之中也会涌起亲切感。

从兴趣爱好入手，让对方"相见恨晚"

初次见面的谈判对象，如果能用心了解与利用对方的兴趣爱好，就能缩短双方的距离，而且加深给对方的好感，甚至使对方产生"相见恨晚"的感觉。

一名寿险销售员要把保险销售给大学老师张教授，他是一位很有威望的动物学专家。当走进张先生的办公室后他才发现，张教授是一位"顽固"的先生。

张先生对自己以前的保险代理人很不满意，认为他没有向自己提供较为完善的保险计划。见面后，张先生细致地介绍了他目前的保险安排和为了适应环境变化所作的调整计划，并问了很多技术性问题。看得出，张先生问这些问题的目的并不是想知道答案，而是考查销售员。于是这位销售员屡次想要把他们的谈判引入正题，但张先生根本不给他这个机会。

销售员觉得自己是在浪费时间，对这次会面不抱什么希望了，于是他准备告辞。这时张先生接了一个电话，无意中销售员听到张先生下学期要开一门关于树袋熊的课程。在电话结束后，他便和张先生谈起了这种大洋洲的小动物。

"你也知道树袋熊?"张先生的表情让销售员感到两个人之间的距离一下子拉近了。"这确实是一种很可爱的小动物。以前我看过有关的报道,非常喜欢它们。"销售员回答。于是,销售员便开始向张先生请教起树袋熊的问题,这时,张先生的态度彻底改变了,他不再提问,而是对销售员关于树袋熊的提问给予详细的回答,二人越谈越开心。那天,销售员除了从张先生那里知道了许多有关树袋熊的专业知识外,还收获了一张保单。

物以类聚,人以群分。有共同爱好的人,就有更多的共同语言。当谈判对象说到自己的兴趣和特长并得到你的认可的时候,对方会从心底里把你当作知己,双方的距离就拉近了。

优秀的谈判人员,除了有高超的语言技巧,往往在未见初交者其人之前早已了解对方的大概情况,见面交谈之前就做好了充分的准备。

在某汽车公司,很多销售员都没有搞定一位潜在客户,后来领导把资料交给了销售员小马。经过多方打听,小马得知这位客户酷爱射击。于是就上网查找了大量有关射击的资料,并对周边地区所有著名的射击场加以了解,而且还掌握了一些射击的基本功。经过准备,小马打电话时,对销售汽车的事情只字不提,只是告诉客户自己"无意中发现了一家设施特别齐全、环境十分优美的射击场"。周末,小马很顺利地在那家射击场见到了客户。小马对射击知识的了解让那位客户迅速对其刮目相看,他大叹自己"找到了知音"。在返回市里的路上,客户主动表示自己喜欢驾驶装饰豪华的越野型汽车,小马告诉客户:"我们公司正好刚刚上市一款新型豪华型越野汽车,这是目前市场上最有个性和最能体现品位的汽车……"一场有着良好开端的销售沟通就这样形成了,最后,小马顺利的拿到了订单。

在使用这种心理技巧与谈判对象沟通时,要特别注意一点:如果只是对方对某种话题感兴趣,而你对此却一知半解,没说两句就"卡壳"了,或者内心排斥却故意表现出喜欢的样子,对方的热情和积极性马上就会被冷却。

所以，谈判人员应该在平时多培养一些兴趣，多积累一些各方面的知识，至少应该培养一些比较符合大众口味的兴趣，比如体育运动和一些积极的娱乐方式等。这样，拉近与别人之间的距离就没那么难了。

保持同步，给对方"合拍"的感觉

谈恋爱时，我们都希望在对的时间遇见对的人，对的人才可以和我们"合拍"，迅速拉近心理距离，并建立深厚感情。从一定角度上说，谈恋爱也是一种谈判，同样，在其他很多类型的谈判中，要与谈判对象拉近距离，并最终走进愉快合作的"殿堂"，也要给谈判对象"合拍"的感觉。

那么，如何让对方觉得你与他合拍呢？

（1）语速和语调同步

每个人说话的语速都不一样，有的快，有的慢，这主要是由于性格不同决定的，或者说一些细节经过大脑的思考，表达出来的感觉不一样。谈判人员要尽量把这种不同变得同步，这样双方在沟通和交流时才会感觉很合拍。如果对方的语速较慢，我们就要说得慢一点；如果对方说得像打机关枪，我们当然也不能像打步枪，也要拿起机关枪；对方说话的声调高，你得和他一样高；对方讲话时常停顿，你得和他一样也时常停顿。若能做到这一点，能让对方感觉沟通起来很顺畅、很舒服，认为你和他很合拍，从而与你缩小心理距离。

（2）词汇和语言同步

每个人都有自己的语言习惯，在和谈判对象交流的过程中，如果我们能够利用他的语言习惯并有效地加以复述，那么谈判效果就会变得更为理想。很多人说话都惯用一些术语，或者是善用一些词汇。如果你能听得出来对方的惯用语，并也时常用他的这些口语，对方就会觉得你很亲切。如果对方讲方言，而你又正好熟悉他所讲的方言，就可以用方言与对方交谈，这样既能融洽气氛，又能拉近双方的心理距离，增进双方的感情；如果不熟悉对方的方言，就用普通话交谈，因为不地道的方言可能会在沟通中造成误会；若是同时有多人在场，又并非所有的人都讲同样的方言，最好用普通话交流，不要旁若无人地与其中某一位讲方言，让其他人不知所云，颇觉尴尬。

（3）肢体上的同步

肢体动作、面部表情及呼吸的模仿与使用，能帮助你进入他人频道，给对方"合拍"的感觉。当你和他人谈判沟通时，你模仿他的站姿或坐姿、他的手和肩的摆放姿势以及他的其他举止，能让他产生一种认同感。专家解释说，在谈判过程中你模仿对方，你似乎就变成了他，他不会拒绝自己，所以，更容易谈成。其实，模仿是一种获得认同的方式。你模仿他的行为方式，他看到了自己熟悉的形象，就放松了对你的戒备和警惕。如果你能模仿得惟妙惟肖，对方会莫名其妙地喜欢你、接纳你，他们会自动将注意力集中在你身上，而且会觉得和你一见如故。

一位非常成功的谈判人员讲过这样一段经历：

一次在坐地铁的时候，我发现对面坐着一个和我年龄相仿的男子，我看了他一眼他也看了我一下，他对我微笑，我也对他微笑，他把他的右腿放在左腿上，我也模仿他做同样的动作，等他快下车的时候，他走到我面前对我说："我们好像在哪儿见过面？"其实我根本不认识他，只是因为我的肢体动作和他一致，在潜意识中产生了一致感，而他却并没有察觉。还有一次，我到一家保健品公司谈业务。公司的老总是一个身材魁梧、豪爽热情的人，他在一边说话的时候一边挥舞他的手臂，还大笑着拍着我的肩膀。我也和他一样，挥动着手臂，并不断地拍着他的手臂说："没有问题，相信我们的合作会非常成功。"一个3个月的合作约定，在10分钟左右的时间里就确定了。事后这位老总跟我讲，他也不知道为什么这么匆忙地下了决定。

一个人的肢体动作是下意识的行为，很多人都无法察觉，如果你在这些方面做到和对方一致，非常容易引导对方的思维和行为。但是注意别去模仿别人的缺陷，比如模仿别人口吃，那样只会弄巧成拙。

（4）情绪上的同步

谈判人员无疑每天都要保持活力，要热情自信，保持微笑。假如碰到的谈判对象比较随和，爱开玩笑，这样做就能使双方在情绪上同步。但如果对方比较严肃、循规蹈矩、不苟言笑，前面的做法就没有太大效果了。若要和他拉近心理距离，就要和他在情绪上比较类似，从而进入对方的频道。**情绪同步会让对方感觉到，在心理和情绪上你是很能够理解他的，他会有一种被理解、被接受、很合拍的感觉**。双方在这样的谈判氛围中，情感上实现了某种融洽，谈判就会更易顺利进行。

第五章

做好心理诱导：
使对方朝着你预定的方向走

人的心理与行为是相联系的，心理引导行为，而心理是可以诱导的，通过对人的心理诱导，可诱导人的行为。优秀的谈判人员能抓住人的心理特点，用语言、行为等方式，给对方施加影响，使他们进入你早已设下的框架，顺从地按你的要求去做。

 谈判心理学

☕ 通过心理暗示进行潜意识说服

潜意识主宰着人思想的核心。潜意识说服常常是从心灵深处导入信息，进入他人相应的频道，产生独特的影响，以达成想要的谈判结果。

对于许多人来说，潜意识是一个不熟悉的词，词典中对潜意识有这样的解释：潜意识是不知不觉没有意识到的心理活动，是人的动机、意图的源泉。

现代心理学已达成这样一个共识：人的头脑和心智是由意识和潜意识两部分所组成的。自我所意识到的一切，并不是精神世界的全部，相反，意识只是精神世界的冰山一角，更庞大的部分隐藏在水面下看不到，则好比潜意识的内容。

人更多是受内在的潜意识的作用，并不自觉地行动。这一点应该很好理解：试想一下：你能完全左右自己的思想与情感吗？有些想法不由自主在你脑海中浮现，驱之不去；强烈的感情一下子控制住你，让你忍不住的悲伤哭泣；夜晚，莫名其妙的梦境不断涌入你的睡眠里。种种迹象表明，人什么时候也不可能摆脱潜意识的影响。

潜意识是无法分辨是非对错的，无论意识给了它什么样的资讯或想法，它都只会照样全收。

心理暗示是影响潜意识的一种最有效的方式。暗示往往会使别人不自觉地按照一定的方式行动，或者不假思索地接受一定的意见和信念。

心理学家普拉诺夫认为，暗示的结果使人的心境、兴趣、情绪、爱好、心愿等方面发生变化，从而又使人的某些生理功能、健康状况、工作能力发生变化。

美国著名心理学家马丁加拉德做过一个实验：一个死囚犯蒙着双眼，被绑在床上，身上被放上了各种探测体温、血压、心电、脑电的仪器。法官来到床边宣布对他执行死刑，牧师也祝福他的灵魂早日升入天堂。这时，他被告知将用放血的方法致死。随着法官的一声令下，早已准备好的一位助手走

上前去，用一小木片在他的手腕上划了一下，接着把事先准备好的一个水龙头打开，向床下一个铜盆中滴水，发出叮咚的声音。伴随着由快到慢的滴水节奏，死囚产生了极大的恐惧感，他感到自己的血正在一点点流失！各种探测仪器如实地把死囚的各种身体变化记录了下来：囚犯出现典型的"失血"症状；最后，那个死囚昏了过去。

这个实验十分形象地告诉我们：潜意识透过暗示所能发挥出来的无穷力量，是惊人且不可思议的，它超出人们自身的控制能力，指导着人们的心理、行为。这世上许多所谓的奇迹或灵感，都是透过自我暗示的方式而产生的。

心理暗示的实质在于，用含蓄、间接的方式，对别人的潜意识产生影响，潜意识又影响人的心理和行为。心理暗示往往会使别人不自觉地按照一定的方式行动，或者不加批判地接受一定的意见或信念。

在谈判的过程中，潜意识同样是主宰着人思想的核心，我们也可以借助心理暗示的作用，在谈判对手的潜意识中产生影响，不漏痕迹地说服对方。

在谈判中，常用的暗示主要有以下几种形式：

（1）多用"我们"削弱对立的氛围

谈判高手喜欢用"我们……"的句型诱导对方，因为这样说可以营造一种合作的气氛，暗示彼此是同一阵线的，而不是相互对立的，这样可以减轻对方的压力，容易达成共识。

（2）向对方灌输他已经和你合作了

比如，在商务谈判时，谈判人员和客户沟通要习惯说"当您使用它的时候……"而不要说"如果""假如"等。"当……"这样的说法具有很好的暗示效果，它向对方的潜意识里灌输了他已经合作了，现在是在教客户怎样使用产品，而不是说服他购买，这样就避免了客户的抵触情绪，激起了客户对产品的占有欲。而如果用"假如您有这个……"会使对方产生这样的感觉："我也许会拥有它，也许不会。"

（3）描述未来的情况

对将来的情况进行描述，也具有暗示作用。例如："现在的情况已经比上个月好多了，估计再有两个月就能痊愈"；"这样下去，一个星期就没事了，

你会感到全身放松，头脑清晰"；"这套软件帮助贵公司每年节省8%的支出，你们老板会感激你的，你不久就会升职"。

(4) 提示引导

提示引导是把一句话用三个部分组合起来，通过暗示转移对方注意力的方法。该法也是一种潜意识说服法，当描述了三个不容反驳的事实之后，加入一个适当的引导词就会对谈判的对方产生心理影响，得到对方的认同，让对方较易把注意力转移到你想要他注意的地方。提示引导法的步骤有三：首先，用语言去描述对方目前的身体状态、心理状态或是他的思考状态，他现在在想什么，或是环境状态。第二，加入提示引导词。第三，马上加入你想把他注意力转移什么地方去。引导词有两种：一是因果提示——而且、因为；二是会让你、会使你。例如："周先生，我知道你现在正在考虑价格问题。而且你也会了解品质跟价钱没有办法兼得，因为一分钱一分货。""当你正在考虑到要买保险的时候，会让你想像到给你的家人和孩子一份安全的保障是多么重要。"

(5) 尽量用肯定性词汇

心理学研究发现，潜意识对于所用词汇不区分，不管是负面词汇，还是正面词汇，潜意识只是接受。有人做过一个实验：让自愿者"不要"想蓝色，"不要"想蓝色，千万不要想蓝色——结果是，自愿者的头脑中第一个想到的颜色都是蓝色。因此，谈判时我们尽量别说否定性词语，因为这样会给对方带来消极的心理暗示。

(6) 多次重复

在谈判过程中，要把自己欲说服对方的事，变"急风暴雨"为"和风细雨"，一点一滴地输出，使对方放松防卫，在潜意识中逐步接受。只要重复得多，暗示就能突破理性进入潜意识，这是一条定律。谎言重复多了，就会变成真理，就像商业广告一样，天天播放，于是你在去超市购物时，会不自觉地选择这些广告品牌，哪怕它们是伪劣产品，你的潜意识也会告诉你：它们很知名，不买它们，将是一个错误。当然我们这里不是说谎话，只是个比方。同时要注意，不能随便更改暗示，一旦你选定这个暗示词语，那么就反复使用下去，否则潜意识会适应不佳，所以设定暗示语的时候记得好好推敲一下。

第五章 做好心理诱导：使对方朝着你预定的方向走

故作悬念，引起别人的好奇心

要想让一个人产生行为，愿意去做某件事，就要在他的潜意识方面做文章。而好奇心是推动潜意识一个很好的工具。在谈判的过程中，引起对方的好奇心，可以诱导对方按你的意愿行事。

好奇心是人类的天性，是人类行为动机中最有力的一种。未知晓的"神秘"的事物，比能接触到的事物对人们有更大的诱惑力，也更能促进和强化人们渴望接近和了解的诉求。我们常说的"吊胃口""卖关子"就是因为对方对你的信息有着一种期待心理。

心理学上，有一个"禁果效应"。你越想把一些事情或信息隐瞒住不让

别人知道，越会引来他人更大的兴趣和关注。人们对你隐瞒的东西充满好奇和窥探的欲望，甚至千方百计试图通过别的渠道获得这些信息。

有个心理学家做过这样一个实验：事先在屏风上钻一个小孔，旁边贴上"请勿窥视"的纸条，再用隐蔽式摄像机拍下过路人的反应。结果，每个经过这里的人都会向里张望一番。

在谈判时，如果你想说服别人，最主要的是先引起别人的兴趣。当别人对你将要说的话感兴趣了，你才可能有机会说服别人。那么，怎样才会让别人对你的话产生兴趣呢？最好的办法就是设置悬念。

比如，你直接跟某人说，"有件事情，我要跟你说一下。"对方可能会漫不经心地回应："你说吧。"如果你换个形式，设一个悬念地对他说："有件事，不知道该不该和你说。"或者"这件事我还是不告诉你了。"他马上会边竖起耳朵，边催促你："快说，到底什么事？"这样一来，就把话题引向了你要的方向。

在谈判过程中，成功激发对方的好奇心是心理诱导的关键，也是促进对方进一步了解你的东西或方案的"火花"。

某公司的工地的工头常常坚持反对一切改进的计划，公司的工程师以前提出好多想法，都被他否定了。这次，工程师想和工头谈谈换装一个新式的指数表，但他想到那个工头必定又要反对，于是他腋下挟着一个新式的指数表，手里拿着一些要征求工头意见的文件去找工头。

当大家讨论文件的时候，姚工程师把那指数表从左腋下到右腋下互换了好几次，工头终于先开口了："你拿着什么东西？"工程师漠然地说："哦！这个嘛，这不过是一个指数表。"工头说："给我看一看。"工程师说："你还是不要看了。"边说边假装要走的样子："这是给别的部门用的，你们部门用不到这东西。"

他越是这样说，工头越想看，他很好奇，什么东西别的部门能用，自己的部门就用不上呢？工头就对工程师说："我很想看一看。"工程师还是要走，工头硬是拦住，非要看看不可。

当工头仔细观察这个指数表的时候，工程师就随意但又非常详尽地把这东西的效用讲给他听。

工头看了会儿，不满地对工程师说："我们部门用不到这东西吗？其实，它正是我想要的东西！你赶紧给我配一批"。工程师暗自笑了，装出无可奈何的样子答应了工头。

可见，要想让谈判成功，有时不妨卖卖关子，引起对方的好奇心，诱导对方向你希望的方向走。

引起谈判对手的好奇心，除了上面谈到的方式外，还可以采取以下几种方法：

（1）只提供部分信息

有些谈判人员花费了大量的时间为对方提供信息，却很少想过如何激起对方的好奇心。想一想：如果对方已经掌握了他们想要了解的所有信息，他们还有什么理由与你谈呢？他们已经拥有了所有自己需要的信息，或者他们从你的陈述中获得了所有必需的信息，就没有必要再进行下一步了。所以，如果你希望对方主动想要了解更多信息，就不要一开始就把所有信息告诉他们，而要有所保留。

（2）显露价值的冰山一角

激发好奇心的另一个方式就是显露价值的冰山一角。因为在对方面前晃来晃去的价值就像是诱饵一样使他们想要获得更多的信息。如果对方开口询问，你就达到了主要的目的：使对方主动与你进一步讨论他们的需求和你所能提供的解决方案。这种心理技巧实际上是提供部分信息的变相运用。

（3）提供新奇的东西

人们总对新奇的东西感到兴奋、有趣，都想"一睹为快"。所以谈判人员可以利用这一点来吸引客户的好奇心。比如，"范总，我们将要推出两款新产品以帮助人们从事电子商务。问题是，让你提前知道这个信息，对你的业务可能产生冲击，这是不是很有必要？"如果你的新产品发布的确与对方的业务相关，那么，他提前了解就显得至关重要。你还可以告诉对方你要限制参与的客户数量并签订"不泄露"协议，从而使你的信息更具有独特性。

需要注意的是，任何事情都有一定的限度，好奇心的利用也同样如此。

如果谈判人员利用过度的话，会使对方的心情过度紧张，造成心理压力，谈判的效果反而不理想。

诱使对方说"是"，避免他说"不"

心理学研究发现，人在采取拒绝的态度时，全身的肌肉、神经、内分泌腺都必须动员，也就是说，采取僵硬的态度。但是，如果回答"是"，心理上便会积极去接受外界的事物，不再精神紧绷。因此，在谈判中，要注意诱导他说"是"。

卡耐基曾经告诫人们：与人交谈，要让对方接受自己的观点，不要先讨论双方不一致的问题，而要先强调，并且反复强调你们一致的事情。让对方一开始就说"是""对的"，而不要让对方一开始就说"不"。

一开始便造成对方肯定的心理诱导术，又被称为"苏格拉底问答法"。苏格拉底是两千多年前古希腊的哲学家，他以论辩见长。他创立的问答法至今还是被世界公认为"最聪明的劝诱法"。其原则是：与人论辩时，开始不要讨论分析的观点，而着重强调彼此共同的观点，取得完全一致后，自然地转向自己的主张。具体的做法和特点是：开头提出一系列的问题让对方连连说"是"；与此同时，一定要避免让他说"不"。

美国心理学教授欧非斯托在他的《影响人类的行业》一书中说："一个'No'的反应是最难克服的障碍。当说'No'时，所有他的人格尊严都需要他坚持到底。过后他也许自觉说'不'字是错了，然而他的尊严当时绝不允许他改变，只能一味坚持。因此说服一个人的时候，开头就让他说'Yes'，是实在要紧不过的事。"

习惯于顽固拒绝他人说服的人，经常都处于"不"的心理组织状态之中。对付这种人，如果一开始就提出问题，绝不能打破他"不"的心理。所以，你得努力寻找与对方一致的地方，先让对方赞同你远离主题的意见，从而使之对你的话感兴趣，而后再想办法将你的主意引入话题，而最终求得对方的同意。

奥弗斯特在其所著的《影响人类的行为》中，对这个方法有着十分生动

第五章 做好心理诱导：使对方朝着你预定的方向走

的描述。他称这种方法为：获得肯定回答的艺术。他说："我们得到他人愈多的'是'，我们就愈能为自己的意见争取主动权。推销商品也好，其他的一切需要使他人信服的事也罢，这一法则都很有效。"

美国一家电器公司业务代表阿里森谈过这样一件事：

一次，他到一家不久前才发展的新客户那去，企图再推销一批电机。

一到这家公司，总工程师劈头盖脸就说："阿里森，你还指望我们要能多买你的电机吗？"一了解，原来，这家公司认为刚刚从阿里森那里购买的电机发热超过正常标准。

阿里森知道强行争辩没有任何好处，决定采取苏格拉底问答法来解决这个问题。于是他先故意说："好吧，斯宾斯先生！我的意见和你的相同，假如那电机发热过高，别说再买，就是买了的也要退货，是吧？"

"是的！"总工程师生气地回答。

"自然，电机是会发热的，但你当然不希望它的热度超过全国电工协会规定的标准，是吗？"

"是的。"

然后，阿里森开始讨论具体问题了，他问道："按标准，电机的温度可比室温高72度，是吗？"

"是的，"总工程师接着说，"但你们的产品却比这高得多，简直连碰都不能碰，难道这不是事实吗？"

阿里森也不与他争辩，接着问："你们车间的温度是多少？"

总工程师略为思索，回答说："大约华氏75度。"

阿里森兴奋起来，拍拍对方肩膀说："没有问题！车间是华氏75度，加上应有的华氏72度，一共是140多度。如果你把手放进华氏140多度的热水里，是否会把手烫伤呢？"

工程师虽然不情愿，但也不得不点头称是。

阿里森接着说："那么，以后你就不要用手去摸电机了，放心！那完全是正常的。"

阿里森开始所问的问题，都是总工程师所赞同的。在他机智而巧妙的发问中，获得无数"是"的反应，使总工程师在不知不觉中，被包围在数分钟之前还在否认的结论中，最后，他还决定继续订购阿里森的产品。

为什么会有这样的效果呢？因为在说话时，一开始就说"是"字，会使整个心理趋向于肯定的一面。这时全身的组织都呈放松状态，和谐气氛。相反，说"不"字容易造成情绪对立，致使全身组织紧张，成为拒绝状态，这种生理变化直接影响心理。奥弗斯特在他的《影响人类的行为》一书中说："'是'是最不容易突破的障碍，当一个人说'不'时，他所有的人格尊严，都要求他坚持到底。也许事后觉得自己的'不'说错了；然而，他必然考虑到宝贵的自尊！既然说出了口，他就得坚持下去。因此一开始就使对方采取肯定的态度，是最最重要的。"

为此，在谈判中要尽量诱使对方说"是"，在谈判的开头避免涉及有争议的观点，应顺应对方的思路，强调彼此有共同语言的一面，从对方的角度提出问题，诱使对方承认你的立场，慢慢就能将对方引入"陷阱"。

层递效应：先提出小要求，再实现大目标

一个人一旦接受了他人的一个小小要求后，如果他人在此基础上再提出一个更高的要求，那么，这个人为了认识上的统一，或为了给人留下前后一致的印象，就会倾向于接受这个更高的要求，这就是心理学上的层递效应，俗称"进门槛效应"。

著名的心理学家弗尔德曼曾经进行过一项研究性实验：

他让助手到两个居民区劝说居民在自己的住房前立一块"小心驾驶"的标语牌。在一个居民区，助手们直接向居民提出这一要求，由于要求竖立的标语牌较大，而且不太美观，所以只有17%的居民照办。在另一个居民区，助手们先请大家在一份赞成"小心驾驶"的倡议书上签个字。因为这是很容易做到又是有益的事，几乎所有的居民都签了字。几个星期以后，助手们又要求各家在门前竖一块与前一个居民区同样的标语牌，结果55%的居民照办，

是前一居民区的 3 倍多。

研究者认为，人们拒绝难以做到的事或违反意愿的请求是很自然的反应，可是一旦他对于某种小请求找不到拒绝的理由，就会增加同意这种要求的倾向；而当他卷入这项活动的一小部分以后，便会认为自己是这个事件的一部分。这时如果他拒绝后来的更大要求，就会出现认知上的不协调，于是恢复协调的内部压力就会驱使他继续答应后续的要求，或做出更多的帮助，并使态度改变成为持久的现象。

的确，人们提出一个貌似微不足道的要求时，往往难以拒绝，不然的话就显得太不近人情。但是一旦接受了这个要求，就很难抽身而退。因为已经跨进了一个心理的门槛。所以说当有一个更高的要求摆在眼前时，这个要求就很容易被顺理成章地接受。

层递效应是一种颇为有效的心理诱导技巧。在谈判中，如果运用得当，将有助于顺利实现预期的谈判目标。

因此在一些正式或非正式的谈判中，当我们要求对方答应某件较大的事情又担心他不愿意做时，可以先向他提出做一件类似的、较小的事情，比如：

在一场培训行业的推广说明会上，两个小时的推广说明快要结束的时候，培训师问大家："不知道通过我两个小时的分享，各位有没有一点点小小的收获，有没有一点点小小的感悟呢？"

很多人都会回答："有。"

接着，培训师继续问大家："如果有这样的一个机会，能够让我继续和大家分享，不只是简简单单的两小时，而是两天，你们愿意吗？"

很多也会回答："愿意。"

接下来培训师又问："愿意的人请举手给我看一下，好吗？"

既然刚才已经回答过"愿意"，出于对自己的承诺负责任的想法，很自然有不少人就把手举了起来。

随后培训师就会继续说："举手的朋友请起立并走到前面来一下。"

既然刚才已经举手了，按照培训师的要求走上讲台就成了一件非常自然的事情，即使你的内心可能并不情愿，也必须走上讲台。而且刚才你也表示过"愿意听老师两天的分享"，此时当助教把报名表递到你手中的时候，请问你填还是不填呢？如果不填，你要如何面对刚才自己的承诺呢？面对台下人的眼光，你愿意当众承认自己言而无信吗？你已经跨进了一个心理门槛，想出去就没那么容易了。

其实，层递效应能在生活的各个方面中得到运用。向人提要求，应该由小到大，由微至著，由浅及深，由轻到重才是，如果一开始就有太大的请求，往往会遭受到对方的断然拒绝。

总之，不论是哪种类型的谈判，都要注意循序渐进，一点一点地引导别人接受，一点一点地"诱"别人上钩。

☕ 表达信任，激发对方的高尚动机

在我们人体深处，通常隐藏着两个激素：正义激素与权变激素。正义激素强调的是高尚的动机，在良心与自尊的坚持下，积极地面对别人和人生。相反的，权变激素则着眼于凡事视情况而定，没有原则，更遑论标准，只要达到目的，任何事情都可以改变。

每个人都希望别人把自己看得很高尚，都喜欢给自己的行为动机赋予一种良好的解释。因此，与人谈判时要改变一个人的心理和行为，就要重视正义激素，想办法激发他高尚的动机。

而信任，就是以高尚的动机度量人，以美好的愿望设计人，是直接为他设定心理行为选择的方向，并让人按照你所信任的方向选择他的行为。

有这样一个真实的故事：

一个名叫法瑞的人，在他出租的房子当中，有一个很挑剔的房客，扬言要搬离他的公寓。但这房客的租约，尚有四个月才期满，每个月的租金是五百五十元，可是他却声称立即就要搬，不管租约那回事。

这个房客，已在法瑞这里住了一个冬季。如果他搬走了的话，秋季前这

第五章 做好心理诱导：使对方朝着你预定的方向走

房子是不容易租出去的。眼看二千多元就要从口袋飞走了，法瑞实在是着急。如在以前，法瑞一定找那个房客，要他把租约重念一遍，并向他指出，如果现在搬走，那四个月的租金，仍须全部付清。

可是，这次法瑞只是向他这样说："先生，听说你准备搬家，可是我不相信那是真的。我从多方面的经验来推断，我看出你是一位说话有信用的人，而且我可以跟自己打赌，你就是这样的一个人。"

房客静静地听着，没有作任何表示，接着法瑞提了个建议，让房客将他所决定的事，先暂时搁在一边，不妨再考虑一下。并给了他充裕的时间，如果到时候还是决定要搬的话，法瑞说他将会接受他的要求。

最后，法瑞一再强调他相信对方是个讲信用的人，会遵守自己的租约。

事情果然不出法瑞所料，到了下个月，这位先生自己来见他，并且付了房租。并说，这件事已经跟他太太商量过，他们决定继续住下去。他们都认为至少应该住到期满。

把人当贼，人成贼；把贼当人，贼成人。你在哪个方面信任他，实际上也就是在哪个方面为他勾画了他意志行为的方向和轨迹，因而信任也就成了诱导他人意志行为的一种重要途径。

有一位琴德夫人，她雇了一个女仆，并告诉她下星期一上工。之后，琴德夫人打电话给那女仆以前的女主人，得知她一切都不好。当女仆来上工的时候，琴德夫人说："赖莉，我那天打电话给你以前做事的那家太太，她说你诚实可靠，会做菜，会照顾孩子，但她说你不整洁，从不将屋子收拾干净。现在我想她是在说谎，你穿得很整洁，人人可以看得出。我相信你收拾屋子一定同你的人一样整洁干净。你也一定会同我相处得很好。"

她们后来真的相处得很好。她把屋子收拾得一尘不染，她情愿多费一小时打扫，而不愿使琴德夫人对她的希望落空。

可见，如果你要在某方面改变一个人，就要说得好像那种特点已经是他的显著特性之一。信任人，会让人感觉到自身的正直和伟大。信任不值得信

任的人，会改变这个人，使他值得信任；信任值得信任的人，会使这个人更加值得信任。

"如果你必须应付盗贼，"卡耐基说，"只有一个可能的方法可以治他——待他好像他是一个很体面的君子。假定他是规规矩矩的，因之他会有所反应，并把有人信任他引以为自豪。"

这种事例在日常生活中还有很多，也许当事人自己都没有感觉到有什么特殊之处，但又确实是因为这种"信任"达到了改变人的目的。在谈判中，对方的自尊、名声、荣誉、能力……都可以作为诱导的切入点，只要运用得当，你真的可以让别人变成你想要的样子。

第六章

紧抓对方软肋：
瞄准人性的弱点最能攻破心防

每个人都有自己的软肋，它来源于我们与生俱来的人性弱点和后天养成的世俗判断。谈判高手之所以能在交涉中无往不利，最关键的往往是他们更懂得揣摩和理解人们的心理规律，能牢牢抓住对方的软肋，在谈判中迅速突破对方的心理防线。

趋利避害：没人会跟自己过不去

由于趋利避害是人类普遍的弱点，所以只要在谈判时学会有效的利用，并将这种力量巧妙地施加在谈判对象身上，以影响并改变对方的行为方向，达到自己想要的目的。秦朝末年蒯通说服范阳令徐公就是一个很好的证明。

张耳占据赵地后，号称武信君。委托蒯通到范阳，说服范阳令徐公投降。

蒯通到达范阳，见了徐公就说："我是范阳一介草民蒯通。我分析当前形势，徐公你可能活不了多久了。我特意给你吊唁来了。不过，你要听我蒯通的话，也可以有一条生路，我也是向你表示祝贺来了。"

徐公就说："你怎么知道我活不久？"

蒯通就说："你在范阳为官已经十年了。你为了落实秦国的法令，杀人家的父亲，使人家的孩子成为孤儿；你断人家的手足，黥人家的面孔，这样残忍的事情你做得够多的了。那些慈父孝子对你恨之入骨。他们为什么不用锋利的尖刀插到你的腹中把你杀死呢？那是因为他们害怕秦国的法律。如今是天下大乱，秦国的法律已经不起作用了，那些慈父孝子正在争着用利刃把你杀死。一来要化解他们对你的怨恨，二来杀你也可以得到名利。所以我蒯通知道你活不长了，因此才提前来给你吊唁。"

徐公又问："你怎么还祝贺我有一条生路呢？"

蒯通说："武安君不嫌弃我是一介草民，向我请教战争问题。我对他说：'打了胜仗才能得到土地，攻取之后才能得到城池，这已经是落后的战法了。不战而得地，不攻而得城，一纸公文就能搞定千里。这样的谋略你们愿意听听吗？'他们的将领都很感兴趣。我就说，'以范阳令徐公为例，他可以整顿士卒坚守城池。但是，人都是害怕死亡贪图富贵的。战到不行的时候他要投降。那时士卒都有了怨气，很可能把范阳令也给杀了。这件事必然会传出去。其他地方的官员知道范阳令先投降也被杀害了，必然要固守。这样，其他城池就不好攻打了。现在不如以隆重的礼仪迎接范阳令徐公，一直把他迎接到燕赵接壤的地方。使其他城池的官员都知道，范阳令投降得到了富贵。这样，就会争着来投降。这就是我说的一纸公文可以搞定千里。'现在你要是听我的话投降武信君，不但可以生存，而且还可以继续享受富贵。"

结果蒯通说通了范阳令徐公。这就是蒯通站在徐公的立场上陈述利害的结果。

要在谈判中很好地利用趋利避害的心理，谈判人员还要懂得，在"趋利"与"避害"两者之间，到底谁的力量大一点。

研究证实，对于大多数人而言，"得到利益"所带来的种种快乐感受，远远不如"受到损害"所带来的痛苦感受强烈。

诺贝尔经济学奖获得者、心理学家卡尼曼的研究表明，人在不确定条件下的决策，取决于结果与设想的差距而不是结果本身，也就是说，人们总是会以自己的视角或参考标准来衡量，以此来决定决策的取舍，而且一旦超过某个"参照点"，人们对同样数量的损失和赢利感受是不相同的。在这个"参照点"附近，一定数量的损失所引起的价值损害（负效用）要大于同样数量的赢利所带来的价值满足。简单地说，就是丢掉10元钱所带来的不愉快感受要比捡到10元钱所带来的愉悦感受强烈得多。卡尼曼认为，在可以计算的情况下，人们对损失的东西的价值估计高出得到相同东西的价值的两倍。

因此，在谈判时我们要让对方明白：与我们合作能获得什么好处，不合作会有什么风险或损失，并且把害处放在突出的位置。

赞美的魔棒能敲开任何人的心门

每个人都希望在赞美声中实现自身的价值，这是人类的普遍需求，也是人性的一个弱点。心理学家威廉·詹姆士曾说："人类本质里最殷切的需求是渴望被人肯定。"他不用"希望""盼望"等字眼、而是用"渴望"这个词，可见受人赞美是人类所需的重要东西。这种渴望不断地吞噬着人类的心灵，其中少数懂得抓住人性这一弱点的人，便可以将别人玩弄于股掌之中。

赞美犹如一根魔棒，它几乎可以敲开任何人的心门。我们每个人，当被赞扬时，心中会产生一种莫大的优越感和满足感，即使口头上虽连连表示不敢当，内心却认为你是慧眼识英雄。

有个老笑话说，某人是拍马专家，连阎王都知道他的大名，死后见阎王，阎王拍案，大怒："你为什么专门拍马？我是最恨这种人！"马屁鬼叩头回答道："因为世人都爱拍马，不得不如此，大王是公正廉洁，明察秋毫，谁敢说半句恭维的话呢？"阎王听罢，连说是啊是啊，谅你也不敢！实则阎王也是爱听恭维话，不过这个马屁鬼说恭维话的方式与普通人不同罢了。

谈判中，赞美能够麻痹对方，使对方醉酒一样，飘飘然，不仅会放松警惕，还想回报你以换来更多的赞美。

有一对夫妇结婚10年一直没有孩子，为了弥补这一缺憾，夫人养了几只小狗，对它们百般疼爱。

一天，先生一下班，夫人便兴高采烈地对他说："你不是说要买车吗？我已经帮你约好了，星期天汽车经销商就过来谈。"

不料先生却没有好脸色："我是说过要换车，但没说现在就买呀，你为什么要逞能？"

原来，那个经销商一眼就看出了夫人十分疼爱小狗，于是他对夫人养的狗大加赞赏，说这种狗的毛色纯洁，有光泽，黑眼睛，黑鼻尖，是最名贵的一种。说得这位夫人飘飘然，以为自己拥有了世界上最名贵的狗，于是她情不自禁地对那个经销商产生好感,很快便答应他星期天来和自己的丈夫面谈。

星期天,这位经销商如约上门来了,对这位先生又是一番赞叹。这位先生仿佛被一只无形的手牵引着,不能自主,很痛快地买下了经销商所推荐的那款车。

在谈判的过程中,尤其是销售谈判中,可以合理充分地利用人的渴望得到肯定的心理,对客户赞美。当与客户寒暄过后,身旁的一切都可以成为赞美的话题。你可以对接待室的装潢设计赞叹一番,诸如"庄重典雅"或者是"堂皇气派"等,你还可以赞赏对方的才华、前途、人品。

这些都是极易想到的,想像力丰富和具有创造精神的谈判高手都不会局限于这些最寻常的言谈,他们可能会对客户的接待人员也表示赞赏,对他们周到热情的接待表示感谢。

这样一来,你的客户会因为看到自己的属下训练有素、尽职尽责而感到高兴,同时,在场的接待人员也会从心底对你的理解表示感激,他们会马上变得特别友好,好像和你是多年的老朋友。

赞美虽然对谈判有很大的帮助,但以下几点也必须注意:

(1) 要情真意切

虽然人都喜欢听赞美的话，但并非任何赞美都能使对方高兴。能引起对方好感的只能是那些基于事实、发自内心的赞美。相反，你若无根无据、虚情假意地赞美别人，他不仅会感到莫名其妙，更会觉得你油嘴滑舌、诡诈虚伪。

(2) 要因人而异

俗话说：对症下药，量体裁衣。赞美也要因人而异，要结合对方的职业与工作说话，有道是"上山打柴，过河脱鞋。"不要弄得"牛头不对马嘴"，免得好意赞美人家一番，人家还觉得这是"乱弹琴"。对于商业人员，如果说他学问好，品德高，博闻强识，清廉高洁，他不一定高兴，而如果说他才能出众，手腕灵活，现在满面红光、印堂发亮，发财在即，他一定会很高兴。对于政府官员，恭维他生财有道，定发大财，这不是表明你的无知，就是表示你对他在进行讽刺或威胁，肯定会惹人反感，这时应该说他为国为民，淡泊名利，清廉公正。对于教授、教师，说他为人师表，学问渊博，思想深远，妙笔生花，他听了肯定高兴。

(3) 要"爱屋及乌"

为了在夸奖对方时效果更佳，在平时的谈判活动中就要多留意涉及谈判对象的家庭话题。比如，适当时候说出下面的话，对方一定会很高兴：

"听说你儿子考上重点高中了，恭喜恭喜！"

"你儿子长得真帅！"

"瞧你女儿那机灵样儿！"

(4) 间接地赞美

直接地赞美有可能会被人认为那只是应酬话、恭维话。如果进行间接地赞美，对方就会由衷地高兴。直接称赞对方和通过第三者间接的来传达，其效果是不同的。直接称赞的话，如果现场有第三者在，有可能会引起这位第三者的嫉妒。即使是一对一面对面的称赞，或许有可能会被误认为别有用心。相较之下，透过第三者间接的来传达赞辞，比较容易增添真实的味道，也比较容易让当事人接受。

提要求时，最好能结合对方的长处

每个人都有求人办事的时候，这也是一种谈判。在这种形式的谈判中，如果我们先赞美所求之人，使其满心愉悦，然后再提出所求之事，对方多半不会拒绝。当然，要达到最好的效果，不能胡乱赞美一通，而要事先了解对方的长处，并把自己所求之事与对方的长处结合起来。在这种情况下，他拒绝你的可能性就更小了。

俗话说，"酒逢知己千杯少，话不投机半句多。"每个人都有他爱听的、喜欢听的话，从对方的长处说起，就如同给了一个饥饿不堪的人投去一块馒头，效果之好不言自明。

某人认识许多学术界的泰斗，并常常得到他们的指点。有很多人也曾拜访过这些大师，但往往谈不上几句便无话可说，很快被"赶"了出来，而他竟成为大师们的座上客，其中的奥秘也是缘于赞美运用的得法。作为准备在学术领域有所建树的他，自然也很仰慕这些大师。但拜访这些人并非易事，因此，他在每次拜访一位第一次见面的专家时，先将这个人的专著或特长仔细研究一番，并写下自己的心得。见面之后，先赞扬其专著和其学术成果，并提出自己的想法。由于他谈的正是大师毕生致力于其中的领域，自然也就激起大师的兴趣，并有共同话题。谈话中，他又提出自己不理解的地方，请求大师指点，在兴奋之际，大师自然不吝赐教，于是他既达到了结交的目的，又增长了许多见识，并解决了心中存在的疑惑，可谓一举多得。

此例中，他就在有求于人时，巧妙地瞄准对方的长处，自己所称赞的，正是对方引以为自豪，并最感兴趣的，自然使对方得到心理满足，此时，他的问题也就不成为问题。

朱健是一个印刷厂的职工，由于厂里效益不好，他下岗了。他参加了几

次招聘会，但因他文化水平有限，未能成功。这天他又看到一个企业招聘工人，他决心去试一下。朱健从侧面了解到，这家企业的总裁最初也当过印刷工人，他是凭借手中几百元起家的。朱健直接面谒总裁："您好！我是一名印刷厂下岗工人。我知道您以前也是一名印刷工人，我也希望能做的像你一样好，但没有机会，不知您能否提供？"这位总裁欣然地聘用了朱健。

在这则事例中，朱健并没有用太多的语言，只是一句"我也希望能做的像你一样好。"其潜台词是：您做的真是棒极了，我很羡慕您，并且随之提出了要求。这样一来，总裁又想到了自己创业的艰难，求职时的艰辛。于是，朱健用短短几句话，既使总裁的需要赞美的心理得到满足，又激发了共鸣，最后，朱健如愿以偿地获得了这份工作。

每一个人都有自己的长处，这种长处的本身，究竟有多大价值，是另一问题，而在他本人看来，却认为是一件很有价值的事。你如果能预先打听清楚，在有意无意之间，很自然地讲到他的长处，然后再结合自己的所求之事，这样的谈判结果想不好都难。

第六章 紧抓对方软肋：瞄准人性的弱点最能攻破心防

巧用激将法

虽说人都喜欢被赞美，但人与人之间是有差别的，尤其是一些"强人"，由于恭维的话听多了，心理上已经形成了一定的"免疫力"，和他们谈判一味说赞美的话有时效果并不明显。相反，如果反向地刺激他，将对方激怒，"你不去做，是因为你不敢去做吧？""我想你可能也没什么办法做好。"你这样说，对方心里可能会想："谁说我不敢？""你怎么知道我做不好？我偏要做给你看！"这样，你就达到了自己的目的。

明代哲学家王守仁曾说："天下事或激或逼而成者，居其半。"意思是说，天底下的大事业，有一半是被激或被逼出来的。还有句俗话说："请将不如激将。"可见，在谈判中激将法的效果是非常大的。

公元208年，曹操亲率大军南征。江东的孙权摇摆在抗曹与降曹的两种选择之间。经过鲁肃的建议，孙权有意联合刘备对付曹操；这时诸葛亮也与刘备商量联孙抗曹，他在分析了江东当时的处境和可能出现的对策之后，料定孙权方面会派人前来试探。鲁肃的来到，成为诸葛亮开展一场出色外交谈判的起点。诸葛亮听说江东来人，便高兴地说："大事济矣！"接着十分慎重地叮嘱刘备，凡来人提及与曹操作战的问题，都推给他诸葛亮回答。他不仅要从与来人对形势的谈话中捕捉相关信息，而且还打算通过倾心交谈结交朋友。结果，直率的鲁肃经过诸葛亮的争取，透露出江东投降倾向与抗曹势力的现状和作为决策者的孙权目前害怕曹操兵多将广，不敢抗曹的心态，并且自告奋勇，愿意充当诸葛亮出使江东鼓动抗曹的引荐人。

诸葛亮在见到江东决策人物之前，首先遭遇到的是一批力主降曹、胆怯自私的文官。他们虽非决策人物，但对孙权决策有重大影响。尤其是谋士张昭，曾经是江东第二代创业者、孙权的哥哥孙策临终时指定的处理江东内政的主要决策顾问。这些人的投降主张已经严重地干扰着孙权抗曹的决心，诸葛亮舌战群儒，采用了快刀斩乱麻的果断手法，对各种不利于孙刘联兵抗曹的言论，一驳到底，不拖泥带水。

很快，诸葛亮与孙权直接会谈。他看到孙权"碧眼紫髯，堂堂一表"，立即判断对手有很强的自尊，"只有激，不可说"。对待这位江东的最高权威人物，诸葛亮对准他当时在战与降之间举棋不定的矛盾心态，不但把曹操的实力格外加码地描述了一番，而且一点也不委婉地建议他如果不能早下抗曹决心，不如干脆投降。孙权不甘屈辱，立即回敬一句："诚如君言，刘豫州何不降曹？"于是诸葛亮抓住这个话茬，毫不犹豫地抛出一枚令对方难以承受的重磅炸弹："昔田横，齐之壮士耳，犹守义不辱。况刘豫州王室之胄，英才盖世，众士仰慕。——事之不济，此乃天也，又安能屈处人下乎！"这枚炸弹既是对孙权的强大刺激，也是对孙权的有力鞭策，当然还是刘备一方对抗曹的坚定表态。此时，被触犯了尊严的孙权"不觉勃然变色，拂衣而起，退入后堂"。

一个平庸的谈判者很难有如此的胆识，因为这要冒造成整个谈判夭折和失败的危险，给自己一方带来严重的损害。但是，诸葛亮绝不是徒逞一时口舌之快而意气用事的人，他之所以敢于这样做，完全是料定了孙权绝不肯轻易降曹的缘故。应该说，诸葛亮对这种"破坏性的试验"还是心中有底的，正如他随后用《铜雀台赋》激怒周瑜一样，都取得了别人意想不到的谈判效果。

在最精彩也最关键的与周瑜的谈判中，诸葛亮善于拨弄对手弱点巧言相激的战术发挥到了极致。周瑜是对孙权决策影响最大的人物，一旦抗曹开始，他必然也是主帅，诸葛亮必须调动起他的强烈抗曹愿望。

此时的周瑜，虽心存抗曹的念头，可在诸葛亮面前故作深沉，不露痕迹，同时也想试探诸葛孔明，故而谈及抗曹之事，周瑜总是以言语搪塞。足智多谋的诸葛亮便针对周瑜气量狭小的弱点，故意曲解曹植的《铜雀台赋》中的两句话，激起周瑜对曹操的满腔怒火，痛下不灭曹操誓不为人的决心。

一天晚上，鲁肃引诸葛亮会见周瑜，鲁肃问周瑜："今曹操驻兵南侵，是战是和，将军欲如何？"周瑜说道："曹操挟天子以令诸侯，难以抗命。而且，兵力强大，不可轻敌。战则必败，和则易安，我的意见是和为上策。"

第六章 紧抓对方软肋：瞄准人性的弱点最能攻破心防

诸葛亮听了，觉得周瑜若不是抗曹的决心未定，也是一种有意试探，此时如果不另辟蹊径，只是讲一通吴蜀联合抗曹的意义，或是夸耀周瑜盖世英雄，肯定难于奏效。于是，他巧用周瑜执意求和的"机缘"，编出一段故事，激怒了周瑜。

诸葛亮说道："我有一条妙计，只需差二名特使，驾一叶扁舟，送两个人过江，曹操得到那两个人，百万大军必然卷旗而撤。"周瑜急问是哪两个人。诸葛亮说道："曹操本是一名好色之徒，打听到江东乔公有两位千金小姐，大乔和小乔，长得美丽动人，曹操曾发誓说：'我有两个志向，一是要扫平四海，创立帝业，流芳百世；二是要得到江东二乔，以娱晚年。'目前曹操领兵百万，进逼江南，其实就是为乔家的两位千金小姐而来的，将军何不找到乔公，花上千两黄金买到那两个女子，差人送给曹操？江东失去这两个人，就像大树飘落一两片黄叶，如同大海减少一两滴水珠，丝毫无损大局；而曹操得到两个人必然心满意足，欢欢喜喜班师回朝。"

周瑜说道："曹操想得大乔和小乔，有什么证据说明这一点呢？"诸葛亮答道："有诗为证。曹操的小儿子曹植，十分会写文章，操曾在漳河岸上建造了一座铜雀台，雕梁画栋，十分壮丽，并挑选许多美女安置其中，又令曹植作了一篇《铜雀台赋》。文中之意就是说他会做天子，立誓要娶'二乔'。"

周瑜问："那篇赋是怎么写的，你可记得？"于是诸葛亮就把《铜雀台赋》中的"连二桥于东西兮，若长空之虾蝶"改成了"揽二乔于东南兮，乐朝夕之与共。"周瑜一听暴跳如雷，大骂曹操欺人太甚，说："这两名女子一个是先主孙策之妻，一个是我的妻子，我怎么能让给曹操呢？"诸葛亮忙说，"我真的不知道啊，矢口乱说。还望将军不要介怀。"周瑜说："我与那狗贼势不两立。还请先生助我一臂之力。"

诸葛亮的激将法，正是抓住了周瑜的弱点，然后巧言勾起周瑜的愤怒，来达到自己联手灭曹的谈判目的。

在同样情况下，有一些人可能是"敬酒不吃吃罚酒"；不愿吃甜的，愿意吃辣的；认定一条死理，硬往牛角尖里钻。你磨破嘴皮，他却一意孤行。如果谈判中突然给他一个强烈的反刺激，说不定能使你"柳暗花明又一村"，获得理想的效果。

运用激将法时，也常常可以从道义的角度去激对方，让对方感到不再是愿不愿意去干，而是应该、必须去干。以义激之的方法在我们国家更为有效。因为中国传统道德文化中有一个重要的方面就是重视人的品德修养，讲求道义、气节。对于义，每个人都有自己的衡量标准，在每个人的心中都有一面旗竖在属于做人道德的领地。激之以道义，恰恰都是去触及对方的内心深处，让他认为对方求助的实质是道义的行为。

在谈判时施用激将法，要考虑对方身份和性格。一般说来，一个人的性格特点往往通过自身的言谈举止、表情等流露出来，快言快语、举止简捷、眼神锋利、情绪易冲动的人，往往是性格急躁的人；直率热情、活泼好动、反应迅速、喜欢交往的人，往往是性格开朗的人；表情细腻，眼神稳定，说话慢条斯理，举止注意分寸的人，往往是性格稳重的人；安静、抑郁、不苟言笑，喜欢独处，不善交往的人，往往是性格孤僻的人；口出大言，自吹自擂，好为人师的人，往往是骄傲自负的人；懂礼貌、讲信义，实事求是、心平气和，尊重别人的人，往往是谦虚谨慎的人。对于这些不同性格的对话对象，一定要具体分析，区别对待。

另外，运用激将法时不能仅仅用直接嘲讽、污蔑、轻浮的语言，以免对方恼羞成怒，导致弄巧成拙。

第六章　紧抓对方软肋：瞄准人性的弱点最能攻破心防

☕ 制造短缺，让对方觉得"机不可失"

人似乎都有这样的弱点：对容易得到的东西并不珍惜，相反的，如果东西越少，则越会觉得这个东西好。这就是心理学上的短缺原理。

几乎所有的人都会在某种程度上受到短缺原理的影响。收藏家们最知道在决定一样东西的价值时短缺原理所起的作用，不管他们感兴趣的是古币、邮票、还是什么别的稀奇古怪的东西。通常，当一样东西很稀少或正在变得很稀少时，它的价值就很高或正在变得更高。

有趣的是，与希望获得一样东西的渴望相比，害怕失去同样价值的东西的恐惧似乎更能成为人们行动的动力。

由于短缺原理在人们确定事物价值的过程中起着巨大的作用，我们在谈判时就可以积极地利用这一原理。

对短缺原理的最直接的应用也许是"数量有限"策略。数量有限的信息有时候是真的，有时候则完全是"制造"的。不管是哪一种情况，用意都是一样的，那就是使对方觉得"机不可失，时不再来"。

有一年，在贵阳举办的中国国际名酒节上，外省的一家经贸公司与贵州的一家酒厂进行谈判。该公司欲订购白酒10吨。但贵州的酒厂如林，名酒如云，各家酒厂的竞争相当激烈。究竟订哪一家的，委实举棋难定。

在洽谈期间，这家酒厂的谈判人员掩藏起内心的兴奋，平静而又抱歉地说："对不起，我们今年的货早已订完了，已开始订明年的了。如果你们需要，我们设法给你们安排明年早一些的。"

听了这一席话，经贸公司当然大感意外："是吗？前天你们还在大拉客户呢！"

酒厂谈判代表随即摆出一副赤诚的样子："众所周知，我们的酒是根本用不着'拉'的；更何况过了一天，情况还不会发生变化？这不，今天一大清早，广东的一家公司才将今年的最后一批10吨酒全部订完。你们可以去问问他们

嘛！"

此一说果真有效，经贸公司的代表有些急了："是的，听说你们的酒好，我们才慕名而来。我们来一趟也不容易，能不能通融一下，先挪给我们一些？"

酒厂谈判代表故作为难状。经贸公司的代表更加着急了，好话说了一大堆。酒厂代表这才以关怀、同情的口吻说道："既然你们要与我们长期合作，考虑到双方的长远利益，我们可以给其他客户做做工作，每家匀出来一点，给你们凑足10吨酒。"

经贸公司的代表大喜。酒厂代表更大喜了。

人总是有一种怕得不到的心理。现实生活中，当某种东西数量很多的时候，即使有需要，只要不急用，人们就不会急着去买；而如果这种东西突然只剩下很少的几件，大家就会着急，抢着去购买。

在《影响力》一书中，有句话总结得比较到位："要增加一条信息的价值，并不一定要查禁它，只要让它变得稀少难得就可以了。"某种东西变得短缺时不仅会让人们更想得到它，而且当必须通过竞争才有可能得到它时，人们想得到它的愿望就更加强烈。

这种心理在营销界被广泛利用。例如，很多商家开展的"限期""限量"促销活动，除了可以创造一种热烈的气氛之外，所谓的"限期""限量"也在向顾客传递一种"机不可失，时不再来"的信号，暗示消费者如果超过期限就不能享受如此的优惠，如果不赶快买就被别人买光了。在这种情况下，消费者往往会疯狂抢购，并乐此不疲。

作为谈判人员，不妨也学学这些商家，好好利用这种心理。有时候，你再能说、再会说，对方还是无动于衷。面对这种情况，我们不妨改变策略，故意制造短缺，给一个"机不可失，时不再来"的暗示，有助于促使对方尽快行动。

第六章　紧抓对方软肋：瞄准人性的弱点最能攻破心防

 "请教"是开启心灵的金钥匙

每个人都有虚荣心，让人满足虚荣心的最好方法就是让对方产生优越感。巧妙地奉承固然能满足一些人的优越感，但也有弄巧成拙的时候。让人产生优越感绝佳的方法是向对方请教。

好为人师，是人性的一个普遍弱点。大多数人喜欢指导、教育别人，以显示自己，特别是自认为经验丰富和取得了一些成就的人。

尤金是纽约州一画室的推销人员，他的工作是把画室设计的草图卖给那些服装设计师和纺织制造商。尤金干这一行业已经有些年头了，积累了丰富的经验，每次总是能把草图推销出去。可是有一次，他遇到了一个很难被说服的客户。这是个在当地小有名气的服装设计师。每次尤金去的时候，这位设计师总是热情地接待他，把他带去的草图仔细地看一遍，但就是不购买。为了拿下这份业务，尤金已前前后后跑了150多次了，可是始终没有结果。失败没有改变尤金的决心，每天晚上他都要抽出一点时间去研究说服别人的哲学，以发展新观念，创造新的热忱。

不久，尤金找到了一种新的方法。他随手拿出几张尚未完成的草图，来到这位设计师的办公室，请设计师提出自己的意见。这一次，设计师把未完成的草图留了下来，叫尤金过几天去找他。

几天后，尤金来到设计师的办公室，获得了设计师的修改意见，并按他的意见完成了图案设计。设计师二话没说就买下了这些草图。从那时起，这位服装设计师成了尤金的固定客户。

任何人都会很高兴有人探询自己的想法，征求自己的意见。我们在谈判时完全可以根据这个心理弱点，通过"请教"的办法达到自己的目的。

一位X光机制造商，运用同样的技巧，将他的第一批仪表卖给了布罗克

林最大的一家医院。这家医院正在建造机房,准备安装美国最好的X光机。L博士,新建机房的负责人,被推销员们包围了,每个人都说自己的仪表是最好的。

但这位X光制造商比较精明——在商务谈判的技巧方面,他比别的人高明得多,他写了这样一封信:

我们最近研制成功了一种新式的X光机。第一批机器刚刚运到我们办事处,它们当然不是最完美的,我们知道这一点,而且我们正努力改进它们,如果你能抽空来指导一下,告诉我们如何更能适合你们使用,我们将非常感激。我们知道你很忙,我们很愿意在你指定的时间派车去接你。

"我接到那封信真的很惊异,"L博士在后来叙述这件事时说。"我既惊异,又有点受宠若惊了,从来没有一个X光机制造商请教我,让我觉得自己重要,我觉得我受到很大的恭维。那段时间,我每晚都很忙,但我取消了一个又一个约会,只是为了去看那台机器。我越研究越发现我非常喜欢那台机器。"

"没有人让我买那台X光机,我觉得是我说服医院买下了那家的X光机。我用那台机子的优点说服了我自己,然后把它安装起来。"

总之,在很多谈判中,当你用"求教"的方式与人沟通时,对方是很难拒绝的。因为几乎每个人都有好为人师的弱点。如果我们有意找一些不懂的问题,或懂也装不懂地向对方请教,往往能收到奇效。

第七章

虚与实相结合：
看准时机，审时度势

精明的谈判高手一方面讲诚信，另一方面也懂得虚实相参，善于制造假象，隐蔽自己意图以麻痹谈判对手，然后审时度势，看准时机，争得有利于自己的谈判结果。毕竟，在谈判的心理战中，免不了明争暗斗，处处推心置腹会让自己很受伤。

听到对方报价,要装作大吃一惊

讨价还价是我们每个人都经历过的事情,也是很多谈判中的重要议题。

在谈判中,当对方报出的价格高于我们的心理期望时,吃惊是十分正常的心理反应。即便对方的条件令你满意了,你也不妨夸大你的表情,装作大吃一惊。

你可能会说:对方的价格我可以接受,也很满意啊,为什么不能表现出来?我又不会演戏,为什么还要如此表演呢?

这是因为,当你表示满意或什么也不表示时,对方可能会层层升级。因为谈判有时就是利益的争夺。

打个比方,你来到一个度假胜地,停下来看一位木炭画家作画。他并没有标明价格,于是你问他多少钱一幅,他告诉你100元。如果你并没有表现出吃惊,过一会儿他就会告诉你,"上色另收50元",如果你仍然没有感到吃惊,他就会继续说:"画框是50元。"

其实这些情况在谈判场中时常发生,对方很可能根本没有想过你会接受他们的条件,所以提出一些十分离谱的要求。但如果你因为面子的问题或是其他什么原因,并没有表现出意外,他们会自然而然地想到,说不定你会答应他们的条件,不如再继续加点要求,看看究竟能够得到多少好处。

所以说,学会吃惊是非常重要的,因为大多数人都相信他们所看到的表面现象。

在心理学研究中,从感官的角度来分析,视觉给人带来的冲击力非常强大。谈判者这种夸张的表情就是在利用视觉的作用。因为人们对于事情的判断往往都是凭借感官,而大吃一惊在表明你的态度,这种表情会在对方的脑海里留下很深的印象,这也是一种影响别人心理的办法。

故作惊讶之后经常伴随着对方的让步,如果你不故作惊讶,对方就会觉得你完全有可能接受他们的条件。所以,谈判高手在听到对方的报价时,总要表现出被吓一大跳的样子。

第七章 虚与实相结合：看准时机，审时度势

对卖方来说，一般开价要高于实际想要的价格，这可以给下面的谈判预留许多空间，并为后面的谈判定下不错的基调。美国政治家亨利·基辛格曾经说过："谈判桌上的结果取决于你的要求被夸大了多少。即自己要求的东西应比能从对方那里实际得到的东西要多。报价高于实价除了使议价空间更加广阔之外，这个价格也可能成交。同样的道理，如果是买方首先开价，一般也是低于自己想出的价格。

对于先报价的一方而言，首次报价常常是起试探性的作用：一是试探对方的利润空间，二是表明谈判立场，有时甚至连他们自己都不会相信对方会以这个价格成交。如果你不表现出吃惊的样子，事后我们会后悔，对方说不定也会心里犯嘀咕。

汤姆是加州一家房地产公司总裁。一天，一位杂志广告推销员来到汤姆的办公室，向汤姆推销他们杂志的广告空间。汤姆非常熟悉那家杂志，知道这是一个很好的机会，所以汤姆决定在这家杂志上刊登广告。而且推销员给出的报价也非常合理，只有2000美元。可因为喜欢谈判，所以汤姆不由自主地运用了一些谈判技巧，把价格一直压到800美元。

你能想象汤姆当时心里在想些什么吗？没错，汤姆在想：上帝啊，既然我能在几分钟内把价格从2000美元压到800美元，如果继续谈下去，不知道还能压到什么价位？于是汤姆对推销员说：看起来不错。可我必须先征求一下管理委员会的意见。今天晚上就有一次会议，我会把这件事情告诉他们，然后再给你最后答复。

几天以后，汤姆给那位推销员打电话，告诉他："这件事情确实让我太尴尬了。你知道，我本以为完全可以让管理委员会接受800美元的价格，可结果却发现很难说服他们。公司最近的预算情况让每个人都大为头疼。他们给了一个新的报价，可这个报价实在太低了，我都不好意思告诉你。"

电话那边沉默了好长一段时间，然后传来推销员的声音："他们同意付多少钱？"

"500美元。"汤姆说。

"可以。"推销员说道。

就在那一瞬间，汤姆突然有一种被骗的感觉。他没有想到真能500美元成交，心里很不痛快。

可见，在日常的谈判中，不管我们多么迫切想和对方合作，不管对方的条件多么的让我们心动，都要对对方的条件故作惊讶。

☕ 无论买卖，都要让人觉得你很不情愿

看到这个标题，可能有些人会发出这样的疑问：愿买愿卖，两厢情愿，非要装出不情愿的样子，不是浪费时间吗？

的确，如果时间因素远远重于价格因素，可以不必装。但如果你在意价格，这样做就很有必要了，因为如果在谈判中你急于求成，就很难以理想的价格成交。再者，若遇上疑心重的人，还会对你产生怀疑，害怕与你交易会上当受骗。

因此，即使再想成交也要表现出不情愿的样子。不情愿并不意味着不在乎谈判的结果，而是激起对方交易的兴趣，使对方的心理价位向有利于你的方向调整。

想象一下，你有艘帆船，你迫切地想卖掉它。当初它给你带来很多乐趣，但现在你几乎用不着了，保养和磨损的费用让你承受不起。一个星期天的清晨，你失掉了同朋友一起打高尔夫球的机会，因为你得到港口洗船。你洗刷小船，甚至诅咒自己当初肯定是脑子进水才买它。你在想："我要把这个讨厌的东西卖给别人。"

正在这时，你看到一位衣着体面的男士正挎着一位年轻女孩的手沿着码头走上前来。他们径直走到你的船前，那位男士说："这艘船真漂亮啊，你愿意把它卖给我吗？"他的女朋友也靠了上来，对他说："哦，亲爱的，我们买下来吧，一定很好玩。"这时你一阵狂喜，心脏几乎都快要跳出来了："感谢上帝！"

如果你在他们面前表达出这种情绪，就卖不了一个好价钱了，不是吗？你怎么才能得到个好价钱呢？装作不情愿。

第七章 虚与实相结合：看准时机，审时度势

你一边擦船一边说："哦，我从来没有想过要卖掉这艘船，不过没关系，上来看看吧。"于是你带着他们兜风，然后不停地告诉他们你多么喜欢这艘船，开着它出海将是一件多么有趣的事情。最后你告诉他们："我知道这艘船非常适合你们，有了它，你们一定会玩得非常开心，可问题是，我确实还没有准备好把它卖给别人，因为我真的忍受不了同它分开。但为了你们好，最高价格你给我多少？"

这种"不情愿"的谈判技巧可以在谈判还没有开始之前就把谈判的空间压到最小。当你成功地挑起对方的购买欲之后，他就会在自己的大脑中勾勒出一个报价空间。比如说他可能会想："我最多可以出到3万美元，2.5万美元可能比较公平，2万美元就是笔不错的买卖了"这时候他预期的谈判空间是2～3万美元之间。而通过使用"不情愿"的心理策略，你就可以成功地提高他谈判空间的中点甚至是上限。

而且，人都是有感情的动物，当你对一种东西有特殊的感情时，对方要夺人之爱多少会感觉理亏，通常会表现为一边央求你卖，一边还要对你的忍痛割爱千恩万谢。

当然，船是一个特殊的东西，其他商品能不能用上这种策略呢？也是可以的。比如，你要卖的东西虽然库存很多，当有人前来购买你的产品时，也不要高兴得马上答应对方。你可以恰到好处地表现出你对产品的依恋。你假装很不舍地边挠头边说："在我所有的产品当中，这个产品的升值空间最大，根本没有库存，订货单很多，恐怕你们得等上一段时间。而且还要强调你对这种产品有着特殊的感情，因为是自己亲手开发的，正在申请专利等。但还是要感谢对方的报价，为了公平起见，同时也为了不浪费双方的时间，请对方告诉你，他最多能出到什么价钱？

你还可以假设出第三方，让对方知道你选择的余地很大，并不是很愿意卖给他。对方也许会怀疑你的话，但是究竟是真是假他也拿不准，如果确实有需要，通常最终都会作出让步。

同样的道理，当你是买主的时候也要表现出很不情愿的样子，把对方的报价空间调整到一个对自己有利的位置。如果你表现出急于购买，或很想买的样子，那么在接下来的价格谈判中，必然会陷入劣势。

欲盖还露，影响对方的判断和决策

美国谈判学会主席、谈判专家尼尔伦伯格说，谈判是一个"合作的利己主义"的过程。寻求合作需要谈判者诚信待人。但是由于谈判行为本身所具有的利己性、复杂性，加之游戏能允许的手段性，谈判者又很可能以假信息掩护自己、迷惑对手。

谈判是一种双方信息的交流、竞争。谁能够更多的掌握对手的谈判信息谁就能在谈判中占据主动，所以无论是政治谈判还是商务谈判，获取、搜集、识别对手的信息已经是一项重要的谈判工作。因此，相对应地要求谈判各方也都很重视对自己的有关谈判信息采取严加保密措施。

然而我们对信息的保密性的理解不能只停留在表面上，时时、处处、不分有无效用地"死守"情报。相反，应当灵活地"将计就计"地活用情报。适当的"泄密"就是一种巧用情报的心理策略。

朱拜勒产业港工程是一项规模宏大，造价昂贵的工程，因此引起了世界多国建筑商的注意。经过严格筛选，已经有美、英、法、荷、德等国的9家著名公司入选投标，韩国"现代"集团经过一番艰苦努力后，好不容易才补进投标队伍。强手林立，竞争激烈，形势极其严峻。"现代"集团在中东以往除了承建过巴林船舶修造厂和沙特海军基地工程外，它再也没有任何业绩能作为竞争资本了，因此要打胜这一仗，必须周密策划。郑周永决定采用"冒险"与"策略"相结合的原则同竞争对手们一比高低。

首先，郑周永先向竞争者施放烟幕弹，以虚假的投标情报扰乱对手阵脚。这项宏大的工程，按当时一般报价，在15亿美元以上，按照投标规定，中标者需要预交工程投标价格2%的保证金。竞争者各自报价都相当秘密，都想透过对手筹集保证金的数目来判断其报价。

尽管郑周永的"现代"集团是一个迟到者，但是它的参与还是免不了引起其他人的恐慌，因为他们认为"现代"集团将是他们强劲的对手。因此，

第七章 虚与实相结合：看准时机，审时度势

他们开始用各种手法来阻止"现代"集团在中东地区的发展。其手法之一便是与"现代"进行或正式或非正式的谈判，表示愿意同"现代"集团合作承包工程。这样，一方面可以消除"现代"集团对他们的威胁，另一方面还可以借"现代"集团的报价提高自己在投标中的竞争力。甚至有的公司还提出，只要"现代"集团退出竞争，他们将马上支付一笔可观的现金作为补偿。其中，以法国的斯比塔诺尔公司最为积极，他们委托郑周永的朋友，大韩航空公司社长赵重勋来劝说郑周永：15亿美元之巨的工程，一旦失手，"现代"集团的后果不堪设想。不如把难度较大的海上工程甩给法国人，"现代"则在陆上工程中大展宏图，来个双方携手，合作夺标。

赵重勋与郑周永的谈判期间，郑周永"很粗心"地让赵重勋知道了他正在为4000万美元的保证金而奔波。

这次谈判虽然没有取得结果，但法国人通过这次谈判，知道了4000万美元的保证金的消息，立即判定"现代"集团的投标报价可能为20亿美元左右，至少也是16亿美元。而这正好中了郑周永欲盖还露的目的，他故意透过赵重勋的嘴传播假情报，赵重勋无意中扮演了一回"蒋干"的角色。

最后，"现代"集团以9.3114亿美元的报价胜出，获得了承包工程。

在与人谈判的过程中，提供给对方的信息可以是真真假假，有真有假、似是亦非的，利用这些真中有假，假中有真的"事实"去赢得对手的信任，可以削弱对方的判断和决策能力，实现自己的谈判目的。

在商业谈判过程中，给对方提供假情报经常能够迷惑对手的判断力，取得良好的效益。特别是自己实力不强，或处于不利的境况时，更要利用一切可以利用的条件，让谈判对手获得你的"商业机密"，同时掩盖自己的真实目的，让对手深信不疑，以占据先机。

对于假情报的泄漏，要不让对手察觉，过于轻易地被对方获得反会令其怀疑，所以有时不妨故设障碍，又及时放行，吊其胃口，诱敌深入。

晕轮效应：通过虚张声势让对方做出误判

晕轮效应是心理学上的名词，指在人际相互作用过程中形成的一种夸大的社会印象，常表现在一个人对另一个人（或事物）的最初印象决定了他的总体看法，而看不准对方的真实品质，形成一种好的或坏的"成见"。

晕轮效应最早是由美国著名心理学家爱德华·桑戴克于20世纪20年代提出的。他认为，人们对人的认知和判断往往只从局部出发，扩散而得出整体印象，也即常常以偏概全。这就好像刮风天气前夜月亮周围出现的圆环（月晕），其实呢，圆环不过是月亮光的扩大化而已。据此，桑戴克为这一心理现象起了一个恰如其分的名称"晕轮效应"，也称作"光环作用"。

晕轮效应往往产生于自己对某个人的了解还不深入，也就是还处于感、知觉的阶段，因而容易受感、知觉的表面性、局部性和知觉所带来的选择性影响，从而对于某人的认识仅仅专注于一些外在特征上。

由于晕轮效应有以上特点，我们就可以谈判时利用它。在商务谈判时，假如你手头只有一点点资本，而又想谈成大买卖时，可以把所有的"资本"全集中在一个点上，让对方从你某一点上的强大，对你的整体实力产生误判，以此使对方仰视你，愿意和你合作。

日本神户新开了一家经营煤炭的福松商会，经理是少年得志的松永左卫门。开张不久的一天，商会来了一个当时神户最出名的西村豪华饭店的侍者，他送给松永一封信，上书"松永老板敬启"，下款"山下龟三郎拜"，内称："鄙人是横滨的煤炭商，承蒙福泽桃介（松永父亲的老友，借了巨资给松永作商会的开办费）先生的部下秋原介绍，欣闻您在神户经营煤炭，请多关照。为表敬意，今晚鄙人在西村饭店聊备薄宴，恭候大驾，不胜荣幸。"

当晚，松永一踏进西村饭店，就受到热情款待，山下龟三郎毕恭毕敬，使得松永不免飘飘然。

酒宴进行中，山下提出了自己的恳求："安治有一家相当大的煤炭零售店，

第七章 虚与实相结合：看准时机，审时度势

信誉很好。老板阿郎君是我的老顾客。如果承蒙松永先生信任我，愿意让我为您效劳，通过我将贵商会的煤炭卖给阿部，他一定乐于接受。贵商会肯定会从中得利。我呢，只要一点佣金就行了。不知先生意下如何？"

松永一听，心里马上盘算起来。没等他开口，山下就把女招待叫来，请她帮忙买些神户的特产瓦形煎饼来。并当着松永的面，从怀里掏出一大叠大面额钞票，随手交给女招待，并另外多抽出一张作为小费。

松永看着那一大叠钞票，暗暗吃惊。眼前的这一切，使他眼花缭乱。稍一镇定，便对山下说："山下先生，我可以考虑接受你的请求。"

稍作谈判后，松永便与山下签下了合同。

丰盛的晚宴后，松永一离开，山下便马上赶到车站，搭上末班车回横滨去了。西村饭店这样高的消费，哪是山下所能承受的？

他那一大叠钞票，其实只是他以横滨那不景气的煤炭店作抵押，临时向银行借来的；介绍信则是在了解了福泽、秋源与松永的关系后，借口向福松商会购买煤炭，请秋原写的；然后，山下又利用豪华气派的西村饭店作舞台，成功地上演了一出戏。

从那以后，山下一文不花，从福松商会得到煤炭，再转卖中部，从中大获其利。

业务介绍信，饭店里设宴谈生意，给招待员小费，这些都是日本商界中司空见惯的。山下就是利用这些极为平常的小事，显示自己拥有雄厚的实力，隐藏自己没有资金做煤炭生意的事实，从而达到了自己的目的。年轻的松永，被山下热情招待和慷慨大方所迷惑，相信了山下。

生意场上，有些场面上的事情常常是必不可少的，堂皇的门面，不凡的气派，能够向谈判对手显示出实力与优势，是赢得客户信赖的重要手段。如果你有实力把自己的场面做大，那当然是好事一桩，但如果你暂时能力不足，也不妨利用晕轮效应虚张声势，只要掩饰得好，不被别人看穿，就拥有机会。

有意制造误解，转移对方的视线

一般来说，谈判要避免误解，特别对方守信用的时候，我们也要尽量开诚布公。但并不是所有的人都以诚相待，有的人出尔反尔，得寸进尺，本来已经达成了共识，随后仍然要你让步。在这种情况下，我们就可以故意制造一些误解，把对方的视线转移到误解上，借助两个条件形成的心理差距，使对方觉得还不如按原来的共识签约划算。

丹麦有一家规模较大的技术建设公司，有意参加德国在中东的全套工厂设备签约招标工程。起先丹麦公司认为无法中标，只是经过了技术上的讨论之后，才相信自己比其他竞争对手更有实力，然后逐渐感受到中标的机会越来越多。

两家公司的谈判代表进行了第一轮会谈之后，丹麦方面获得预期结果，他们想见好就收，早点与对方签约，以免再发生意外。可是，联邦德国公司的代表却认为，应该再进行一次会议。

在第二轮的会谈中，德方的一位年龄颇大的高级官员说："我们进行契约招标时，对金额部分采取了保留态度，这一点相信你们能够了解。现在，我要再说一些意见，这可能很伤感情，但也是不得已而为之，就是请贵公司再减2.5%的要价。我们曾经把同一提案告诉其他竞争对象，只等他们回答，便可作决定了，因为对我们来说，选谁都一样，不过，我们没有这么做，我们是真的有意和贵公司合作。"

听了这一番话，丹麦代表团感到问题有点儿棘手，而一时也很难有适合的应对之策，于是丹麦代表就说"那我们必须重新商量一下。"

经过一个小时的紧急磋商，丹麦代表团又重新回到谈判桌上，他们故意装出误解了德国方面的意图，向德方重新出示规格明细表，并说："贵公司刚才提出削减2.5%的问题，我方认为完全可以行得通。"原来，丹麦方面已将规格明细表依照德方所希望削减2.5%金额的价格编写，并且还一一列出可

第七章　虚与实相结合：看准时机，审时度势

以删除的一些项目。

听到这里，德国公司赶紧声明："你们错了，我们公司的意思是希望你们仍将规格明细表保持原状，在这个基础上削减工程2.5%的金额。"

接下来的谈判，丹麦方面抓住规格明细表不放，把讨论主题紧紧围绕着规格明细表打转，双方根本没有提及降低价格的问题。

大约又过了一个小时，丹麦方面一看时间已经差不多了，想再一次结束讨论。"你们希望减价多少？"丹麦代表重新提出一个问题，想看一看德方的反应。

德方代表的回答正是丹麦方面所希望听到的："如果我们要求贵公司削减成本，可是，明细表不作更动，我们的交易还能成立吗？"

很明显，德国方面开始软化，再经过一番舌战后，德方终于同意了丹麦公司的意见，不再修改招标数。

在这种情况下，丹麦公司进一步采取措施，向德方指出如何进行工作，才能获得更大利益。结果，德方表示出极大的兴趣。丹麦方面自动要求德方拨出原来由他们负责监察的部分工作，交由丹麦公司分担，以减少德方的支出。于是，双方很快地达成了交易，德方获得了所希望的剩余利益，而丹麦公司几乎又没有作出让步，双方皆大欢喜。

通过这个实例我们看到，丹麦公司对德方的进一步要求，有意地制造误解，转移了对方的视线和谈判目标——由降低丹麦方面25%的价格要求转变为对规格明细表删减项目与否的讨论和解释，使德方在心理方面由进攻一下子变成了防守，丹麦方面据此掌握了谈判的主动权，最终赢得了这场招标谈判的成功。

制造误解在谈判中是一种很有效的心理策略。在运用时，既可以像丹麦公司那样装作误解对方的意思，也可以表明是别的问题导致了你的误解，从而阻止对方的得寸进尺。

比如，你向某公司销售一种零件，经过谈判，双方基本达成一致，每件10元。后来对方却说："看呀，生意现在真的不好做，除非你能降到8元的价格，否则我不能买你的东西。"

他可能只是引诱你，想看看他是不是能说动你。不要心慌，觉得自己得做出点让步好让谈判进行下去。阻止他得寸进尺方法就是告诉他："我回去看看，我们重新考虑考虑，看看行不行。明天我再回来找你。"

第二天你回来了，而且假装要收回你前一天做出的让步。你说："我真的不好意思，但我们整晚上都在重新估算这些货的价格，发现中间有个环节出了错，原材料的价格已经上涨了，评估人员没有计算进去。我知道我们昨天说的是10元，但我们连这个价格也不能给你了，13元是我们可能给你的最低价格。"

对方的反应是什么呢？他立刻就忘了8元的事，说："你说什么，昨天我们谈的是10元，还是按昨天说好的10元，合同你带来了吗？"

当然，即使对方没有得寸进尺，有时候也可以用这种心理技巧，但这是一种赌博，可能会激怒对方，通常的情况是要么买卖成交，要么谈判破裂，所以要慎用。

第八章

善于藏巧露拙：
把明白揣进表面的糊涂中

人们普遍有一种心理，就是面对比自己强大或势均力敌的对手时，都会怀有警惕心；而面对较弱的对手时则会放松警惕。因此，在谈判活动中，有时我们不妨不露声色地把明白揣起来，利用愚笨的外表来取得靠"明白"所无法达到的谈判效果。

故作愚笨，淡化对方的争斗心理

清代诗人郑板桥诗云："聪明难，糊涂难，由聪明而转入糊涂更难。"其实，难得糊涂也是谈判中的心理策略之一，而且是谈判老手的一种绝技。

人总是喜欢与聪明人争斗，这样会有成就感。可是，利用愚笨的外表来取胜也不失为一个好的策略，生活中可以用到，工作中也可以用到，商业中、谈判中都能够用到。

《三国演义》第21回"曹操煮酒论英雄"中的刘备在与曹操的非正式谈判中，就是故作愚笨，淡化曹操的争斗心理的。

东汉末年群雄割据。刘备因为遭到吕布的攻击，只得暂时隐藏起自己的宏图大志投奔于曹操门下。为了拉拢刘备，曹操对他厚礼相待，出门时同车而行，在府中同席而坐。一般人受到如此的礼遇，应该高兴，可刘备恰恰相反。曹操越看重他，他越害怕，怕曹操知道自己胸怀大志而容不下他，更怕"衣带诏"事发。于是，刘备韬光养晦，在后花园种起菜来。

原来，献帝想要摆脱曹操的控制，就写了一道讨灭曹操的诏书，让董承的女儿董贵人缝在一条衣带中，连一件锦袍一起赐给董承。董承得到这"衣带诏"，就联合了种辑、吴子兰、王子服和刘备结成灭曹的联盟。这件事关系重大，一点儿风也不能透漏。

有一天，刘备正在后园浇水种菜，许褚、张辽未经通报就闯进后园，说曹操有请，马上就去。

刘备只得前去见曹操，心里想：难道董承之谋露了馅！心里有鬼，就越发紧张。曹操见了他，劈头又是一句："您在家里干的好事呀！"刘备吓得一时说不出话来。曹操长叹了一口气接着说："种菜也不是一件容易的事呀！"刘备这才知道曹操所说的"好事"不是指谋反，提到嗓子眼的那颗心才暂时放了下来。曹操拉着刘备的手，一直走到后花园。

夏天风云多变，突然涌起团团乌云，曹操忙拉上刘备躲到小亭子里。刘

第八章 善于藏巧露拙：把明白揣进表面的糊涂中

备这才发现，亭中已经备好一盘青青梅果，一壶刚刚煮好的酒，知道是曹操早有准备。二人对面坐下，开怀畅饮，天南地北聊起天来。

酒过三巡，曹操笑着说："玄德您久历四方，见多识广，请问，谁称得上是当今的英雄？"刘备没有提防曹操会谈这个话题，一时不知他葫芦里卖的什么药，只好搪塞道："我哪配谈论英雄呢？"可是曹操抓住这个话题不放，便又补充一句："即便不认识，也听别人说过吧！"刘备见曹操一定要自己说个究竟，心里已对曹操的用心猜出八九分，于是开始装傻充愣了。他略一思索说："淮南的袁术，已经称帝，可以算作英雄吧！"曹操一笑说："他呀，不过是坟中的枯骨，我这就要消灭他！"刘备又说："河北的袁绍，出身高贵，门生故吏满天下，现在盘踞四个州，谋士多，武将勇，可以算作英雄吧！"曹操又笑了笑说："袁绍外表很厉害，胆子却很小；虽然善于谋划，关键时刻却犹豫不决。这种干大事怕危险，见小利不要命的人，可算不得英雄。"刘备又说："刘表坐镇荆州，被列为'八俊'之首，可以算作英雄吗？"曹操不屑地说："刘表徒有虚名而已，也不能算得英雄！"刘备接着说："孙策，血气方刚，已经成为江东领袖，是英雄吧！"曹操摇摇头说："孙策是凭借他父亲孙坚的名望，算不得英雄。"刘备又说："那益州的刘璋能算英雄吗？"曹操摆摆手说："刘璋只仗着自己是汉家宗室，不过是个看家狗罢了，怎么配称英雄呢？"刘备见这些割据一方的大军阀都不在曹操眼里，只得说："那么像汉中张鲁、西凉韩遂、马腾这些人呢？"曹操一听刘备说出的尽是一些二流人物的名字，禁不住拍手大笑说："这些碌碌小辈，何足挂齿呀！"刘备只得摇摇头说："除了这些人，刘备我孤陋寡闻，可实在不知道还有谁配称英雄了。"

曹操停住笑，盯住刘备说："英雄，就是要胸怀大志，腹有良谋。所谓大志，志在吞吐天地；所谓良谋，谋能包藏宇宙。"说着，仔细观察刘备的反应。刘备佯装不知，故意问道："请问，谁能当得起这样的英雄呢？"曹操用手指指刘备的脑门，又点点自己的胸口，神秘地说："现在天下称得起英雄的，只有你和我呀！"

一听这话，刘备不由得心中一震，吓得手一松，筷子掉到了地上。此时，恰巧闪电一亮牵出一串震耳欲聋的霹雳，轰隆隆炸得天都要裂了。刘备弯腰

 谈判心理学

拾起筷子,缓缓地说:"天威真是厉害,这响雷把我吓坏了!"

通过对世之英雄的一番议论,观察到刘备闻雷时筷子丢掉了的情景,曹操还真以为刘备不但是个目光不够远大,而且是让惊雷震掉了筷子的胆小鬼,竟禁不住哈哈大笑起来。自此,对刘备的戒备也就松弛了许多,最终使刘备寻得脱身到徐州的机会。

故作愚笨可以化解谈判对手的步步紧逼,绕开对己方不利的议题,保护自己的利益。刘备正是装呆作痴,隐真示假,行韬晦之计,使自己的利益在糊涂中得以保护。

在日常谈判和交际中也是一样,一个人不可处处锋芒太露,这样很容易引起别人的嫉恨,与你树敌的人会越来越多,使你的工作事业无法顺利进行下去。人都愿意与愚笨的人交手和交往,过于聪明、机灵的人,人们会加以防范、提高警惕,害怕被欺骗、被愚弄,如果你装出一副什么都不懂、傻乎乎的样子,虽然精明,却大智若愚,给人以糊涂的假相,人们在心理上对你就放松了警惕。对手由于不知其中的真相,往往被愚弄,由此,你便轻松地战胜了对手。

第八章　善于藏巧露拙：把明白揣进表面的糊涂中

装作没弄懂，曲解对方意图

一个反应迟钝，语言表达能力差，甚至理解能力有问题的谈判对手，往往会使谈判者在心理上会产生沮丧、恼火的情绪。为了摆脱对方的愚笨和无知的缠绕，自以为聪明和智慧的谈判者常常会采取妥协和放弃要求的做法，输给"愚笨者"。

针对这种心理，谈判者在形势不利的情况下，可以故意装作没弄懂以掩盖内心的企图，使对方强大的实力派不上用场。

一次，美国某大公司得知日本航空公司将与他们洽谈一笔业务。从得到的情报知道，这是一宗大买卖，如果能以高价敲定，对公司业务的发展无疑能起巨大促进作用。为了做成这笔买卖，公司上下都忙碌起来。

对做成这笔买卖，公司负责人是有信心的。他深知本公司的产品在国际市场上是销售看好的俏货，其技术的先进和功能的优越，是其他同类产品难以媲美的。他相信，只要做好产品的介绍工作，就是吝啬的日本人也不得不大放血。为此，公司负责人要求各部门密切配合，在产品介绍的细节上，做到无懈可击。他们估计，只要在技术、推销的介绍上无可挑剔，在产品价格上日本人就只能束手就擒。

在紧锣密鼓中，终于迎来了日本航空公司的谈判代表。在简单的寒暄之后，踌躇满志的美国人以其惯有的干练作风，开始了本公司的产品介绍。为了让日本人充分了解产品的功能，减少谈判中因技术问题引起的障碍，美国人利用了成堆的图表、图案和各种报表，从产品设计、技术参数、功能指标、成本、市场销售行情和同类产品的比较等，作了全方位的介绍，并惟恐日本人不够了解，还特别使用了3个幻灯放映机，将各种数据、图案打在屏幕上，图文并茂，持之有据，以此表示他们的开价合情合理，品质优良超群。这一推销性的介绍过程整整持续了两个半小时。

在这两个半小时的过程中，3位日本航空公司的代表一直安静地坐在谈判

 谈判心理学

桌旁，一言不发。

冗长的介绍终于结束了，美方高级经理得意地站起，扭亮了电灯。此时，他的脸上挂着情不自禁的得意的笑容，笑容里充满了期望和必胜的信念。他转身对三位显得有些迟钝和麻木的日方代表说："请问，你们的看法如何？"

不料日方代表却礼貌地微笑着说："我们还不懂。"

这句话大大伤害了经理此时的心情。他的笑容随即消失，一股莫名之火似乎正往上顶。他又问："你们不懂，这是什么意思？哪一点你们不懂？"

日方代表还是有礼貌地微笑着回答："我们全部没弄懂。"

美国的经理又压了压火气，再问对方："从什么时候开始你们不懂？"

日方代表严肃认真地回答："从关掉电灯，开始幻灯简报的时候起，我们就不懂了。"

这时，美国公司的经理感到了严重的挫败感。他灰心丧气地斜靠着墙边，松开他价值昂贵的领带，显得心灰意冷，无可奈何。他对日方代表说："那么，那么，……那么你们希望我们做些什么呢？"

三位日方代表异口同声地回答："你能够重新来一次吗？"

美方不得已，耐着性子又重复了一遍。结果日本人还是表示没明白。这样反复几次，美方的热情和劲头受到严重打击，结果是日本人把价格压到最低点。

可见，必要时故意装作没弄懂，其谈判效果具有"清醒"之时无法比拟的优越性。上例中，美国公司精心设计安排的介绍，满以为日商会赞叹不已，从而吊起他们花大价钱购买的胃口。可是，当美国公司为他们的实力沾沾自喜的时候，日方代表的"愚笨"和无知使他们感到沮丧，而且还反复放映幻灯片，这种心理策略又使他们的沮丧情绪不断膨胀。等到双方坐下来谈判的时候，美方代表已毫无情绪，只想速战速决，尽早从不愉快中解脱出来，谈判结果自然是对日方有利的。

在谈判中可以使用如下语句来装傻："您刚才说的那些我没有听懂，能否麻烦您再说一遍？""您刚才的演示我没看明白，您可以再来一遍吗？"这样做让对方以为："这次我遇到一个多傻的人啊！"以这样的方法，既能

第八章 善于藏巧露拙：把明白揣进表面的糊涂中

麻痹对手，又能让对方在心理上产生沮丧的情绪，会让你得到一种意想不到的妥协方案，还可能得到对方的帮助。

☕ 不宜明说的话，不妨含糊其辞

谈判是一场心理博弈，谈判桌上看似波澜不惊，实则暗潮涌动。谈判的双方斗智斗勇，为自己所代表的一方争取最大的利益。然而在谈判当中，在一些关键的环节上，不想让对方看出自己的真实想法，不妨巧妙运用模糊语言，把所要表达的信息模糊化，避免与对方产生正面冲突。

2008年11月，周瑜率领的大军于赤壁击败曹操，又逆江西进，占领沿江各重要城市（包括入川的门户夷陵），包围江陵，与曹仁展开激烈的争夺战。同年12月，刘备趁江陵大战，周瑜无暇南顾之机，率部南下抢占了荆州四郡（长沙、桂阳、武陵、零陵）的地盘。

本来，荆州为刘表占据着，按当时的"理"，荆州是所谓大汉之荆州，并非刘表之荆州，刘备是当时的皇叔，刘表的同宗。刘表的儿子可以占着荆州，则刘表的同宗子弟刘备为何不可占有？但诸葛亮深知如此时同东吴硬扛翻脸，东吴必攻，东吴动兵，曹操也会趁其间以图刘备。所以，鲁肃第一次找刘备谈判，索要荆州时，孔明不是据理力争，而是"以叔辅侄"取荆州，刘琦尚在为借口回绝东吴。

刘琦病亡，刘备、孔明原有的口实没有了，怎么办？孔明提了一个暂借荆州的方案："立纸文书，待到图得城池之时，便交还东吴。"

鲁肃问："夺得何处，还我荆州？"孔明回答："中原急未可图，西川刘璋暗弱，我主将图之。若图得西川，那时便还。"

最后，由刘备写成文书一纸，押了字。孔明、鲁肃作保，也签了名。鲁肃才被打发走了。

这次谈判签订的契约把周瑜气得直跺脚。孔明的用心，周瑜一语道破："子敬中诸葛亮之谋也！名为借地，实为混赖。他说取了西川便还，如何中用，知他几时取西川？假如十年不得西川，十年不还？这等文书，如何中用，

 谈判心理学

你却与他作保!"

周瑜说得有理,刘备名为借地,实是"混赖"。从谈判术角度讲,由孔明导演,刘备炮制的这个"混赖"文书,学名就叫模糊文书。

模糊文书,模糊语言,在谈判中可以达到蒙混过关的目的。有一则有趣的寓言。

狮王想了个借口,欲吃掉它的三个大臣。于是,它张开大口,叫熊来闻闻它嘴巴里是什么气味。熊老实巴交,据实回答:

"大王,您嘴巴里的气味很难闻,又腥又臭的。"

狮子大怒,说熊侮辱了作为百兽之王的它,罪该万死!于是便猛扑过去,一口把熊咬死并吃掉了。

接着,它又叫猴子来闻,猴子看到了熊的下场,便极力讨好狮子,它说:

"啊!大王,您嘴巴里的气味既像甘醇的酒香,又似上等的香水一样好闻。"

狮子又是大怒,它说猴子太不老实,是个马屁精,一定是国家的祸害。于是又扑过去,把猴子给吞了。

最后,狮子问兔子闻到了什么味。

兔子答道:

"大王,非常抱歉!我最近伤风,鼻子塞住了。现在什么味道也闻不到。大王您如果能让我回家休息几天,等我伤风好了,一定会为您效劳。"

狮子没找到借口,只好放兔子回家,兔子趁机逃之夭夭,保住了小命。

在这种场合中,兔子的回答是机智的,因为此时既不能对狮子嘴巴中的臭气进行肯定,也不能否定,只是含糊其辞,用"伤风"来搪塞。

在历史上,有一个典故与上文所讲的"兔子伤风"的寓言极为相似。

项羽自称西楚霸王之后,想除去刘邦这个心腹大患。他的"亚父"范增给他出了个主意,范增说:"等刘邦上朝之后,大王即可问他:寡人封你至南郡,

第八章 善于藏巧露拙：把明白揣进表面的糊涂中

你去不去？如果他说愿意，就可以以其意欲养精蓄锐而有谋反之心，把他定为死罪；如果他不愿意，便可用违抗王命的罪名杀他。"

第二天，刘邦上朝后，项羽高声问他："寡人封你到南郡，你愿不愿去？"

刘邦回答道："臣食君禄，命悬于君。臣如陛下坐骑，鞭之则行，收辔则止，臣唯命是听。"

项羽一听，愣了，面对这种回答如何应付，范亚父可没教。只好傻傻地说："刘邦，你要听我的，南郡你就别去了。"

这正中刘邦下怀。

刘邦利用模糊语言，绕开了置自己于死地的陷阱，巧妙地保全了自己。

模糊语言其实大量存在于我们的日常谈判之中，比如：当事情不愿意办，又不愿使关系破裂时；事情需要办，关系微妙，不愿引起（或卷入）冲突时；一时不能办，今后却要办，需要赢得时间，"模糊"也能助你一臂之力。如

在商业谈判中表示："对这笔交易（项目）有兴趣"，"将尽可能认真研究贵公司意见"，"不远的将来我们之间实质性合作就可以开始"。

在外交上，使用模糊语言的机会更多。如"我们对人的事态表示关注"、"我们注意到了的言论"等，工作中也常用模糊语言，比如常听到的"最近"、"多数人"、"基本满意"等。这样一来，说话便具有很大的弹性，有时能帮你摆脱困境。

以装糊涂的形式避免尴尬，解除窘境

在谈判过程中，为了避免尴尬，解除窘境，在适当的时候应该装装糊涂，甚至撒点善意的谎。

我们应该以诚待人，应该说真话，这是毫无疑问的，但有时也有必要说点"假话"。在一些谈判或交涉中，常有说假话产生好的效果的时候，而且"说谎"的方式也是多种多样的，不必只拘泥于所谓的"真诚"而简单地说这是骗人。

能产生良好效果的谎言常常是以装糊涂的形式出现的，能使谈判双方在心理上达到某种"共识"，从而进一步交流。

小曹是某杂志社的编辑，一天他和同事去拜访一位教授，想和他谈约稿的事。那个教授为人严肃，平时不苟言笑。坐了半天，除了开头的寒暄和教授的婉言回绝，剩下的只是让人尴尬的沉默。

忽然，小曹的同事看到教授家养的热带鱼，其中几条色彩斑斓，游起来让人眼花缭乱。小曹知道这鱼的名称和产地，因为他自己也养了几条，还很得意地为他的这位同事介绍过。

见他目不转睛地看，小曹心里纳闷：他又不是没见过，怎么这样？教授见朋友神情专注，就笑着问："还可以吧？才买的，见过吗？"小曹刚想开口："见过，我家也养着几条呢！"同事却抢先说："还真没见过。叫什么名字？明儿我也打算养几条！"

小曹不解地看看同事，心想："装什么糊涂，不是上星期才到我家看过吗？"

教授一听，来了兴致，神采飞扬，大谈了一通养鱼经，同事听得频频点头。

第八章 善于藏巧露拙：把明白揣进表面的糊涂中

那位教授像是遇到了知音，说说笑笑，如数家珍地给他讲每条鱼的来历、名称、特征，又拉着他到书房看他收集的各类名贵热带鱼的照片，气氛顿时活跃起来。他们本来打算快点回社里交差，不料教授一再挽留，直到晚饭后才放他们走，临走时还告诉他们，约稿的事好商量，让他们第二天再来谈具体事宜。

一句假装糊涂的谎话使教授前后判若两人，本来几乎陷入僵局的谈判又顺利地进行下去了，这都归功于小曹的同事的一句谎话。若据实相告，那约稿的事很可能就会没有后话了。

在谈判的过程中，有些话不宜明说，此时，沉默不语又是一种不尊重，而如果打一张糊涂牌，在含糊其辞的谎言中让对方明白你的意思，也就容易达到目的了。

一个男大学生爱上了一个女大学生，对女大学生说过一番这样的话："我离不开您，您是温暖着我的太阳，您是照耀着我的月亮，您是为我指引方向的北斗星，您是为我呼唤早晨的启明星。"

女大学生当然不是傻子，早已听出这一番表白爱情的极热烈的话，但自己并不喜欢面前的小伙子，怎么办？如果断然说"我不喜欢你"，岂不是会使对方陷入尴尬？不置可否，岂不是对对方不负责任？

于是，她就假装糊涂地说了一句："真美！您对天文学太有研究了，可我，真对不起，我对天文学一点也不感兴趣！"

用假装糊涂的方式说谎话要说得漂亮，并非易事。为了创造出良好的效果，说谎，就得假装糊涂，越是装得像，效果越是好。同时还要把谎话说得轻快自信，不容置疑，这样才能以假胜真，巧中取胜。

利用模糊思维解决谈判中的问题

谈判活动中的大量问题，都属于复杂问题，具有模糊性质。谈判涉及因素众多，这些因素之间的联系多向交错，性质多样，使得事物与事物之间的关系不明朗、不清晰，这些联系和关系又处在瞬息万变之中，人们对这些联系和关系及其变化的判断又受着人的感觉、感情、非理性等心理因素的影响，因而使我们所要处理的许多问题都具有模糊性质。

我们知道，模糊泛指反映事物属性的概念的外延不清晰，事物之间关系不明朗难以用传统的数学方法量化考察。而模糊思维是人脑的一种思维方式，被誉为"电子计算机之父"的冯·诺依曼曾指出：人脑是这样一台"计算机"，它的精确度极低，只相当于十进制的2～3倍，然而它的工作效率和可靠程度却很高，现在，我们还不能制造出一台人脑这样的电子计算机。

为了使谈判中许多模糊概念明朗化，模糊关系清晰化，使我们在处理具有模糊性质问题过程中处于主动地位，我们应当了解掌握模糊思维艺术，以增强解决各种棘手问题的能力，正确地处理谈判中碰到的复杂问题。

模糊思维方法最根本的特征是，在模糊条件下取大取小原则，即利取最大，害取最小。这是模糊思维方法的灵魂。掌握模糊逻辑，在坚持原则的前提下，以"难得糊涂"的思维方法去灵活处理模糊事物。

比如，在一些谈判中，我们可能会碰到一些咄咄逼人的提问，或者是问题内容属于机密不能泄露，或者问题过于敏感使人无法正面作答。如何巧妙地避开话题，挡住笑容后面的利刃呢？利用模糊思维的心理技巧就可以巧妙地回避这类问题。

（1）巧妙闪避

绕开实质性问题，转移提问重心，扯远话题，使问题难以深究。

一年夏天，著名数学家华罗庚率中国数学家代表团到香港参加东南亚数学双年会。会议期间应邀在香港大学作演讲。有人特地问他成功的要素是什么？他反问道："我成功了吗？我成功不成功还不知道……"

华罗庚的回答，既风趣、谦虚，又使提问者难以深究，立即引起了一阵笑声。有一家香港报纸评论说：华罗庚"实在谦虚得令人不可不笑。"

（2）诱导否定

当对方提出不该知道答案的问题时，先顺着话题提出一些条件或设问，诱使对方落入圈套，走向自我否定的结局。

1978年10月，时任副总理的邓小平访问日本，在25日下午一次为世人瞩目的"西欧式"的记者招待会上回答日本记者提出的所谓"尖阁列岛"的归属问题。邓小平神态自若地回答说："'尖阁列岛'我们叫钓鱼岛，这个名字我们叫法不同，双方有着不同的看法，实现中日邦交正常化的时候，我们双方约定不涉及这一问题。这次谈中日和平友好条约的时候，双方也约定不涉及这一问题。""倒是有些人想在这个问题上挑些刺，来防碍中日关系的发展……这样的问题放一下不要紧，等十年也没有关系。我们这一代缺少智慧，谈这个问题达不成一致意见，下一代总比我们聪明，一定会找到彼此都能接受的方法。"

本来，日本记者提出这一微妙又困难的问题时，会场内刹时间紧张了起来，大家都屏住了呼吸，等着看邓小平怎样回答。他们怎么也没想到，邓小平竟把许多国家多年来一直为此大动干戈的领土归属问题以如此容易、如此巧妙的中国方式给回避了。于是会场又恢复了轻松的气氛。

（3）反口诘问

有些问题不能明确作答，可以采取反问式。

罗斯福在当选美国总统前，曾任海军要职。一次他的朋友问他关于某军事基地的建立计划，这是个很让人为难的问题。当时罗斯福环顾一下四周，低声问："你能保密吗？"朋友赶紧说："当然能"。罗斯福松了一口气说："那么，我也能。"一场尴尬就在轻松幽默而含蓄委婉中消失了。

（4）模糊对答

避实就虚，避重就轻，用模糊的但又是积极的话语来摆脱困境。

一外国参观者问某厂飞机发动机的年产量，这属于机密，但直接回绝又显得生硬，该厂总工程师非常巧妙地答道："计划下达多少，我们就生产多少。"

第九章

实施心理加压：
　　通过施压促使对方"就范"

谈判既是一种智慧的较量，又是一场心理的较量。向对手施压使其产生较大的心理压力是谈判心理战的重要内容之一。当谈判双方意见分歧较大时，不妨巧妙逼迫对手，使其重新调整自己的心理预期，做出一定程度的让步，接受我方的谈判意图。

学会向对方施压，使他屈服

在谈判的过程中，有时可以逼迫对方，使其按照己方意愿行事，让对方觉得，不这么做就会有不利的结果发生。在这种心理压力之下，对方往往会重新调整自己的计划，做出妥协。

向对方施压是有针对性的，不同性质的谈判可对谈判者产生不同类型的心理压力。

（1）目标压力

谈判者在参与某项谈判后，其谈判目标就是计划所确定的利益目标。由于目标的存在，谈判者心理上将会产生目标压力。向谈判对手施加心理压力，传播威胁对方利益目标的信息，使其对谈判形势有可能改变主题或中断谈判而焦虑，可有效迫使其让步。

（2）时间压力

在谈判中，时间可以成为一种无形的压力。在时间的压力下，对手很可能会作出他们本不愿意的让步，或出现不应该犯的错误。这一点我们马上专门讨论。

（3）疲劳压力

这里的疲劳主要是指心理疲劳。任何谈判者在长时间的谈判中都难免有疲劳感。尤其是紧张的冲突性的谈判，更会导致人的心理出现疲劳。谈判者为了使对手出现心理疲劳，可以利用传播工具制造不利于对手谈判计划的信息，使其因过度紧张而出现疲劳状态。人在疲劳的情况下，容易分散注意力，大脑对信息的整合、加工、决策水平下降。因此，应用心理战术实施心理压力，使对手的心理压力转化为心理疲劳，将会导致其谈判意志减弱，态度出现变化的倾向。

（4）政治压力

在国家间谈判、党派间谈判活动中，谈判者都是具有一定政治倾向的人员。由于政治形势变幻莫测，许多谈判活动中，谈判者因政治制度的制约，在心理上有较大的政治压力。在政治谈判中，可借助心理战加大对手的政治压力，使谈判形势对己有利而不利于对手。

（5）经济压力

作为谈判主体，不论是个人，还是组织、国家，经济压力是各种压力中对谈判主体威胁最大的压力之一。应用谋略强化对手的经济压力是心理战的目的之一。谈判者在强大的经济压力之下，往往会作大的让步。

（6）生存压力

生存压力对一个人、一个企业、一个国家都具有同等的重要意义。在一些特殊谈判中，向对方施加心理影响，使其生存压力强化谈判动机，对于推动谈判进程有重要的作用。生存压力与生存需要是同步的，因此，当谈判主体有较大的生存压力时，其生存需要将促使谈判需要成为优势需要并支配谈判行为。

（7）冲突压力

冲突双方的谈判者其心理上的最大压力是冲突压力。谈判者必须设法使对手知道我方建设性意见对解决冲突的正确性，否则，冲突无法消除，压力将增加，从而让对手在冲突压力之下接受我方建议。

在谈判中使对方产生心理压力的因素很多，这里就不一一列举了。总之，向谈判对手实施心理压力的目的是有共性的，即促使对手接受我方的谈判意图。

 谈判心理学

 若即若离，让对方感到焦虑不安

谈判就是一个双方或者叫两军对垒进行心理较量的过程。因此，面对谈判的对手时，要很有心地保持着若即若离的态度，让对方感到焦虑不安，不知道交易能否顺利完成。这是步步紧逼的有效施压，在不着痕迹中一步一步地迫使对方放弃坚守的阵地。

某地打算修建一个炼钢厂，当地政府就这一工程实行招标，招标清单中包括一批大型轧钢机。

有一位德国制造商派代理人使尽了浑身解数去接近当地政府官员，但在竞标之日，他却惊讶地发现自己并没有被包括在投标名单中。握有实权的采购官员拒绝接见代理人，也并未就此作任何解释。这给了代理人一个不小的打击。

但不久，在接到英、法、日、美等国竞争者提出的报价之后，采购官员

第九章　实施心理加压：通过施压促使对方"就范"

约见了那位代理人。采购官员将竞争对手的有关报价单给代理人看，并补充说，如果他能提出一个比最低的报价还少5%的报价，就有可能得到订货。

该采购官员既想得到德国货，又不愿意花太多钱。所以，他不让德国公司有报价的机会，使他们感到有失去这笔巨额生意的危机，然后再给他们一个报出比其他竞争者更低的价格的机会。采购官员用这种方法让对方欲提出的初始期望值胎死腹中。

德国公司的代理人面对这颇具吸引力却又难做的生意，迟迟没有做决定。随着工程进度的加快，失去订单的危险时时威胁着代理人。他不得不一点一滴地削减自己的价格，最后提交了一份比其他投标者的最低价大约低10%的报价单。

然而，那位采购官员对对方报来的价位竟然无动于衷。他拒绝接听代理人来的电话，也不再约见他。这位代理人的情绪又一次低落下去，他感到自己已经丢了这桩买卖。

但过了几天，他又被接见了一次。那位采购官员对于为什么拖延了这么长的时间未与之联系表示歉意并解释说，根据国家规定，他必须等到全部的估价表收到之后进行综合评审才能做出初步决定，而另一个公司的最后一份估价表是在昨天晚些时候才收到的，很不巧，这张新的报价单比德国公司的报价低2.5%。这次，如果德方能把价格再降低3%，他们就能将这订单搞定。因为就他所知，其他的竞争者的报价恐怕不会再作变更。

当时国际市场上大型轧钢机销路不好，因为开支太大，许多国家的政府在采购这类设备的计划上不断地拖延。既然生意不好做，德国人只好同意把价格再降低3%。那位采购官员对德国公司的降价表示满意，他说如果不出意外政府将与德国公司签订采购合同。

第二天他们讨论支付条件，采购官员提出要用通常的分期付款方式。在通货膨胀率和利率都较高的情况下，实际上这对德国公司是很不利的。在这种强压之下，德国制造商在德国银行的帮助下不得不同意采用这种支付条件。在该条件下，德方同意提供18个月的信贷。

这位采购官员差不多已经把德方代理人和公司逼到了极限。在即将签约之时，他准备将手中仅剩的最后一张小牌打出去。

他访问了位于柏林的制造商,并会见了该公司有关高层人士,在与公司总经理准备签约时,他问公司是否觉得提供长期信贷在财力上负担太重了。这时,德方急忙向他表示他们是多么的慷慨大方,高级职员还为他计算出了他们提供的利息的实际代价。这位采购官员从他的公文包里拉出那份合同,告诉德国公司政府不再需要长期信贷了,不过,假如该公司能以报价单上信贷的现金费用扣除来作为额外折扣的话,他还愿意让这一合同得到通过。否则,他担心日本及美国的公司会趁机……

采购官员的这最后一招虽然没有获得他所要求的全部的现金折扣,但是他给对方制造高压空气,获得了他要求的一半数额。

这位采购官员充分地使用了施加压力的心理策略一步一步的让对方做出妥协,迫使对方服从自己提出的条件,为己方节省了大量的费用。

用精神压力使对方乱方寸

谈判中,占有信息多的一方经常能够主宰另一方。为什么各个国家要派间谍到别的国家去呢?为什么职业足球队要研究对手的打法?因为信息就是力量,一方获得的有关对方的信息越多,取胜的机会越多,而对方的心理压力就大。

当然,有时候我们并没有掌握对方的信息,但如果让对方以为你掌握了很多情况和材料,同样可以给对方制造精神压力。

比如,在一些案件发生时,很多人对嫌疑人进行硬逼强迫,谈判结果收效甚微,尤其是针对一些无据可查的案件,更是让人束手无策。如果能凭空制造出一个特定说法,以为你知道相关信息,就可以给予强大的精神压力,使对方乱方寸。

中国古代流传着这样的经典:

一个巡抚微服私访,途经一家寺庙时正好碰见了一桩盗窃案,寺里供奉的一个价值连城的纯金菩萨不知去向,于是巡抚便立即下令把来寺中烧香拜

第九章 实施心理加压：通过施压促使对方"就范"

佛的人和寺中和尚们一同封锁起来，直到找到真凶为止。

经过查问，寺中有宝并无外人知道，所以极有可能是寺中自己人所为。经过再三的盘问，最终确定当天有三个小和尚曾进入过大殿并接近过佛尊，除此之外，再无他人。于是，巡抚找来这三个小和尚当面盘问，可是不管怎么问，这三个小和尚还是紧咬一词，表示自己是清白的。

无奈，巡抚便拿来笔，在他们每个人的手中各写下了一个"偷"字，然后说："你们回房吧，双手合十，切记直到我传唤你们，你们都不要动，不要打开。到时候，佛祖便会帮我们找到真凶。清白的人，佛祖会把你的偷字去掉，真正的小偷，手上的字仍会留在上面。"

于是，过了几分钟，巡抚将三人传唤出来，一一翻开他们的手掌，结果便认定了其中一个小和尚是真凶。

小和尚说："我的手中明明没字，佛祖已经证明了我的清白，你为何还说我是小偷。"巡抚再翻开其他两个人的手，偷字仍在，两人也为之一惊。

原来，是真正的小偷心虚，怕自己手上的字不会变没，所以便自己擦掉了，而真正清白的人无惧这样的测验。

这个故事便是"心理施压"的典型，巡抚借以佛祖的名义和"结果立现"给小偷施压，在这种高度的精神压力之下，小偷便乱了方寸，因此也就不由自主地丧失了理智和冷静，做出了如此"此地无银二百两"的傻事。

人在做了错事之后，都存在不同程度的心虚现象。在锁定事件对象后而又找不出很有说服力的证据的情况下，可以采用当众虚张欺骗、威慑恐吓的方法将当事人给诈出来。

清朝时期的清苑县，有兄弟两人分家而居，弟弟好吃懒做，分到名下的财产很快被挥霍一空；做哥的老两口勤俭持家，家境还算宽裕，膝下一子娶妻后夫妻恩爱，一家和睦。

有一天，弟弟媳妇到哥家借钱，正遇上哥的儿媳妇在厨房做饭，两人正说话间，哥的儿子从田间回来，连声喊饿，儿媳连忙盛一碗饭给丈夫。丈夫狼吞虎咽地吃了下去，随后便叫腹痛，在地打滚，不久就口出鲜血而亡。儿

媳大惊，掩面痛哭，不知所措。

这时，弟弟的老婆也大喊大叫："侄媳妇谋杀亲夫啦！赶快告官吧！"哥嫂见宝贝儿子中毒暴死，又听弟媳妇如此喊叫，便告到官府，弟媳妇出面作证指控，死人之妻放毒杀夫。

官府捕来儿媳，严刑拷问，屈打成招，供认"因奸情杀亲夫"，奸夫是其表哥。此表哥拙于言谈，拘到大堂时已吓得魂飞魄散，糊里糊涂招认了"同谋杀人"。

此时正值制府纳公到境内检查狱讼，发现此桩谋杀案疑点甚多，要求复审，令某知府承办复审。知府阅卷后，拘来一干人证，分别审讯，得知死者夫妇平素十分和睦，连公婆也供认儿媳为人贤惠，孝敬公婆，平时与其表哥并无私下来往。只有弟弟的老婆一口咬定是自己亲眼所见，儿媳投毒害命。

知府问完后说："基本上清楚了，明天再问一次，便可结案！"众人莫名其妙。都说："这案子刚问了问，连证据都没有，明天能结案？"

第二天，知府把有关人等全部传来，一字站在堂中央。然后说："大家听着！昨天夜里我做了个梦，死者显灵告诉我：毒死他的那个人右手掌的颜色会变青的，请人查明！"知府一边说话，一边全神贯注地扫视众人动静，接着又说："死者还告诉我，毒杀他的那个人的眼珠要变黄的，要我审眼破案。"说时又仔细打量众人的动静。

此时，知府突然把惊堂木一拍，指着弟媳妇喝道："杀人者就是你！"那女人慌忙叫喊道："是那小淫妇毒死他男人，怎么说我是杀人凶手？"

知府冷笑道："是你自己承认的，还想抵赖吗？"众人都不明白是怎么回事。

此时，知府接着说道："我说杀人者手掌会变青，别人泰然自若，只有你急忙看着自己的手掌，这便是你自我招供了！我说杀人的眼珠会变黄的，别人都没动静，只有你丈夫赶忙看你的眼珠，这便是你丈夫替你招认了。大胆刁妇，还想抵赖吗？快快招来，免受皮肉之苦。"当即便把弟弟和刁妇分开进行单独审问。刁妇以为丈夫招了，丈夫以为妻子招了，就都供认了。人们听说后都称赞知府办案有方。

原来，他们夫妇早有图谋哥嫂家产的野心，曾多次身带砒霜企图放毒，只是没有下手的机会。那天，刁妇正好碰到侄媳妇做菜，她趁机把毒药搅进饭里，企图毒死全家。没想到哥的儿子回来后先吃了一碗，首受其害。刁妇

第九章　实施心理加压：通过施压促使对方"就范"

顺水推舟，恶人先告状，诈说侄媳妇害夫。

知府在一审中，已暗中把嫌疑范围缩小到弟弟夫妇身上。第二天的审问主要利用案犯做贼心虚的心理特点，编造凶犯手掌会"变青"、眼珠会"变黄"的假说来恐吓案犯。这种制造心理压力的办法，必然引起当事人的敏感反应，引诱凶犯不打自招。

这种给予强大压力，并以此来冲破对方心理防线的战术，在现代社会的商务谈判中也得到了应用。善用此法者往往可以强势控制局面，如若对方心理素质不够过硬，在强大的精神压力下，失了方寸，就会落入你的圈套。

☕ 随时准备离开：最有力的施压方式

在谈判桌上不仅需要经验和技巧，还需要一定的魄力与勇气，比如随时准备离开：就是让对方知道，如果你得不到你想得到的东西，你就终止。在所有的谈判施压方式当中，这一条是最为有力的，如果你懂得了这点，你就能有力地影响对方的心理，从而扭转谈判局面。

有一年，我国与A国某公司的代表就建立化肥厂事宜进行洽谈。几次谈判后，基本确定选址在河北某港口。同年10月，B国石化公司也想参与进来，谈判由两方变成了三方。

在第一次谈判中，B国石化公司的董事长在听过筹备工作的介绍之后，断然表态：你们前面所做的一切工作都是徒劳无功的，建立化肥厂的工作必须从头开始！

听了该董事长的意见之后，不仅是中方代表，就连A国方面的代表也感到非常惊讶。因为仅编制可行性研究报告，双方就动员了20多位化工专家，耗资30多万美元，费时3个多月才完成。不过，此时，却没有人起来驳斥这位董事长，因为此人在B国的地位仅次于石油大臣，而且他还是国际化肥工业组织的主席，拥有非常高的权威。

但是中方的一位代表（市长）猛然间站起身来说："我代表地方政府声明，

谈判心理学

为了建立这个化肥厂,我们安排了一处接近港口且地理位置相当优越的场地。当时,许多合资企业出高价争着要用这块地,我们都拒绝了。如果现在按照董事长的提议,事情要拖延下去,我们只好把这块地方让出去!对不起,我还有别的事情需要处理,我宣布先退出谈判!"

说完,市长拎起皮包转身就走,他身边的人也跟了出去。

半个小时后,一位处长跑出来,兴高采烈地对市长说:你这招真灵!形势竟然得到了扭转。那位董事长说:"快请市长先生回来,我们强烈要求迅速征用这块地!"

当市长重新回到谈判桌上的时候,谈判已经变得非常顺利,三方的合作协议也很快达成了一致。

谈判者一方本来非常希望同对手合作,这样对双方都能够带来实际的利益,但是由于对方拒绝合作或者提出极其苛刻的要求和条件,使谈判很容易陷入僵持局面。在这种情况下,谈判一方主动提出放弃进一步谈判或者合作,如果对方失去这个合作对象之后,不但不能够满足进一步的要求,而且连最起码的利益也不能获得,对方就不得不答应妥协和让步,放弃进一步的要求以使双方达成一致。

世界上很少有什么需要你不惜一切代价去做的事情。如果你在谈判中有不惜代价的想法,那么你在谈判中就已经输掉了。如果你懂得运用"随时准备离开"的心理策略,你就成了谈判高手。一般情况下,在你威胁离开之后,你已经激起了对方强烈的成交愿望。

优秀的谈判者总是清楚自己的底线,并且拥有随时离开谈判桌的勇气和魄力。虽然在快要谈成一笔大单或是即将得到一份理想工作时,这样做对你而言会有难度,但是在没有做好谈判会失败的准备时,就永远不要开始谈判,因为这将会降低对方采用强硬战术把你逼到墙角的可能性。

此外,在你数次向对方强调报价不够理想时,你会觉得你可能不会拿下这笔订单,但是在对方了解到你对于此单并不是极度渴望,并且看起来还有其他选择时,你可能会惊讶于这场看似走入绝境的谈判竟然能这么快的恢复生机。

第九章　实施心理加压：通过施压促使对方"就范"

不过请记住，威胁离开的目的是得到你想得到的东西，离开本身不是目的。如果在传达这一信息时态度不好，很可能会让对方感觉非常失望，所以一定要谨慎，千万不要说一些让人感到不快的话，否则，即便是那些本来愿意作出让步的人也会感到不舒服。所以在这种情况下，你不妨使用一些更加微妙的表达方式，比如说"对不起，但如果你坚持这个价格了，我恐怕只能停止谈判了"。

在谈判的过程当中，要想在保持态度坚定的同时不冒犯对方，一个更好的方式就是使用更高权威策略。试想一下，如果你告诉对方"我也想和你继续谈下去，可总部的人命令我必须停止了"还会有多少人会怪罪你呢？

在使用这种心理技巧之前，一定要想清楚，如果谈判破裂的话，对方将付出怎样的代价。如果他们根本不会有任何损失，你的这一策略可能达不到任何效果。

通过时间压力，逼对方做出让步

逼近的时间临界点容易让人们做出妥协，原本在乎的事情，在焦虑的情况下显得"无关紧要"；一直到时间压力解除了，全面性的注意力才会回来，而很多人往往在此刻才会悔不当初。

我们在购物的时候，通常会遇到这样的情况：商店快关门了，老板也快要收铺的时候，你刚好看中了某件商品。这时候，老板会说："要不要？现在快关门了，最后的生意便宜点卖给你，从来没有这么低出售过。"这时市场里面的人正往外面涌去，而你也急匆匆地掏钱拿了商品就走，甚至都没有仔细检查。

这里，商家能够在最后快关门的时候又做成了一笔生意，就是巧妙运用了时间的压力，在这种情境之下，你来不及考虑，就跟着商家的意思走，乖乖掏出了钱包。

一般来说，人们在时间紧迫的时候，会忽略很多重要信息，或是缺乏多方求证，而草草做出决定。相反，如果时间充裕，能够增强人的信息处理能力，让人有更多的时间思考，从而做出相对理性的决定。

谈判心理学

在时间的压力下，人们会做出他们本不愿意做出的妥协。所以，优秀的谈判者会巧妙地让对方感受到时间压力。

你的谈判对手或许会在有意无意中透露一个"截止谈判"的期限来，譬如"我必须在半小时内赶到机场"、"再过一个小时，我得去拜访一个重要的客户"。在这种情况下，你只需慢慢地等，等着那"最后一刻"的到来即可。距离飞机起飞或会见客户的时间愈来愈近，对方的紧张不安也必定会愈来愈严重，甚至恨不得双方就在一秒钟内达成协议。此时此刻，你就可以慢条斯理地提出种种要求。由于时间迫切，对方很可能便极不情愿地同意你的提议，不敢有任何异议。

美国著名的谈判专家荷伯·科恩在其《人生与谈判》一书中追忆了他在初次参加与日本商人谈判时，因缺乏经验被对方施加的时间压力所击败的情形：

"我乘上了去东京的飞机，去参加为期两周的谈判。我带了所有关于日本人的精神和心理的书籍，我一直对自己说：'我一定要干好。'"

"飞机在东京着陆了，我第一次以小跑步走下舷梯。舷梯下有两位日本先生迎接我，向我客气地躬身敬礼，我喜欢这个。两位日本人帮我通过海关，然后陪同我坐上一辆大型豪华卧车。我舒服地倚在锦绒座背上，他们笔直地坐在两个折叠椅上。我大大咧咧地说：'你们为什么不跟我坐在一起？后面有的是地方。'"

"他们回答道：'噢，不，你是重要人物，显然你需要休息。'我又喜欢这个。"

"在汽车行驶途中，其中一人问道：'请问，你懂这儿的语言吗？'"

"我答道：'你是指日语吗？'"

"他说道：'对，就是我们在日本说的语言。'"

"我说：'噢，不懂，但是我想学几句，我随身带了一本字典。'"

"他的同伴问道，'你是否关心你返回去的乘飞机时间？（在此之前我并没有关心过）我们可以安排车子送你到机场。'"

"我心里想，'多么能体谅别人呀。'"

第九章　实施心理加压：通过施压促使对方"就范"

"我从口袋里掏出返程机票给他们看，以便让他们知道什么时间开车送我到机场。当时我并不知道他们因此就知道了我的截止期，而我却不知道他们的截止期。"

"他们没有马上开始谈判，而是先让我领略一下日本的文化和好客。我的浏览花费了一周时间，从天皇的宫殿到京都的神社，他们甚至给我安排了一次坐禅英语课，以便学习他们的宗教。"

"每晚有四个半小时，他们让我坐在硬木板铺上的一个软垫上进晚餐和欣赏文艺。你能想象到在硬木板上蹲这么久是什么滋味吗？如果你没有蹲出痔疮的话，恐怕你永远也找不到他们。每当我要求开始谈判时，他们就说：'有的是时间！有的是时间！'"

"到第12天，谈判总算开始了，但又提前结束，以便能玩高尔夫球。第13天又开始谈，又提前结束，因为要举行告别宴会。最后在第14天早上，我们恢复了认真的谈判。正当我们深入到问题的核心时，卧车开来了接我去机场。我们全部挤进车里，继续商谈条款。正好在汽车到站刹住时，我们达成了对我方来说失败的交易协议。"

可以看出，由于日本人知道了科恩的谈判时间，先搞公共关系活动，然后将谈判压缩到一天时间，给科恩形成很大的时间压力，他为了完成上司交给他的任务而草草签订协议了事。

谈判的双方，越赶时间的那个人，就注定要做出越多的让步。所以，在谈判时，要尽量探知对方的谈判期限，而不要向对方透露你的谈判期限。一个富有经验的谈判经理说，他经常出差与各地区代理商谈判，每次下飞机后对方都会首先问他："您计划在此地逗留多久？"他一般会毫不犹豫地回答："没有具体期限，看谈判的进展情况吧。"

据统计，有很多谈判，尤其是较复杂的谈判，都是在谈判期限即将截止前才达成协议的；而且，80%的让步都是在谈判最后20%的时间内完成的。

很多谈判人员有这样的经验：如果你在谈判一开始时就提出要求，没有人会轻易妥协，相反地，如果你在谈判快要结束的时候，将你的要求或你心中的疑问提出来，对方才会有心情去满足你的需求或解决你的问题。

谈判心理学

这种先松后紧的谈判现象可以很好地利用，具体实施步骤是在先谈一些无关大局的议题，当对方准备结束谈判时，你巧妙地向对方施加压力，突然提出对方所不愿意接受的问题，在时间的压力下，对方的谈判原则往往会有所松动。

下面是时间压力的另一个方面的问题：对方在这个谈判上花费的时间越长，他们越可能接近你的观点。

为什么会出现这种情况？因为他潜意识在喊："你不能在花费了这么多时间和努力之后两手空空地回去，你得谈出点结果！"

所以，你要尽可能使对方多花时间，比如我们第一章提到的，设法让对方来到你的地盘谈判。

当己方在不得已的情况下多花费时间了怎么办呢？应该忽视自己已经投入的时间，看看是不是还值得谈下去。因为，无论你们是否达成协议，你所投入的时间和金钱都无法收回。如果谈判结果并未达到双方都满意的情况，宁可再约下一次的会议时间，也绝对不要因不甘心，而草草签约。

巧用最后通牒，突然提出最后期限

最后通牒是指当谈判双方因某些问题纠缠不休时，一方向对方提出最后的交易条件，要么对方接受本方交易条件，要么本方退出谈判，以此迫使对方让步的心理策略。

在谈判中，最后通牒是一种非常有力的心理施压方式。那些没有经验的谈判人员在对方使用这种策略时往往会吓一跳，因为时间不由人啊！谁都不可能把时间的指针拨回来或拽住不让它走。这时，对方会切身地体会到时间的压力。

谈判对方尝试过所有的方法却毫无进展的时候，你送去的最后通牒往往会使他改变当初的想法。

美国著名企业家艾柯卡在接管濒临倒闭的克莱斯勒公司后，认为第一步必须先降低工人工资。他首先将高级职员的工资降低10%。自己的年薪也从

36万美元减为10万美元。随后他又要将工人的工资从每小时20元降到17元。

但是,艾柯卡的这一决定并没有得到工会的认可,双方为此进行了长达一年的谈判。任凭艾柯卡费尽口舌,还是没能说服工人。

后来艾柯卡心生一计,一天他突然向工会代表们称:"你们这种间断的罢工,使公司长期无法正常运转。我已跟劳工输出中心通过电话,如果明天上午8点你们还不开工的话,将会有一批新工人顶替你们的工作。"

工会谈判代表一下子不知所措,他们本想通过谈判使工薪问题得到新的进展,因此他们也只在这方面做了资料和思想上的准备。未曾料到,艾柯卡竟会耍这么一手!被解聘也就意味着他们将失业,这可是很严重的问题。工会经过短暂的讨论之后,基本上接受了艾柯卡提出的所有要求。

艾柯卡经过一年的拖延战都未使工会让步,而出其不意的一招竟成功了,而且赢得干净利落。

虽然最后通牒是极为有效的心理策略,但是,最后通牒旨在打击对方的信念,使对方在犹豫不决中输掉谈判或退出谈判。所以,这种方法的使用一定要慎重。

怎样使用最后通牒的心理策略才能够取得谈判的胜利呢?一般来说,需要注意以下几个方面:

(1)通牒方式和时机

如果谈判对手在某个项目上没有付出任何的时间和精力,或者只付出了很少的时间和精力,那么,轻易使用最后通牒反而容易使对方退出谈判,正与己方的预期相反。想要有效使用最后通牒的谈判策略,一定要让对方的付出达到一定程度,使得对方无法脱身,更舍不得脱身。

(2)提出明确、具体的时间

在关键时刻,不可说"明天下午"或"后天上午"之类不明确的话。而应是"明天下午2点钟"或"后天上午9点钟"等具体的时间。这样的话会使对方有一种时间逼近且无法更改的感觉,使之没有心存侥幸的余地。

(3)说到做到

使用最后通牒时必须做好万不得已将其付诸行动的准备。否则,对方发

 谈判心理学

现你只不过是故弄玄虚,雷声大雨点小,那么,最后通牒就毫无意义了。即便以后真的是最后通牒,也就没人相信了。

(4)给对方点时间

最后通牒送出以后,不要逼迫对方立即给你回复,要给对方留下考虑的时间或者请示上级的时间。谈判中,想要谈判对手放弃之前的坚持是很困难的,所以,给对方留出斟酌轻重的时间,会减少对方的敌意,否则,很容易弄巧成拙。

(5)言辞尽量委婉

没有谁会喜欢威胁式的最后通牒,强硬的最后通牒会伤害对方的自尊心。所以,除非在极端情况下,发出最后通牒要尽量用委婉的语言,不要一点退路都不给对方留。

第十章

巧用迂回之法：
绕个弯子，谈判不必硬碰硬

在谈判中，有时对方立场坚定，态度强硬，或身份特殊，为了避免对彼此造成伤害而形成对抗，就需要我们学会迂回之法，绕过正面的话题，避开对方正常的思维，采取曲线进攻的心理战术。这样，往往能收到直言表述难以企及的谈判效果。

谈判心理学

留些情面，力避对方为捍卫自尊心而战

做人做事不能不留余地，谈判也是一样，即便给对方施压时，也要留些情面，掌握分寸，免得对手放弃谈判，甚至狗急跳墙，做困兽之斗。不把别人推向绝路，就能给自己留条后路。这好比在战场上一样，进可攻，退可守，仍然处于主动地位。

人是具有社会属性的，需要得到别人的认可，需要得到尊重是一种本能的心理需求。面子这个词儿，中西方都有。英文叫做 face 或 face-work，心理学的标准说法是 self-esteem。

但与西方相比，中国人更重视别人的看法和意见，更要面子。无论是古代还是今天，无论是富贵还是贫贱，无论是城市还是农村，面子的问题甚为重要。由此，形成了中国社会中根深蒂固而又广为普及的"面子情结"。

古人云："人为一口气，佛为一炷香"、"人要脸、树要皮"。显而易见，"面子"是国人不可回避的"重中之重"。林语堂曾说："面子"是统治中国人的三位女神（面、命、恩）中最有力量的一个；美国心理学家多米诺说："脸面规定了中国人的社会及人际行为"。美国传教士亚瑟·亨·史密斯则说："保全面子"是中国人的第一性格。

人生在世，得和各色各样的人交涉、谈判，每个人都是有自尊心的，都希望得到别人的尊重，只有当一个人得到了相应的尊重之后，才能建立和发展与他人的关系。谈判时如若不懂保全他人的情面，结果可能会失去客户和宝贵的友情、爱情，甚至可能会被别人怀恨在心，遭到报复。相反，你善于给人留情面，可以避免不必要的尴尬、难堪；还可以赢得合作、友谊，赢得信赖，为你的成功助一臂之力。

在许多场合，谈判是由于我们犯了错误而引起的，在这种谈判和交涉中，如果在众目睽睽之下使对方颜面尽失，对方不仅不会意识到自己的问题，还会为捍卫自尊心而战，做出对你不利的事情。

第十章　巧用迂回之法：绕个弯子，谈判不必硬碰硬

在公司的一次生产会议上，产品质量总监，曾就某个材料的质量问题，当着会议上的众人厉声质问一位质检员。本来并不是非常严重的事情，但是他的语调以及态度带有很强的攻击性，言辞也极为苛刻。事实上这位总监的意思只是想提醒质检员在工作中要更为认真和严肃。

这名质检员本来在公司中是出了名的好脾气，但是这次为了使自己不致在同事、领导、下属面前失面子，竟然和这名总监吵了起来。两个人在会议上大吵，还动起手来。最后两人都受了处分。

古训有云："己所不欲，勿施于人。"可我们往往忽略了这一点，常常无情地剥掉别人的面子，伤害别人的自尊心，抹杀别人的感情，却又自以为是。我们在他人面前呵斥别人，找差错，挑毛病，甚至进行粗暴的威胁，却很少设身处地地为他们着想，考虑别人的感受。

罗宾森教授曾说过一段富有启示性的话："人，有时会很自然地改变自己的想法，但是如果有人说他错了，他就会恼火，更加固执己见，使他全心全意地去维护自己的想法。不是那想法本身多么珍贵，而是他的自尊心受到了威胁……"

法国著名作家安东安娜·德·圣苏荷伊曾在他的作品中写过："我没有任何权利去做或说任何事来贬低一个人的自尊，重要的不是我觉得他怎么样，而是他觉得他自己该如何。伤害人的自尊是一种罪过，这也包括不给人留面了。"

人就是这样奇怪的动物，可以吃暗地里的亏，也可以吃明面的亏，但就是不能吃面子的亏，所以要想在谈判中有效地影响他人，就要善于从对方的角度考虑问题，给对方留足面子，这样对方才会给你留面子，并做你让他做的事情。

某知名烟草公司有一烟叶仓库，多年前，一群清一色的大嫂库管员们，常利用工作间隙，出门买些青菜回来，聚在库门口剥皮、掐叶、唠嗑。新任主管见后，想找她们谈谈，但他没有严厉指责，而是走过去先打了招呼，寒暄之后幽默地问："你们完成自己的本职工作就行了，干吗还帮我们的食堂开菜？"大嫂们哈哈大笑。此后，再也没有发生类似事件。

谈判心理学

有句古语说得好："君子敬而无失，与人恭而有礼。"只有尊敬别人才能换来别人对你的尊敬，只有互相尊敬才能互相受益。

在谈判当中，这种人与人之间相互留面子的现象也可以用心理学上的互惠原则来解释，也就是说，事关面子的问题也遵循着互惠的关系。从心理学上讲，如果你在某种场合给对方留足面子，对方的心理会产生一种负债感，这种负债感会让其内心产生压力感，进而想方设法地通过同一方式或者其他方式还给对方，以放松内心的这种负债压力。

心理学专家曾对此作了一个恰当的比喻，这就如同借钱一样，在对方急切需要钱的时候，你将钱借给了对方，虽然是对方主动向你借钱，并且你非常愿意地将钱借给了对方，但是对方的心理还是会产生负债感，并会想办法尽快将钱还给你，有时甚至带着利息还给你。

所以，在谈判中我们要处处留意，时时顾及别人的面子，从而避免不必要的争端，获得理想的谈判结果。

旁敲侧击，绕过对方的心理防线

在谈判中，不可避免地会出现双方意见相左的情况，如果针锋相对地批驳对方的观点，会伤害双方的感情而最终导致谈判的破裂。如果既不强攻硬战，也不终止谈判，而是巧妙地绕过对方的心理防线，将议题转移到别的事情上，让对方悟出其中的道理，就能在对方毫无警觉的情况下实现预期的谈判目标。

第二次世界大战期间，美国经济学家、罗斯福总统的私人顾问萨克斯受爱因斯坦等进步科学家的委托，要设法说服罗斯福总统重视原子能的研究。在萨克斯与罗斯福谈判时，他先把爱因斯坦的信当面交给总统，然后朗读了科学家们关于核裂变的备忘录，竭力想说服罗斯福总统。罗斯福听了那些论述后，反应十分冷淡地说："这些都很有趣，不过政府若在现阶段干预此事，看来还为时过早。"

但当时，纳粹德国在1939年春夏之交，连续多次召开了原子能科学家会议，研究制造铀设备的问题。如果数百万德国钢铁军团再装备上当时绝无仅有的

第十章 巧用迂回之法：绕个弯子，谈判不必硬碰硬

核武器，欧洲战局将难以设想，问题的严重紧迫性使萨克斯下定决心，一定要想办法说服总统。

第二天，萨克斯与罗斯福共进早餐。见面时，还没等萨克斯开口，罗斯福就以攻为守地说："今天不许再谈爱因斯坦的信，一句话也不许说，明白吗？"萨克斯胸有成竹地看了一眼总统，见总统正微笑着看着自己，便说道："我今天想讲点历史，再不谈核武器。英法战争时期，在欧洲大陆上不可一世的拿破仑，在海上却屡战屡败。这时，一位年轻的美国发明家富尔顿来到这位法国皇帝面前，建议把法国战舰的桅杆砍掉，撤去风帆，装上蒸汽机，把船上的木板换成钢板。可是拿破仑却认为，船没有帆就不能走，木板换成钢板，船就会沉没。于是，他断然拒绝了富尔顿。历史学家在评论这段历史时认为，如果当时拿破仑采纳了富尔顿的建议，19世纪的历史就得重写。"

萨克斯说完之后，目光深沉地注视着总统。罗斯福沉思了几分钟，然后取出一瓶拿破仑时代的法国白兰地，斟满了酒，把酒杯递给萨克斯，说道："你胜利了。"从此揭开了美国制造原子弹历史的第一页。

谈判中，战术技巧的隐蔽性常常能带来成功。有时，任你磨破嘴皮，对方就是不改初衷，为了不至于伤害谈判的氛围，可以绕过对方的心理防线，从一个对方意想不到的方向进攻，让对方的思维、判断在不知不觉中脱离其预定轨道，按照你所设计的方向去思考。等到对方的心理逐渐适应你的思维逻辑之后，往往会风向骤变。

萨克斯之所以能最终说服罗斯福总统，也正是采用了这个心理技巧。在第二次见总统时，罗斯福原以为萨克斯会继续大谈爱因斯坦的信，谈原子弹对于国家的前程怎样，纳粹德国又是怎样在发展核武器，所以在这个方向设置了心理防线。但萨克斯却不从这个方向进攻，而是顾左右而言他，用讲历史故事的方法引起总统的兴趣，避开了总统关于不谈爱因斯坦的信的设防，进一步用拿破仑的失败来暗喻制造原子弹对国家和历史的重要性，迂回曲折地改变了总统的观点。

为了实现谈判目的，有时候可以硬拼强攻；但是多数情况下，采取硬拼强抢的方式，不仅不能达成一致意见，反而会引起对方的敌对情绪。而采取

 谈判心理学

迂回战术,旁敲侧击,绕过对方正面的心理防线,使对方意识到你所提出的建议的合理性,更容易使对方心甘情愿地与你达成一致。

提出不同意见,不妨用商量的语气

人都有获得别人尊重的心理需要,都不喜欢别人用命令和敌对的口气对自己说话。所以,在谈判中,如果你想要别人按照你的意思去办事,在跟别人提意见的时候应尽量采用商量的语气。

汤姆刚搬到一个新社区,发现邻居养了只大猎犬,平常总是放任它在附近晃悠。虽然这只猎犬性情温驯,不过,自己的小孩看见,还是会感到害怕,除了待在自己家院子里,哪里都不敢去玩。为了解决这个问题,汤姆只好去猎犬主人家谈判。

"您好,我是您的邻居汤姆,我们想和你商量一些事情。你的狗很健康、非常活泼,不过我们家小孩看到就会害怕,不敢出门玩,我怎么讲都没用。所以想请你帮个忙,下午五到六点,暂时让你的猎犬待在家里,这样我们家小孩就可以出来玩。六点后,我会叫小孩回家吃饭,之后你的猎犬爱去哪里都行,我们不会有任何意见。希望你能体谅这种情况……"

这位邻居听完汤姆的话之后,点点头,表示按汤姆的话去做。

汤姆之所以能让邻居接受他的意见,是因为他首先赞美了邻居的小狗,赢得了邻居的好感,然后说出自己家的孩子害怕小狗、不敢出门玩的事实,最后提出完整的不损双方利益的解决方案。从始至终,他都在用商量的语气和邻居交涉,所以最后和邻居达成了共识。如果汤姆带着抱怨的语气去责备,很可能会遭到邻居拒绝而搞得大家不欢而散。

在和他人谈判和交涉事情时,如果一开始就不客气地讲出自己的意见,让对方马上接受,对方会产生逆反心理,立刻想着怎么反驳你,而不想接受你的意见。这样一来,双方不但很难达成共识,还有可能破坏双方良好的关系。即使你拥有发号施令的权力,如果不讲究说话方式,也很难让别人心悦诚服

第十章　巧用迂回之法：绕个弯子，谈判不必硬碰硬

地服从你。

一个盛夏的中午，在一个建筑工地上，一群工人正在阴凉处休息。监工走上来，呵斥工人说："你们明知道工期很紧，吃完饭了还在这里磨洋工，还不快去干活！"工人们平时就很害怕这个监工，虽然不情愿，但还是起身去工作了。当监工走开的时候，工人们就又停下休息

了。如果那个监工能够和颜悦色地对工人们说："工友们，现在工期很紧，要辛苦大家了，希望大家能够牺牲一点休息的时间，尽量赶一赶工期。早点收工，大家就能早点回去洗澡、休息。大家看怎么样？"这样一来，即使天气再炎热，工人也会站起来开工了。

而在处理类似的问题时，查尔斯·斯科尔特就采取了很恰当的办法。

有一天，查尔斯·斯科尔特经过受他管理的美国钢铁公司的一家钢铁厂。当时正是中午，他看见几个工人正在抽烟，而在他们头上，正好有一块大牌子，上面写着"禁止吸烟"。一般的领导通常会走上前去，指着那块大牌子，对工人说："你们难道不识字吗？这里不许抽烟！"

但斯科尔特没有这样做。他走向那群工人，掏出口袋里的雪茄，分发给每一个工人，然后用商量的语气说："你们能不能到外面去抽这些雪茄呢？"工人们立即就认识到了自己的错误，掐灭了手里的香烟，并且以后再也没有在工地上抽过烟。他们也都更加敬重斯科尔特了。

如果你遇到斯科尔特这样的领导，看到你违反了公司的规定，不但没有严厉地制止你，反而送你小礼物，还用商量的口气委婉地规劝你，你会不感动、不从善如流吗？

良药不必苦口，忠言也可顺耳

有一句老话说：良药苦口利于病，忠言逆耳利于行。利于病、利于行当然是好事，但为什么非要苦口、非要逆耳呢？

忠言作为真诚帮助他人的一种谈判形式，说者的初衷是善意的。既然是善意的，我们就应当让别人感受到自己的善意，而不是抓住"良药苦口，忠言逆耳"不放，似乎规劝别人的话必须难听，不难听的话不配称忠言一样。

从心理学角度上看，人天性中就有喜听好话的本性，而当行动失误、办了错事时，更有防卫其自我尊严的倾向。如果有人再以权威者的姿态出现，批评他的想法不够高明，行动不够周密，这时他的防卫倾向会更强。你非但不能把你的想法付诸实施，还可能会招致对方的憎恶。

同样是忠言，逆耳与顺耳，其效果大不一样。

曾看到这样一则小故事：

有个战士站岗睡觉，一位指导员查到后，就严厉训斥："我早就说过，站岗不准睡觉，你老是跟我作对，回去以后写好检查，等我明天再来收拾你……"

而另一名指导员也遇到类似的情况，而他却和蔼地说："这样吧，你先去休息一会儿，我来替你先站一会。但是你要记住，战士站岗睡觉，在平时可能是小事，在战时就有可能丧失一个连队战士的生命，你自己好好思考一下……"。

两位指导员在对待战士站岗睡觉这个错误问题时，由于讲话的语气不同，一个忠言顺耳，一个忠言逆耳。结果，前一名战士因为指导员口气生硬，语言简单，他口服心不服，产生了明显的对立情绪，不但没有改正错误，还导致后来经常与指导员对抗。后一名战士因为指导员善于疏导，晓之以理，语言和气，忠言顺耳，他主动地承认了错误，并接受处理。"顺"与"逆"一

第十章 巧用迂回之法：绕个弯子，谈判不必硬碰硬

字之差，效果则差了一大截。

忠言是逆耳还是顺耳，不仅关系到谈判效果问题，有时甚至还关系到自己的安全问题。大家都知道，殷商时期的大臣比干就因为逆耳地进谏而被纣王剖心致死。像这样悲惨的例子还有很多，比如屈原、吕不韦、岳飞、杨最……简直数不胜数。

有人可能会说："他们遇到的是昏君，如果是一代明主肯定会乐于接受的。"其实，事实并非如此。

历史上以善于纳谏著称的唐太宗李世民可谓一代明主吧？但即使是他，也同样不喜欢逆耳的忠言。

有一次，他扬言要杀掉敢于触犯龙颜的魏征，长孙皇后听后十分着急。如果用逆耳的"忠言"劝说李世民，李世民不仅不容易接受，反而会使事情弄得更糟。于是长孙皇后取顺耳之言规劝李世民。她说："自古以来主贤臣直，只有君主贤明，当臣子的才敢直抒胸臆、有话就讲。今魏征敢于直言劝谏，全赖圣上贤明。"李世民闻后龙颜大悦，打消了杀魏征的念头。长孙皇后实在是一个很会说话的人，她先赞颂皇上英明，让太宗大为高兴，接着再委婉地指出太宗不应该滥杀谏臣，太宗听着顺耳，自然应允。

人天性中喜听好话，从国家领导到平民百姓，绝大多数人，绝大多数时间，人们还是更喜欢喝不苦的药，更喜欢听顺耳之言。

我们都知道历史上的《邹忌讽齐王纳谏》的故事，邹忌之所以成功，是因为他的劝谏讲究技巧，在与上司谈判时并不着急直入主题，而是巧设情景，从个人生活小事说起，动之以情，晓之以理，由近及远。同时，他的善谏还体现在他针对不同的劝谏对象采用不同的方式。他了解齐王喜欢隐语的个性，所以在他的劝谏中采用了意含而不露的表达方式，做到了"良药蜜口利于病，忠言顺耳利于行"。

谈判中的批评和规劝，用温和的态度、暖心的话语，更易让对方心悦诚服，而强制的手段，生硬的话语，最终惹人反感。既然是忠言，便是一番好意，好意都有了，那还差几句顺耳的话吗？这样既达到进言的目的，又不招致怨怼，

两全其美，何乐而不为呢？

泰戈尔说："不是锤的打击，而是水的载歌载舞使鹅卵石趋于完美。"无论你面对的是客户、上司还是下属，抑或是亲朋好友，只要你有意向对方献上忠言，最好先把良药裹上糖衣，让忠言变得顺耳。

说"不"时照顾一下别人的心理感受

工作和生活中存在着各种各样的谈判，敢于说"不"，无疑是实现谈判目标不可缺少的因素。拒绝是一种权利，也是一种艺术。所以，我们在谈判时要敢于拒绝，一旦你觉得无法去做或不想去做，心意就要坚决，但"不"字不能张口就来，要学会照顾别人的心理感受。否则，可能会得罪客户、失去朋友、冒犯上司。

拒绝总是令人不快的。人都有自尊心，一个人有求于别人时，往往都带着惴惴不安的心理，如果一开口就说"不"，很容易伤害对方的自尊心，引起对方强烈的不满，甚至怀恨。

拒绝应该婉转一些，既拒绝了对方的不适当要求，又不致伤害对方的自尊，也不损害彼此的关系。那么如何才能做到这一点呢？在此，为你提供了一些既能拒绝对方又不致得罪对方的几种方法：

（1）局限抑制拒绝法

在谈判中，假如对方提出的要求超过了我方所能同意的程度，而运用其他晓之以理的方法仍无法摆脱对方的纠缠时，为了使对方真正意识到再磨下去也是白费劲，不妨在对方面前摆出一些自己无法逾越的客观上的障碍，表示自己实在力不从心、爱莫能助，从而使对方在放弃纠缠的同时对自己的拒绝给予谅解。

这里的局限和障碍可从两方面去强调：一是自身缺乏满足对方要求的某些必要条件，如技术力量、权限、资金等；二是社会的局限抑制，如法律、制度、纪律、惯例和形势等。这两者有时可单独运用，有时也可以综合运用。

（2）引诱自否拒绝法

面对谈判中对方提出某些我方认为不合理的过分的要求、失实的指责，最好不要直言反驳，更不要拍案而起、反唇相讥，而可用这种引诱自否法：先不马上答复，而是旁敲侧击地提出一些经过构思的问题，诱使对方在回答中不知不觉地否定了自己原来提出的要求或观点。

（3）先承后转拒绝法

我们应从人们通常所具备的期望得到自尊、理解的心理需求出发，先从对方的意见中找出双方均不反对的某些非实质内容，从某个适当的角度予以肯定与认可，摆出其中的共同点，表达对对方的理解与尊重（先承）；然后再对双方看法不一致的内容进行比较平静与客观的阐述，以启发和说服对方。

这样一来，由于对方先获得了被尊重、被理解的心理满足，双方心理上的距离拉近了，当后来被拒绝时，会感到我方比较通情达理，因而被拒绝而引发的心理不协调就会大大削弱。

（4）围魏救赵拒绝法

即当谈判对象提出我方所不能接受的要求或意见时，我方不受对方的牵制，不采取直接拒绝或反对的方式，而是针对前边的谈判中对方拒绝我方意见的某些要害问题，以攻为守，再次要求对方退让，使对方反处于被要求给予理解的位置而忙于招架。这一来，如果对方坚持不能退让，也就不得不主动放弃要求我方作出较大退让的要求了。

（5）补偿安慰拒绝法

在谈判中，有时我方对某些贸易成交寄予较大希望，志在必得，但在某些条款上对方要求太高，我方无法接受，考虑到如果斩钉截铁地一口拒绝对方，会损害谈判的气氛，甚至激怒对方而导致谈判破裂，使我方的希望全部落空。为避免这种情况出现，可以采用这样的一种技巧，就是在答复拒绝的同时，在心理需求和物质利益上，在我方所能承受的范围内，给对方以其他方面的适当补偿，以缓解对方因失望而带来的心理不平衡。

（6）以幽默应对

拒绝对方，你还可以幽默轻松、委婉含蓄地表明自己的立场，那样既可以达到拒绝的目的，又可以使双方摆脱尴尬处境，活跃融洽气氛。

萧伯纳因脊椎骨毛病，需要从脚跟上截一块骨头来补脊椎的缺损。手术做完后医生想多捞点治疗费。"意味深长"地说："萧伯纳先生，这可是我

从来没有做过的新手术啊！"萧伯纳笑道："那好极了，请问你打算付我多少试验费呢？"这样不仅拒绝了医生的无理要求，并且掌握了主动。

（7）向对方哭穷

如果有人向你说"我急需一笔钱，但又没有钱"，而想跟你借钱时，你其实可以告诉对方，你正和他一样没钱。"你有困难，我也有困难，我们共同努力吧！"这招用在别人想向你借钱时，可以说十分有效。就是说，聆听对方抱怨的同时，也不甘示弱地向对方抱怨，因为对方想拜托你的根据通常是认为"你的情况不比他严重，所以向你寻求援助比较可能"。此时，不仅要摧毁对方所坚持的根据，还要站在和对方相同的心理基础上，和对方进行坦诚的对话，来解除对方的不满及不安感，因为如果只是以一两句话来拒绝的话，对方会觉得你有钱而不愿借钱给他，一旦让对方有这种感觉，对你就不利了。

（8）利用他人

政治和外交以及谈判活动中，利用第三者来拒绝对方是经常采用的一种手法。例如，当某政治家在面对记者的不断发问时，就经常会说："关于这件事的具体情况，我不太清楚。如果您想了解详情的话，请问××部门好了，相信他们会给您圆满答复的。"这种说法就是把球踢给了"第三者"。这样的事在日常生活中其实用得很多。比如当一位年轻姑娘在被她不太熟悉的男士邀请去看电影或吃饭时，她经常说的话就是："对不起，我爸爸今天让我早点儿回家，我不能陪您去。"这种说法，隐藏了自己的主观原因，而是以他人的原因为借口来拒绝对方，从而既减轻了对方的失望和难堪，也减轻了因拒绝别人在自己的心理上产生的压力。

总之，谈判时不能因为对方提出的要求，自己不能够接受，因此就出言不逊、出口伤人。常言说："买卖不成仁义在。"拒绝别人是一门很复杂的学问，也是成功谈判的必修课。当你学会不得罪人地拒绝别人，你就已经是一个谈判高手了。

第十章　巧用迂回之法：绕个弯子，谈判不必硬碰硬

 正话反说，迂回达到你的目的

我们在谈判的时候，不要总是用直白的话去表达意思，有的时候，对方可能心理上接受不了，如果我们学会运用正话反说的心理策略，沿着他的逻辑和思路继续往前引导，直到得出荒唐的结论，这样，就能说服对方，达成你的目的。

楚庄王非常喜爱一匹马，于是给它穿五彩缤纷的华丽衣服，给它盖一座漂亮的房子，还给它睡设有帷帐的床，每次喂它都给它吃切好的枣干。那匹马因为享受得太过分了，最后肥胖而死。楚王十分悲伤，就吩咐下去让群臣给马办丧事，并要求用大夫的礼仪来埋葬它。

大臣们都觉得这事过于荒唐，纷纷劝阻，认为使不得。楚庄王下令说："再有人敢以葬马的事来进谏，我就杀了他！"群臣听了这番话，便不敢再来进谏。

优孟听到了这个消息，决定去劝楚庄王改变主意。群臣都很为他担心，说："大王说过不让进谏劝他，否则就杀他，他还偏去，真是不怕死。"

优孟走进宫殿，仰头大哭。楚王很惊奇，问他为什么哭，优孟回答说："凭着楚国这样伟大而富裕的国家，有什么事情办不到呢？却只用大夫的礼仪来埋葬一匹马，这岂不是太轻了吗？我请求大王用国君的礼节来埋葬它吧！"群臣们听了他的话，都目瞪口呆，议论说："这优孟哪里是在劝大王不厚葬马，他是在助纣为虐，真是荒唐。"

楚庄王说："那要怎么办呢？"优孟说："臣建议，用雕花的玉做棺，用文梓的木做椁，用梗、枫、豫、樟做题凑，派武士挖掘坟墓，让老人和儿童来背土，让齐、赵在前面陪伴，韩、魏在后面护卫，用太牢之礼来祭祀，封给它万户人口的地方作为封邑。诸侯听到了此事，就都知道大王轻视人而重视马了。"

楚庄王听了这番话，低头沉思起来，过了良久，十分惭愧地说："寡人的过错，竟到了这种地步了吗？"优孟见楚庄王已经悔悟，便接着说："那

谈判心理学

就请大王用六畜之礼来埋葬它,楚王说:"何谓六畜之礼呢?"优孟说:"在地上挖个土灶作为椁,用铜铸的大鼎作为棺,用姜、枣作调味,下面铺上木兰树的皮,用粳米为祭品,再用大火炖煮,最后埋葬入人的肚肠中。"

楚庄王听后把马交给了主管膳食的太官,不让天下人知道这件事。

在这场上下级之间的谈判中,如果优孟直陈利弊,凛然赴义,固然令人肃然起敬,但最终的结果却可能差强人意,而他正话反说,却巧妙地达到了自己的目的。

正话反说往往能达到比直言陈说更为有效的说服效果。

春秋时期,齐景公放荡无度,喜欢玩鸟射猎,于朝事不甚理睬,却对鸟的生死存亡关心备至。派烛邹专门看管鸟。一天,烛邹一时不慎,鸟全跑光了。齐景公大怒,要下旨斩烛邹。晏子闻讯,急忙赶到,并请求在齐景公面前数说烛邹的罪状,还说这样可以让他死个明白,也好让众人服气,景公应允。晏子便转向烛邹,大声斥责道:"烛邹,你为君王管鸟,却把鸟丢了,让君王不能安心于社稷,这是第一大罪状;你使君王为了几只鸟杀人,这是第二大罪状;你使诸侯听了这件事,会责备大王重鸟轻人,这是第三大罪状。以此三罪,你死有余辜!"说罢,转身请求景公杀烛邹。景公再昏,也能听出这番话的意思,于是羞愧地说:"不杀!不杀!我明白了你的指教了!"

这就是晏子的高明之处,如果直言劝阻,说不定景公连他也治罪。而正话反说,却达到了救烛邹、保自己、谏景公的目的,一举三得,被后人广为传颂。

说反话其实并不困难,在适当的场合说说反话,可能会起到很不错的效果,可是不是什么场合都适合说反话,说反话也要注意场合,注意使用对象。在不必说反话的时候,反话可能会引起别人的误会,让别人觉得你说话拐弯抹角。所以即使是反话,我们也要注意使用的地方、使用的对象。

第十一章

知进也要知退：
　　为进一尺，何妨先退一寸

在谈判的过程中，要能洞悉对方意图，能审视自己处境，从而知进识退，进退有节。表面上看，退让似乎意味着妥协，但是，在这主动退的背后，却隐藏着另一种进。这种进不容易遭到对方的强烈反抗，往往能达到"不战而屈人之兵"的良好效果。

谈判心理学

谈判知进不知退，往往事与愿违

每个人都希望在谈判中实现自己的所有目标，但正所谓有得必有失，任何谈判都是在双方互相竞争和互相让步的基础上完成的，如果只知进不知退，想得到所有的利益，而不愿意在某些方面做出适度的让步以满足对方的合理需求，那双方就不可能达成协议。

在这个日益强调协作的商业社会中，谈判，尤其是商业谈判的目的通常是寻找一种长期、稳定的双赢合作关系，而适度地退让就像是促进双方合作的润滑剂。美国前国务卿基辛格在他的回忆录中曾说过："任何成功的谈判都必须建立在一种相互均衡让步的基础上。"适当的退让，能让对方心理上得到一些平衡，同时也能感受到你合作的诚意。而如果在谈判时只知进不知退，对方则会在心理上产生抗拒，合作关系就很难建立和维持，你的谈判目标就失去了实现的基础。

通常情况下，当谈判一方觉得对手不值得尊敬，就会忽视对方的所有利益。在谈判中应该谨记的是：对方具有相同的权利拥有自己的正当利益。我们可以不喜欢对方的某些行为与工作方式，但是应当尊重他们拥有自己利益的权利。假如不这样，就可能招致对方的愤怒、反抗或单方行动，这无疑会损害你自己的利益。

在谈判中，如果有位年轻气盛的谈判人员向领导保证：我一定不做任何让步，取得谈判的完胜。这时，作为领导就要考虑是否还继续委派他参与谈判了。因为他只懂前进，不懂退让；只懂得到，不懂恰到好处地放弃，最后可能什么也保证不了。

罗女士刚入公司时，是董事局主席最得力的助手之一，最初，罗女士因为太维护公司利益，在与合作伙伴谈判的时候，态度总是比较强硬。

一心维护公司利益的罗女士，满以为会得到领导的表扬，但却反而受到了领导的批评："你要是希望这个合作伙伴是长期的，这个关系是长久的话，

第十一章 知进也要知退：为进一尺，何妨先退一寸

你首先一定要站在对方的立场上去想一想，要懂得让步，舍得将利益与对方分享。这个世界上永远不会有单方面长久的商业关系。我们是应该为自己的利益着想，但是只维护自己的利益而不愿意将利益与对方分享，甚至伤害了对方的利益，这种关系是绝对无法长久的。"

这席话，实际上就表明了知进知退的理念，也是公司经营成功的重要原因。经过领导的提醒，罗女生逐渐学会了退，后来成为集团的骨干。

相对于进，退不仅是一种谈判技巧，也是一种生存智慧。在自然界里，明月不与太阳争辉，才展现出它的恬静与温柔；枯叶蝶退去它华丽的外衣，才逃避了人类的追捕，得以生存；梅花退出与百花争艳的春天，才显示出它"凌寒独自开"的傲骨；人退出束缚自我的怪圈，我们的生命才会更加多姿多彩。

柳暗花明不是风光，而是一种境界，是路外之路。"进"与"退"的关系，其实是相当微妙的。繁星布满夜空，如果没有太阳的退避，怎会有星星像灿烂的花朵儿在空中绽放？这是"退"造就了"进"。春季是孕育生命的季节，各种花儿竞相开放，五彩斑斓，可是，没有一朵花儿长盛不衰，它们终会在冬天凋谢，难道是它们的退让结束了它们的辉煌？不是的，你看那枝头一颗颗饱满的种子，会在第二年春风吹拂的时候发出绿芽，会鲜花怒放，会变成一片花的海洋！这是以退为进，进而又退，如此互相扶持，最后烂漫辉煌。

大自然中"进"与"退"的关系如此微妙，我们人类何尝不是这样！不管个人的主观愿望如何，只知进不知退，在"退"上欠火候，在谈判中都会事与愿违。

谈判中的退虽然在某种程度上使人们失去了一些利益，但这种失去是为了更长远的获得，比如我国在同美国进行有关加入世贸问题的谈判时，同意在汽车行业做出如下退让：进口关税由当时的80%以上，降至2005年的25%；汽车零件进口关税平均降至10%；同年取消汽车进口配额。我国谈判代表团这样做的原因并不是被动地接受美国代表的要求，而是以这样的让步来获得更大范围、更长远的利益，比如汽车行业整体竞争力的提高、美国在农业以及高科技产业等方面的让步等。

当然，谈判中的退也不是一味消极退让。对能争取的利益，遇到困难就

畏缩不前，这种退不可取。面对邪恶，怕引火烧身而一味妥协顺从，这种退有悖正义。因此，何时退，退什么，怎么退，要具体情况具体分析。

遵循心理规律，掌握让步原则

在一般的谈判中，很少有在完全没有让步的情况下达成协议的，甚至可以说，每一场谈判中都存在让步的问题。但是让步也是有原则的，如果不遵循心理规律地盲目让步，不仅无法达到理想的效果，还会使自己陷入被动。

一般来说，让步有下列基本原则：

（1）目标价值最大化原则

很多情况下，谈判的目标并非是单一的一个目标，在谈判中处理这些多重目标的过程中不可避免的存在着目标冲突现象，谈判的过程事实上是寻求双方目标价值最大化的一个过程。但这种目标价值的最大化并不是所有目标的最大化，因此也避免不了在处理不同价值目标时使用让步策略。在处理这类矛盾时，要在目标之间依照重要性和紧迫性建立优先顺序，优先解决重要及紧迫目标，在条件允许的前提下适当争取其他目标，其中的让步策略首要就是保护重要目标价值的最大化。比如你的报价不能让步，那么你可以考虑在配送或售后服务方面作出适当的让步。谨记最低承受目标涉及最基本的利益，绝不能轻易让步，否则整个谈判将毫无意义。

（2）刚性原则

在谈判中，谈判双方在寻求自己目标价值最大化的同时也对自己最大的让步价值有所准备，换句话说，谈判中可以使用的让步资源是有限的，所以，让步策略的使用是具有刚性的，让步策略的运用也必须是有限的、有层次区别的，不要期望满足对手的所有意愿，对于重要问题的让步必须给予严格的控制。要坚持立场，不要不敢说"不"，只要你重复说，对方就会相信你说的是真的。

（3）时机原则

让步的时机会影响谈判的效果。在未完全了解对方的所有要求以前，不要轻易让步。如果让步过早,会使对方以为是"顺带"得到的小让步,这将会使对方得寸进尺。当然,也不要让步过晚,除非让步的价值非常大,否则有可能失去谈判成功的机会。一般而言,主要的让步应在成交期之前,以便影响成交机会,而次要的、象征性的让步可以放在最后时刻,作为最后的"甜头"。谈判前和谈判中要不断深入了解对方的真实需求,哪些问题为对方最关心,哪些问题对对方较为次要或无所谓,谈判中如何依序提出问题,等等,均给予通盘考虑。对关键问题的让步,宜在对方一再请求和说服之下,以忍痛合作的姿态做出小幅度让步,使对方感觉来之不易,才会珍惜其让步。

(4)清晰原则

谈判中让步的规范、让步的详细内容及施行细节该当精确清楚明了,防止由于退让而招致新的问题和矛盾。让步的规范不明白,会使对方觉得本人的希冀与你的退让意图错位,甚至觉得你没有在关键问题上让步而是模糊其辞;让步内容不明晰,也会带来问题,所以在会谈中你所作的每一次让步必须是对方所能明白感触到的。

(5)回报原则

每次让步或是以己方让步换取对方在其他方面相应的让步或优惠,或是以牺牲眼前利益换取长远利益。不要免费让步,每次让步都需要对方用一定的条件交换。"交换"让步不能停留在愿望上,要保证"交换"的实现。一方在让步后,应等待和争取对方让步,在对方让步前,一般不要再让步。

灵活运用谈判中让步的章法与技巧

谈判的本质是交换,谈判者不仅仅是要得到自己想要的,还需要摸清对方心理,适度让出对方想得到的,因此谈判时经常发生让步。但让步需要灵活运用其中的章法与技巧,不然难以达到预想的让步效果,还可能会被对方击穿谈判前设定的标准和底线。

下面以销售谈判中的价格让步为例,来说明如何让步可以取得良好效果。

(1)第一次让步不能一次到位

有的人不懂人的心理,在第一次让步时就给对方最优惠的价格,希望能

谈判心理学

够尽早成交,并信誓旦旦地说:"这个最低价,够便宜的吧!"这种做法往往导致后面的价格谈判陷入僵局,因为价格已是最低底线,在价格上无法让步。要知道,在谈判的初始阶段,对方是不会相信你的最低报价的。这样一来,你后悔也来不及了。这时你只能像鹦鹉学舌一样翻来覆去地说:"这已是最低价格了,请相信我吧!"此时若想谈成,只能把价格往下压。

(2)让价要分阶段进行

报价之后,谈判对手一般都会讨价还价。有的人故意用夸大其词甚至威胁的口气吓唬你。比如,他说:"价格贵得过分了,没有必要再谈下去了。"这时你千万不要上当,一下子把价格压得太低。让价要分阶段一步一步地进行,不能一下子降得太多,而且每降一次要装出一副一筹莫展、束手无策的无奈模样,故意花上几十秒钟时间苦思冥想一番之后,咬牙作出决定:"你可真厉害呀!实在没办法,那就……"比原来的报价稍微低一点,切忌降得太猛了。当然对方往往仍不会就此罢休,不过,你可要稳住阵脚,并装作郑重其事、很严肃的样子宣布:"再降无论如何也不成了。"

在这种情况下,对方可能会觉得这是最低限度,有可能就此达成协议。也有的人还会再压一次,尽管幅度不是很大:"如果这个价我就买了,否则咱们拜拜。"这时可用手往桌子一拍,"豁出去了!就这么着吧",立刻把价格敲定。

(3)每次让价的幅度要递减

许多人习惯于先让出一小部分,观察对方的反应后再做出大一些的让价。比如在初期先让出5元,并告诉对方这是最后的底限,如此小的幅度对方通常不会同意,要求你再次让步,于是你分两步让出了10元和15元,但仍然被对方无情地拒绝了,为了避免谈价破裂和得到成交,你只能把最后的20元全部让给了对方。在你让出所有的谈判幅度后,你会如愿的拿到成交吗?其实很难,道理很简单:在你每一次让步后,对方所得到的越来越多,你在不经意间使对方形成了一种期待心理,即使你让出再多,对方也很难满足。

还有的人习惯于每次以相同的数量让价,比如每次降价10元。表面上看这是一种四平八稳的让步方式,谈价破裂的风险也较低。实际上,这种形式是不可取的。对方虽然不知道你究竟能让多少,但却了解每次10元的让步规律,在你最后一次让步后对方还会期待下一个10元。

以上两种降价方式都会使对方产生更多的心理期待，正确的方式是：让价的幅度从大到小，逐步缩小让步的幅度，让对方认为价格已触及底限，不可能再有任何让步了。比如，先让价20元，再让10元，最后让5元。这种趋势是给对方接近底线的信号，暗示对方已经没有让步的空间了，引导对方相信这是你能承受的最低价格。

（4）避免做出单方面的让步

前面我们已经说过，谈判要互利互惠，如果自己先让步，一定要对方给予回报，避免做出单方面的让步。有的人会贬低或忽视你的让步，而自己则寸步不让。这时，应该向对方强调你的让步，让其意识到你的让步对你来说代价高昂，并清楚地将你的让步和对方的行动联系起来。换句话说，你可以将你的让步变成相互交换的形式，让对方知道他也需要做出让步。

（5）记住让步的次数和程度

要时刻牢记己方让步的次数和程度，切忌太快或过多的让步。在重要的问题上，先让步的人，让步快的人，总是失败者；须知，一次作较大的让步和让步次数频繁的人，通常会后悔不已。谈判中让步的次数，一般不要超过3次，否则就会让别人觉得你还能再让步。人们经常说事不过三，这是有其道理的。

（6）适时退中有进

有时，可以使用一种退中有进的让步策略，巧妙地操纵对方的心理。比如，第一轮先作出一个很大的让步，第二轮让步已经到了极限，但在第三轮却安排小小的回升（对方一般情况下当然不会接受），然后在第四轮里再假装被迫作出让步，一升一降，实际让步总幅度未发生变化，却使对方得到一种心理上的满足。

（7）在小事上慷慨一些

在讨价还价过程中，一般双方都是要作出一定让步的。就常理而言，虽然每一个人都愿意在讨价还价中得到好处，但贪得无厌的人毕竟是少数，多数人只是要得到一点点好处，就会感到满足。正是基于这种心理，在议价中要在小事上做出十分慷慨的样子，使对方感到已得到优惠或让步。比如，免费向顾客提供一些廉价的、微不足道的小零件。

以退让的姿态作为进攻的阶梯

疾风知劲草，人须有傲骨，面对险恶的局势，人应当有一种宁为玉碎、不为瓦全的精神。这种不达目的誓不罢休的"视死如归"的精神，我们自应提倡。但是，客观世界是复杂多变的，就某个具体的事情来说，也有其"时"、"势"的问题，在某些特定的时间里、环境下，采取以退为进的方法，也是一种积极的策略。

毛泽东在《中国革命战争的战略问题》中说："及时退却，使自己完全立于主动地位……战略退却的全部作用在于转入反攻，战略退却仅是战略防御的第一阶段，全战略的决定关键在于随之而来的反攻阶段能不能取胜。"

作为一种谋略和技巧，以退为进不仅广泛地被运用于军事领域，而且也广泛地运用于竞争与合作相统一的谈判领域。

谈判中，有时可以做出退让的姿态，由于在形式上采取了退让，使对方能从己方的退让中得到心理满足，不仅思想上会放松戒备，而且作为回报，对方也会满足己方的某些要求，而这些要求正是己方的真实目的。谈判中的以退为进策略表现为先让一步，顺从对方，然后争取主动、反守为攻。

富兰克林曾经用以退为进的心理策略使宪法会议产生分歧的双方达成了一致意见。

一次，费城举行宪法会议，会议中分为赞成派和反对派，讨论相当激烈。由于出席者有着人种、宗教等方面的差异，利害关系各异，会议充满了火药味和互不信任的气氛。出席者的言词都非常尖锐，甚至还有人身攻击，谈判即将破裂。

这时，持赞成意见的富兰克林站了出来，他不慌不忙地对人们说："事实上，我对这个宪法也并非完全赞成。"

此话一出，会议纷乱的情形立刻平息，反对派人士纷纷向富兰克林投去了满意的眼光。富兰克林稍微停顿了一会儿，继续说道："对这个宪法，我并没有信心，出席本会议的各位代表，也许对于细则还有些异议，不瞒各位，

第十一章 知进也要知退：为进一尺，何妨先退一寸

我此时也和你们一样，对这个宪法是否正确抱有怀疑的态度，我就是在这种心境下签署宪法的……"

经他这么一说，反对派激动的态度终于平静下来了，他们决定让时间来验证它的正确与否，美国的宪法就这样顺利通过了。

主动退让有时是最好的进攻。谈判时，如果一味地向对方强调积极的一面，不停地讲好的一面，可能会让人觉得不可信，这时如果绕开对方的正面防卫心理，采取以退为进的方法，可以取得对方的信任。富兰克林就是利用了这个心理技巧，先说了一些对自己不利的话，反而使对方产生了信任感，从而顺势达到了自己的目的，把握了谈判的主动权。

谈判要想取得成功，就要视野开阔，不但了解自我，而且还得深知他人的心理。谈判之前，先要对具体情况有一个充分的了解，这是以退为进的前提，然后趁机采取有利于自己的步骤，胜利的天平就会向你倾斜，从而使棘手问题得到解决。

 善于用"不"字暗中进攻和争取

每个人都有说"不"的权利，说"不"，不管出于什么原因都是无可厚非的，不要勉强自己硬撑着，放弃这个权利。有的人认为"客户永远是对的"，因而对他们的要求不敢说半个"不"字。可是对于你的让步和"客气"，有时别人并不会心存感激，反而会得寸进尺，最后，你会举步维艰。

当然，在谈判中，利益冲突总是居多，你必须考虑到你的"不"给谈判带来的不利影响。如果因为一个"不"字就让谈判"卡壳"那就不好了。"不"字因其干脆利落，确实让满怀期待的一方难以接受，也因此很容易让谈判陷入僵局，不利于谈判顺利进行。其实，你没有必要斩钉截铁地说出"不"字，不妨尝试一下沉默、回避、拖延等手段，"无可奉告"是一个很管用的词，"心有余而力不足"更是客气，"事实会证明的"也很委婉，还可以岔开话题，甚至可以撒出个无伤大雅的小谎："我只是替人卖力，做不了这个主，等我回去请示一下再说，可以吗？"

有技巧地说"不",不仅不会刺伤对方,还会有助于谈判成功。掌握说"不"的时机,最重要的是你要确定你的拒绝能让你处于主动的优势。

有一位商人手头有一幢大楼要出租,这消息一传出,立即引起了两家实力雄厚的大公司浓厚的兴趣。大家都想租到地段良好、环境优美、装修考究的大楼。

两家公司的负责人事先都给这位商人打了招呼,而且甲公司愿意租下全部的12层,价格要比乙公司高出1/4多。商人想了想,对他的助理说:"帮我打电话告诉甲公司和乙公司,就说我们只能下次合作了……"

助理好奇地问:"你为什么不把楼房租给甲公司呢?还有谁会出这么高的价钱呢?"

商人诡秘地一笑,说:"你只管照我的话做就是了!"

两位负责人强烈要求面见商人,三个人在屋子里闷坐了几个小时,最后两位负责人相互妥协,达成一致,他们各自以甲公司原来的价格租下房子的一半。商人一下子净赚了几倍。

助理惊叹不已:"我的天啊!您是怎么说服这两个人的!他们的出价竟然还是原来的高价,却只租到一半的房子!太不可思议了!"

商人笑笑说:"我什么都没有做,我只是告诉他们:'不,我不能把房子租给你们中的任何一个,这让我为难!'剩下的就是他们在帮我谈判!"

故事中的这位商人之所以成功,就在于他的"不"字为他形成了卖方市场,两个买方竞争、价格势必上涨,再加上"折中调停",他自然能一笔生意赚两笔钱。在时机不当的时候说"不",就等于自我放弃还有转机的生意;在恰当的时候说"不"也不是鼓励你和对手辩论,较劲;有技巧地说"不",看似妥协和放弃,实际上是变相的进攻和争取。

第十一章　知进也要知退：为进一尺，何妨先退一寸

主动示弱，用感情打动对方的心

在一般的谈判中，我们可以通过己方的让步去换取对方的让步，从而达到我们谈判的主要目标；但是，在有的谈判中，己方处于弱势地位，根本没有与对方讲条件的证据或资格，让步与否也不会影响对方。在这种情况下，不妨主动示弱，用感情因素打动对方，以实现谈判目标。

亚里士多德曾说过："说服是通过使听众动感情而产生效果的，因为我们是在痛苦和欢迎，爱和恨的波动中作出不同的决定的。"心理学研究表明，当一个人处于愧疚、自责、害怕、焦虑、同情等情绪中时，较易接受劝说信息。

林肯早年曾做过律师。一天，一位老妇人向正在律师事务所办公的林肯律师哭诉她的不幸遭遇；原来，她是位孤寡老人，丈夫在独立战争中为国捐躯，她靠抚恤金维持生活。前不久，出纳员勒索她的抚恤金，要她交一笔手续费才可领取抚恤金，而这笔手续费是抚恤金的一半。林肯听后十分气愤，决定免费为老妇人打官司。

法庭开庭。由于出纳员原来是口头勒索的，没有留下任何凭据，因而指责原告无中生有，形势对林肯极为不利。但他十分沉着、坚定，他眼含着泪花在法庭上回顾了英帝国主义对殖民地人民的压迫，爱国志士如何奋起反抗，如何忍饥挨饿地在冰雪中战斗，为了美国的独立而抛头颅、洒热血的历史。最后，他说："现在，一切都成为过去。1776年的英雄，早已长眠地下，可是他们那衰老而又可怜的夫人，就在我们面前，要求申诉。这位老妇人从前也是位美丽的少女，曾与丈夫有过幸福的生活。可是，现在她已失去了一切，变得贫困无靠。然而，享受着烈士们争取来自由幸福的某些人，还要勒索她那一点微不足道的抚恤金，有良心吗？她无依无靠，不得不向我们请求保护时，试问，我们能熟视无睹吗？"

法庭里充满哭泣声，法官的眼圈也发红了，被告的良心也被唤醒，再也不矢口否认了。法庭最后通过了保护烈士遗孀不受勒索的判决。

谈判心理学

没有证据的官司很难打赢,然而林肯成功了。这应归功于他的情绪感染,驾驭了听众及被告的心理,达到了理智与情绪的有机统一,收到征服人心的谈判效果。

人皆有同情弱者之心,也都有在竞争中忽视弱者的潜意识。显示出自己弱于对方的一面,以弱赚取同情,能有效地避免对方的戒备和争斗,在有些时候也能达到征服人的目的。

在松下电器公司还是一家乡下小工厂时,作为公司老板的松下幸之助总是亲自出马推销产品。松下幸之助在碰到杀价高手时,他就说:"我的工厂是家小厂。炎炎夏天,工人在炽热的铁板上加工制作产品。大家汗流浃背,却努力工作,好不容易制造出了产品,依照正常利润的计算方法,应当是每件××元承购。"

对方一直盯着他的脸,听他叙述,听完之后,展颜一笑说:"哎呀,我可服你了,卖方在讨价还价的时候,总会说出种种不同的话,但是你说得很不一样,句句都在情理之上。好吧,我就照你说的买下来好啦。"

要引起对方的同情,必须在人之常情上下功夫,必须把自己所面临的困难说得在情在理,令人痛惜惋惜和可悲可惜。所以,越是哪一点给自己带来遗憾的地方和痛苦的地方,则越是大加渲染,这样,对方才愿意以拯救苦难的姿态伸出手来帮助你,让你终生对他感恩戴德。因为大凡能激发人的公正之心、慈悲之心和仁爱之心的事情,都能引起人们的同情和帮助,使人在帮助之后产生一种伟大的济世之感。

所以,如果你在谈判时没有证据或资格与对方交换条件,想要通过对方的帮助来达到什么目的,不妨激发对方的同情心,如能使用得当,可以取得意想不到的效果。

第十二章

给人说话机会：
在倾听中洞悉对方的底牌

提起谈判，人们首先想到的是"谈"，是多说，其实谈判中掌握主动权的未必就是滔滔不绝的人。正所谓"会说的不如会听的"，让对方多说，不仅能满足对方被倾听的心理需求，而且对方说的越多，你获得的信息越多，对方的底牌就越容易暴露。

谈判时说得越多，越容易出错

不少人以为，谈判中要多说话，才能把意见讲清楚，更充分地反驳对方，更好地显示己方的立场与实力。其实这是一种误区。所谓"大巧若拙，大辩若讷"，那些看起来好像言语迟钝，却是真正有智慧、会谈判的人。

《墨子闲话》中曾记下这样一个故事：

子禽有一次问他的老师墨子："多言有好处吗？"

墨子回答说："青蛙日夜都在鸣叫，弄得口干舌燥，却不为人们所爱听。而晨鸡黎明按时啼，天下不都被叫醒了！多言有什么好处？要说的是时候才行。"

任何一个人都不愿意被强迫着做事或者接受别人的意见。有时候把话语权交给对方，反而能获得想要的结果。

美国有家大汽车厂曾安排订购一年中生产所需要用的坐垫布。这是一笔数目可观的生意，价值达160万美元。不少生产坐垫布的厂家都在力争拿到这笔订单，但只有其中的三个厂家可能性最大。这三个厂家都已将自己的样品提供给了汽车厂。汽车厂检验过这些样品后非常满意，只需再了解一些有关细节，就可以决定把订单交给某个厂家。于是，汽车厂给这三个厂家发出通知，约定在某一天，由各厂家派代表来做申请合同的面谈。各厂家都明白这次会议对于能否拿到订单的重要性，因此都做了充分准备。其中一个厂家，为了在会上夺标，安排了特殊对策。他们选派的代表培森先生举止文雅，气度不凡。

约定面谈的那天到了，三个厂家的代表都准时到达汽车厂。他们被引进洽谈室，与该厂的总经理、采购经理、行销主任等人面谈。在会上，另外两家的代表为了给汽车厂一种先入为主的印象，抢先发言，努力陈述他们产品的优点何在，以及各种生产服务的特点。与会者们听得点头称是，但默默无言。

轮到培森先生发言了，但他前一天突然患上严重的喉炎，几乎不能说话。

第十二章　给人说话机会：在倾听中洞悉对方的底牌

他站起来，向大家致意，但没说一句话，然后坐下来在纸上写道："诸位，实在对不起，我突然得了喉炎，说话不方便，恐怕影响大家的情绪。我已经准备好了贵厂所需要的有关我们厂情况的材料。如哪位能替我介绍一下，我将不胜感谢。"写完把纸条交给了总经理。

总经理看过纸条后，又把它向与会者读了一遍，然后说："那就让我替你介绍吧。"总经理边看材料边介绍培森厂家的产品和有关其他情况，还不时地称赞它们所具有的优点和特色。这种做法逐渐使在座其他人活跃和讨论起来，那位总经理在讨论中一直在替培森的厂家说话，而培森先生只限于谦虚地点头微笑和做一些必要的手势。

这次特殊谈判的结果是培森所在的厂家拿到了订货合同。

培森代表的公司这次取胜，与他们厂产品质高价廉有关，但总经理替培森发言起了重要作用，因为总经理在替培森发言的时候，也就详细地了解了培森厂的产品，在心理上还产生了把培森的厂家与汽车厂划为一家的效果。

在谈判中，有些时候确实是沉默胜于雄辩。在说话时机未到的时候，让对方说，而自己恰到好处地保持沉默，会收到"此时无声胜有声"的效果。

大部分人，要使别人认同自己时，总是说得过多。其实这样往往得不偿失。现代心理学研究认为，不少场合，多数交谈的毛病不是出于那些讲话太少的人，而是那些讲话太多的人。凡是让人厌烦的人几乎都是喋喋不休，从来不肯闭嘴的人。

少说话的人有更多的时间静静思考，因此说出来的话更为精彩。我们应该少说话，尤其是当有比自己更有经验或者更了解情况的人在座时，如果多说了，就等于自暴其短，同时也失去了一个获得知识和经验的机会。

某位职业经理人被一家大公司聘用担任销售经理。但是，他对公司具体的推销品牌和推销业务却基本上是一窍不通。当推销人员到他那里去汇报工作并征求建议时，他什么答复都无法提供，因为他自己一无所知！然而，这个人的确是一个懂得如何倾听的高手。当手下的推销员问他什么问题，他都会回答："你自己认为你应该怎么做呢？"那些人自然就会说出他们的想法

谈判心理学

和解决方案，他接着就点头表示同意，然后他们就满意地离开了。他们都认为他是一个优秀的销售经理。

可见，无论是正式谈判还是和人讨论问题，说话少有时候比说话多更有效，它能起到滔滔不绝完全达不到的效果。

越让对方多说，你越能抓住他的心

在谈判的过程中，掌握主动权的一定就是能说的人吗？不一定。从心理学角度来看，每个人最关心的都是自己，与你谈判的人，对他自己、他的需要、他的问题，比对你及你的问题要感兴趣千倍。能够把握谈判双方之间主要方向的人往往是懂得倾听的人。

受柯立芝总统之命，天才型外交家莫络出任美国首任驻墨西哥公使。这是一个很困难的差事，美国名人巴尔顿就曾说过，在那个年代，"墨西哥是美国心中永远的痛"，到那里去做公使是很麻烦的。

所以，当莫络第一次晋见墨西哥总统卡尔士的时候，也就是最能考验他的时候了，他能够得到墨西哥总统的好印象吗？他能够使自己及其代表的美国得到尊敬吗？这全要看莫络用的策略了。巴尔顿说："第二天卡尔士总统对一位朋友说，这个美国公使真是一个很好的人。"究竟这位初任公使的莫络对卡尔士总统说了些什么话呢？他的策略究竟如何？

巴尔顿后来告诉人们说："莫络绝口不提那些公事，他只是称赞厨子，说他会做鲜美的面包和可口的好汤；并且请总统多讲一些墨西哥的情形给他听；当然还有总统所想做的是哪些事？他对于将来的局势意见怎样等等。"

莫络运用了我们人人都能运用但却常常忽视的谈判妙法——让别人说话。他鼓励卡尔士表示他自己的意见，他很注意地倾听，从这种态度中，无形地就显示出他对他人的"兴趣"的尊敬，而抓住了对方的心。

大家知道，"我"是人们使用频率最高的一个字，每个人最关心的都是自己，

第十二章　给人说话机会：在倾听中洞悉对方的底牌

所以如果你能鼓励别人多谈谈自己，而你则做一个倾听者，那么你一定会成为一个谈判高手。

卡夫卡是美国自然食品公司的"推销冠军"。一天，他还是和往常一样，把芦荟精的功能、效用告诉顾客，女主人并没有表示出多大的兴趣。

卡夫卡立刻闭上嘴巴，开动脑筋，并细心观察。突然，他看到阳台上摆放着一盆美丽的盆栽，便说："好漂亮的盆栽啊！平常似乎很难见到。"

"您说得没错，这是很罕见的品种。它是属于兰花的一种。它真的很美，美在那种优雅的风情。"

"确实如此。但是，它应该不便宜吧？"

"这个宝贝很昂贵的，一盆就要花 1000 美金。"

"什么？我的天哪，1000 美元？那每天都要给它浇水吗？"

"是的，每天都要很细心地养育它……"

女主人开始向卡夫卡倾囊相授所有与兰花有关的学问，而他也聚精会神地听着。

最后，这位女主人爽快地打开钱包，并从卡夫卡手中接过了芦荟精，并说道："就算是我的先生，也不会听我嘀嘀咕咕讲这么多的，而你却愿意听我说了这么久，甚至还能够理解我的这番话，真的是太谢谢您了。希望改天您再来听我谈兰花，好吗？"

显然，你越让对方说得多，越能抓住谈判对象的心。正如维克多·金姆在《大胆下注》中所说的："你应该少说为妙。我确信，如果你说得愈少，而对方说得愈多，那么你在谈判中，就愈容易成功。"

倾听无形中起到了褒奖对方的作用，认真地倾听对方的谈话，是尊重对方的表现，能够耐心地听说话者诉说，在无形之中，说话者的自尊便得到了满足。于是，说话者对听话者就会产生一个感情上的飞跃，认为"听话"者能够理解自己，并欣慰于自己终于找到了一个可以倾诉的机会。如此，彼此合作就不是什么大问题了。

# 谈判心理学

☕ 有效倾听必须要把握情感要领

倾听往往被认为是"听见",这是一种误解,会导致"有效的倾听是一种与生俱来的本能"的错误看法。事实上,如果说谈判是一门艺术的话,那么倾听就是艺术中的艺术。它并不是自己不说话,或者嗯嗯啊啊就可以了,如果不能把握情感要领,不仅得不到应有的效果,还可能遭人反感。

乔·吉拉德被誉为世界最伟大的推销员,回忆往事时,他常念叨如下一则令其终身难忘的故事。

有一天,他花了近一个小时才让客户下定决心买车,然后,他所要做的仅仅是让客户走进自己的办公室,然后把合约签好。

当他们向乔·吉拉德的办公室走去时,那位客户开始向乔提起了他的儿子。"乔,"客户十分自豪地说,"我儿子考进了普林斯顿大学,我儿子要当医生了。"

"那真是太棒了。"乔回答。

俩人继续向前走时,乔却看着其他客户。

"乔,我的孩子很聪明吧,当他还是婴儿的时候,我就发现他非常的聪明了。"

"成绩肯定很不错吧?"乔应付着,眼睛在四处看着。

"是的,在他们班,他是最棒的。"

"那他高中毕业后打算做什么呢?"乔心不在焉。

"乔,我刚才告诉过你的呀,他要到大学去学医,将来做一名医生。"

"噢,那太好了。"乔说。

那位客户看了看乔,感觉到乔太没有听自己所说的话了,于是,他说了一句"我该走了",便走出了车行。乔·吉拉德呆呆地站在那里。

下班后,乔回到家回想今天一整天的工作,还是没明白这次谈判失败的原因。次日上午,乔一到办公室,就给昨天那位客户打了一个电话,诚恳地询问道:"我是乔·吉拉德,我希望您能来一趟,我想我有一辆好车可以推

第十二章 给人说话机会：在倾听中洞悉对方的底牌

荐给您。"

"哦，世界上最伟大的推销员先生，"客户说，"我想让你知道的是，我已经从别人那里买到了车啦。"

"是吗？"

"是的，我从那个欣赏我的推销员那里买到的。乔，当我提到我对我儿子是多么的骄傲时，他是多么认真地听。"客户沉默了一会儿，接着说，"你知道吗？乔，你并没有听我说话，对你来说我儿子当不当得成医生并不重要。你真是个笨蛋！当别人跟你讲他的喜恶时，你应该听着，而且必须聚精会神地听。"

刹那间，乔·吉拉德明白昨天的销售谈判为什么失败了。原来，自己犯了如此大的错误。从此以后，乔·吉拉德再也没有在客户讲话时分心。而他每一次进行销售谈判时，都会问问他们，问他们家里人怎么样了，做什么的，有什么兴趣爱好，等等。然后，乔便开始认真地倾听他们讲的每一句话。

乔·吉拉德的经历很值得我们反省。有效倾听，不仅要用耳，而且要用心，不仅是对声音的吸收，更是对意义的理解。

北京大学心理治疗课程的徐浩渊博士认为，听不是被动地接受，而是一种主动行为。她说，倾听者不是机械地"竖起耳朵"，在听的过程中他的脑子要在不断地转，不但要跟上倾诉者的故事，还要跟得上对方的情感深度，在适当的时机，同情、提问、解释，使得会谈能够步步深入下去。

那么，我们在倾听时怎样才能把握情感要领呢？总结起来，需要注意以下几点：

（1）真心愿意听，并集中注意力

如果你不真心愿意听却勉强去听，或装着倾听，则你可能会不自觉地开小差，说话人会对你的粗心产生很大的不满。我们设身处地想想，对一个漠视我们谈话只勉强应付的人，你的感觉是什么？

如果你没有时间，或因别的原因不想倾听某人谈话时，最好是客气地提出来："对不起，我很想听你说，但我今天还有两件事必须完成。"

谈判心理学

（2）要有耐心

要等待或鼓励对方把话说完，这是尊重对方的体现，也是听懂全部意思的前提。

有些人语言表达可能会有些零散或混乱，但如你有足够的耐心，多数情况下是可以把事情说清楚的。如果听到你不能接受的观点，甚至有伤你的某些感情的话，你也得耐心听完。你不一定要同意对方的观点，但可表示理解。一定要想办法让说话人把话说完，否则你无法达到倾听的目的。

（3）看着对方说话

脸向着说话者，眼睛看着说话人的眼睛或手势，以理解说话人的身体辅助语言。不要在对方说话时东张西望，或是看地板，或是望窗外。如果你的眼睛转来转去，你的心思也会是这样的。

（4）适时进行鼓励和表示理解

倾听一般以安静认真听为主，好让别人知道，你在认真地听，并且听懂了。如果意思没听懂，你可以要求说话人重复一遍，或解释一下，这样说话人就能顺利地把话说下去。

（5）适时作出反馈

对方的话告一段落你可以作出一个听懂对方话的反馈。准确的反馈对说话人会有极大的鼓舞。因此，我们要善于通过体态语言，或其他方式给予必要的反馈，做一个积极的"倾听者"。例如：赞成对方说话时，可以轻轻的点一下你的头；对他所说的话感兴趣时，展露一下你的笑容；用"嗯""哦""这样啊"等表示自己确实在听和鼓励对方说下去，等等。

（6）提出问题

凭着你所提出的问题，让对方知道，你是仔细地在听他说话的。而且通过提问，可使谈话更深入的进行下去。如："后来呢？"，"造成这种现象的原因是什么呢？"，"为什么要这样做？"

（7）巧妙的表达意见

不要表示出或坚持明显与对方不合的意见，因为对方希望的是听的人"听"他说话，或希望听的人能设身处地的为他着想。你可配合对方的证据，提出你自己的意见，比如对方说完话时，你可以重复他说话的某个部分，或某个

观点，这不仅证明你在注意他所讲的话，而且可以陈述你的意见。如："正如你指出的意见一样，我认为"、"我完全赞成你的看法"等。

（8）要听出言外之意

一个聪明的倾听者，不能仅仅满足了表层的听知理解，而要从说话者的言语中听出话中之话，从其语情语势，身体的动作中演绎出隐含的信息，把握说话者的真实意图。

准确把握了以上倾听的情感要领，认真按照这些要求去做，你一定会成为一个成功的倾听者。

 谈判心理学

巧用沉默，使对手先亮出底牌

沉默是人们在交往中的一种隐藏了千言万语的无声状态，是个人思想与情绪的一种流露，是双方信息交流过程中的一种反馈状态，也可以认为是一种潜意识交流的状态。

沉默有时也是一种暗示性的表态，虽然没有任何的语言表态，但在特定的背景下，其实就是一种表态。如你提出一种意见或处理办法，正中对方下怀，但出于关系考虑，对方又不能明确表态，这时的沉默聪明人就能够意会神通，知道自己的建议得到了对方默认，其实就是同意、支持的表态。反之，你提出某种意见，对方不同意，但又不便直接驳回，或不宜解释理由，这时的沉默，则是否定，也是一种表态。

我们在许多情况下都会沉默：双方交谈时，一方"不同意"对方的意见，却又不想直接表达出来，常是沉默以对。尤其是在等级不同的人之间，地位低下者比如子女或者下属往往会以"不语应万语"来表达对自己受到不平等

第十二章 给人说话机会：在倾听中洞悉对方的底牌

待遇的困惑、茫然和内心的不满。

在谈判中，沉默所表达的意义更加丰富多彩，它既可以是无言的赞许，也可以是无声的抗议；既可以是欣然默认，也可以是保留己见；既可以是威严的震慑，也可以是心虚的流露；既可以是毫无主见、附和众议的表示，也可以是决心已定、不达目的绝不罢休的标志。

长时间的沉默会给人造成极大的心理压力。我们常常可以在影片中看到监狱中有一个叫做"禁闭室"的房子，用来惩罚不听话的犯人。房间不仅非常狭窄而且最重要的是那里既见不到阳光又没有人和你说话，你就这么静静的呆着，一呆两个星期或者更长。正常的人即使是在里面关上一天都感觉度日如年，因为人性是排斥黑暗和沉默的，沉默使人感到没有依靠，有的时候真的可以让人为之疯狂，所以人常常会沉不住气。

许多擅长于心理战的谈判高手经常会利用"缄默效应"来打击对手，达到目的。在谈判时，说得越少，就越能掩藏自己的真实意图，就越能控制别人。而说得太多，则很可能自掀底牌。

台湾有一个经营印刷业的老板，在经营了多年之后萌发了退休的念头。他原来从美国购进了一批印刷机器，经过几年使用后，扣除磨损费应该还有250万美元的价值。他在心中打定主意，在出售这批机器的时候，一定不能以低于这250万的价格出让。有一个买主在谈判的时候，针对这台机器各种问题滔滔不绝地讲了很多缺点和不足，这让印刷业的老板十分恼火。但是他在自己刚要发作的时候，突然想起自己250万元的底价于是又冷静了下来，一言不发，看着那个人继续滔滔不绝。结果到了最后，那人再没有说话的气力，突然蹦出一句："嘿，老兄，我看你这个机器我最多能够给你350万元，再多的话我们可真是不要了。"于是，这个老板很幸运的比计划多卖了整整100万美元。

话说的太多往往得不偿失。所谓"言多必失"，说得越多，就越容易产生错误。

一切伟大的人物都懂得沉默的价值。智者们都从沉默中得到了好处，只

谈判心理学

有他们才理解沉默的价值。

早在2000年前,西塞罗(古罗马著名政治家、演说家、雄辩家、法学家和哲学家)就说过:"雄辩之中有艺术,沉默之中也有。"中国古代纵横学创始人鬼谷子也说:"人言者动也,已默着静也,因其言,听其辞。"这是鬼谷子以静制动的观点。

古希腊有一句民谚说:"聪明的人,借助经验说话;而更聪明的人,根据经验不说话。"

沉默不仅能够迫使对方让步,还能最大限度掩饰自己的底牌。你没弄清对方的意图前不要轻易地表态。在正常的谈判中,对于同一个问题一般总会有两种解决方案,即你的方案和对方的方案,你的方案是已知的,如果你不清楚对方的方案,则在提出本方的报价后,务必要设法了解到对方的方案再表态。

当然,沉默不是简单地指一味地不说话,而是一种成竹在胸、沉着冷静的姿态,尤其在神态上表现出一种运筹帷幄、决胜千里的自信,以此来逼迫对方沉不住气,先亮出底牌。如果你神态沮丧,如霜打的茄子一般,只能是自讨苦吃了。

第十三章

用好提问艺术：
探知和引导对方的心理意图

在谈判中，发问扮演着十分重要的角色。无论有疑而问，还是无疑而问，或者明知故问，有效的发问不仅可了解对方的想法和意图，掌握更多的信息，而且还能为对方的思考提供既定的方向。因此，我们必须用好提问艺术，以取得满意的谈判结果。

不要只顾发表主张而不询问对方

许多人在进行谈判时，只顾着发表自己的主张，或回答对方的问题，而从不询问对方。其实，提问是摸清对方真实意图，掌握对方心理状态，表达自己意见观点，进而通过谈判解决问题的重要手段，要了解对方的想法和意图，掌握更多的信息，发问是非常重要的。

有的人不习惯问问题，而习惯于回答别人的问题。这种人在谈判中会是一种什么样的形象呢？只有在刑事审讯中作为罪犯才受到类似的"待遇"。谈判主要是双方通过言语进行心理上的较量，多提问，少回答才容易占据上风，占据主动。

在谈判过程中，提问对谈判的顺利进行是很有作用的。大致说来，有以下几点：

（1）获取信息

只有问得多，对方才会说得多，从他的嘴里传达出来的信息才会多，当你掌握了大量的有关信息后，谈判的成功几率才会更大。通过问话，可以让对方提供自己不了解的情况。例如："这个卖多少钱？""你们对这一点是怎么考虑的？"这类问话归结起来，有一典型的、常见的引导词，如"谁"、"什么"、"什么时候"、"怎么"、"多少"、"哪个方面"、"是不是"、"会不会"、"能不能"等等。通过这类问话，可以引起对方的注意，并为对方的思考提供既定的方向，进而从对方的话语中获得自己不了解的信息。

（2）传达信息和感受

有许多提问表面上看起来似乎是为了取得自己希望的信息或答案，但事实上，却同时把自己的感受或已知的信息传达给对方。例如："你真有把握保证质量符合标准吗？"这句问话像是要对方回答保证质量的依据，但同时也向对方传达了问话人担心质量有问题的信息，如果再加重语气，就说明你十分重视这一问题，这样的问题也给对方一定的压力。

（3）控制谈话

很多人在谈判时，对于谈判对象突然增多的一大串问题只有顺从地问一答一，结果对方获得了大量信息，而自己则得之寥寥，简而言之，就是自己失去了对谈话的控制；而本领高超的谈判人员则绝不会让对方用提问来控制谈判，当两位谈判高手面对面时，他们甚至就谁应该提问进行谈判。常听到会谈判的人这边说："我已经回答了你一个问题，现在你该回答我的了。"这样，他就又重新控制了谈话。

（4）表达不赞同

谈判总是含有不赞同。当面临观点或立场的不一致时，缺乏经验的谈判人可能会说："我不同意你的意见，因为它行不通。"这种陈述不仅会树立起一种对抗的阵势，而且会引发另外那个谈判人的提问："为什么？"那么这位缺乏经验的人现在就要被迫自我辩护了，同时他给了对方以揭示自己弱点的机会。形成对比的是，谈判高手更愿意用提问的方式来表达不赞成。比如："您的意见在实际操作中怎么执行呢？"如果他的意见是不可行的，那辩护起来自然很难，所以提问的谈判人现在处于主动地位了；而如果对方的意见可行，你也没有直接说行不通，自己则保全了面子。

（5）赢得思考时间

一心不能二用，我们说话时就不能同时进行充分的思考。谈判时如果对方问了你一个问题，回答它就要占去你大部分思绪和注意力，而当你集中大部分注意力回答问题时，你就不能对你的立场及下一步行动计划充分地思考。许多经验丰富的谈判高手都善于利用这一点为其所用，当他们处于压力之下，需要时间进行思考时，会故意浪费时间而又拿些不重要的问题让对方回答，而当对方回答他们时，他们甚至听都不听，而是用这段时间来计划下一步行动。

（6）避免误解

谈判双方都有可能误解对方的意思，而提问对于减少误会有很大的好处。通过提问，可以十分清楚地知道对方是否完全理解自己的意思，而利用反馈提问，又可以确认自己是不是听错了对方的意思，以保证彼此之间进行顺畅的沟通。

（7）推动谈判继续

当出现冷场或僵局时，可运用提问打破沉默，如"我们换个话题好吗？"当你觉得对方的话还没有说完，或有些问题你还不清楚时，也可以提问的形式让对方继续讲下去，如"你说完了吗？""还有什么想法？"等等，进而了解更详细的情况。

（8）做谈判结论

借着提问可以使话题归于结论。如："该是决定的时候吧？""这的确是应该采取行动了，对不对？"

总之，提问的作用是很多的，在谈判中恰当提问，有利于驾驭谈判进程。研究表明，精明的谈判者比一般水平的谈判者提出的问题要多出两倍多。因此，我们在谈判中要多提问、善提问。

灵活掌握提问的类型和用法

既然提问对谈判的作用如此之大，那么我们如何运用提问促进谈判的成功呢？这就需要掌握提问的类型和其运用方法。

（1）封闭式提问

封闭式的提问是可以用"是"或者"不是"，"有"或者"没有"，"对"或者"不对"等简单词语来作答的提问。这类提问通常旨在缩小讨论范围，获得特定信息，澄清事实，或使会谈集中于某个特定问题。其特点是将对方可能的回答都包括在问题之中，易于回答，节省时间，但难以得到问句以外更多的信息材料，且具有较强的暗示性，不利于真实情况的获得。在谈判中，封闭式提问是必要的，但不宜多用。因为它限制了对方自由表达，而且，一连串的封闭式提问会使对方变得被动、疑惑、沉默。

（2）澄清式提问

澄清式提问也属于封闭式提问，通常是针对已有回答或已经提供的信息重新措辞进行提问，以便确认提问者的理解与回答者的本意是否一致。例如："您刚才说对目前正在进行的这笔生意可以作取舍，这是不是说您拥有全权与我方进行谈判？"澄清式提问不仅能确保谈判双方在同一语言层面上沟通，而且可以从对方那里进一步得到澄清、确认的反馈。

（3）祈使式提问

祈使式提问虽然也可以用"是"或"否"作答，但实际上是用于引起对情感、想法或问题更详细的讨论的提问。这类问题通常以"你能……"、"你愿意……"等形式开头，如："你能谈谈你目前使用的产品的感受吗？"从表面上看，祈使问句是问对方是否愿意作答，但实际上，它能促使对方给出更详细的资料。

（4）开放式提问

开放式提问是指在广泛的领域内引出广泛答复的提问。这类提问包括"什么"、"怎么"、"为什么"、"能否"等词在内的语句发问，让对方对有关的问题、事件给予较为详细的解答。它可以引导当事人更多地讲出有关的情况、想法、情绪等。例如："请问您对我公司的印象如何？""您对当前市场销售状况有何看法？"由于开放式提问不限定答复的范围，所以答复者可以畅所欲言，提问者也可以得到更多的信息。但是，对这类问题的回答要求对方思路清晰，且要有一定的语言组织能力和表达能力，提问者也要花更多的时间和耐心。

（5）婉转式提问

婉转式提问是指在没有搞清对方虚实的情况下，采用婉转的语气或方法，在适宜的场所或时机向对方提问。这种提问，既可避免被对方拒绝而出现尴尬局面，又可以自然地探出对方的虚实，达到提问的目的。例如，一个男孩想让一个女孩做他女朋友，但他并不知道对方是否会接受，又不好直接问对方行不行，于是便试探地问对方，如果对方不答应，被拒绝也不会太难堪。

（6）探索式提问

探索式提问指为了了解对方的态度，要求引申或举例说明的一种提问。比如"您是怎么想的？"、"您是什么看法？"、"我们想增加一倍购货量，您能否在价格上更优惠些？"探索式提问方式容易被人接受，对方一般都能认真思考你提出的问题，告诉你一些有价值的信息。

（7）诱导式提问

诱导式提问不是为了从对方回答中获得答案，而是为了诱导对方接受自己的观点和意见。比如：销售员与潜在客户在电话中谈到约个时间面谈一下时，销售员如果问："你什么时间有空？"或"明天你有空吗？"这样提问效果并不好。比较有效的提问方式是："你这个星期有空？还是下个星期有空？"这就属于诱导式提问。

（8）协商式提问

协商式提问是指为使对方同意你的观点，采用商量的口吻向对方发出的提问。这种提问，语气平和，对方容易接受。而且即使对方没有接受你的条件，但是谈判的气氛仍能保持融洽，双方仍有继续合作的可能。例如："您看给我方的折扣定为百分之四是否妥当？"

无论采取何种发问形式，都应考虑四种因素：提什么问题；如何表述问题；何时进行发问；对方会产生什么反应。具体注意的事项有：

·要注意发问的时机。应该选择对方最适宜答复问题的时候才发问。

·把握发问的语速。太急速容易使对方认为你是不耐烦或持审问的态度；太缓慢的发问，容易使对方感到沉闷，无时间观念。

·事先应拟定发问的腹稿，以便提高发问的效能。

·对初次见面的谈判对手，在谈判刚开始时，应先取得同意后再问，这是一种礼节。

·由广泛的问题入手再转向专门性的询问，将有助于缩短沟通的时间。这样可以在对方回答广泛的问题时，注意其所提供的有关专门性问题的答案。

·所有的问句应有一中心议题，并且尽量根据前一个问题的答案构造问句。

·提出敏感性问题时，应该说明一下发问的理由，以示对人的尊重。

·杜绝使用威胁性的发问、讽刺性的发问，也应该避免盘问式的发问和审问式的发问。

通过一系列提问开发客户的需求

不少人认为，初次同客户见面的第一个10分钟里，一定要说个不停，才能使客户进入状态。其实，无论是正式谈判还是非正式谈判，提问都能很好地引起客户关注，获得客户的信息，特别是在销售的过程中，多提问可以开

第十三章　用好提问艺术：探知和引导对方的心理意图

发出客户的需求。

有时候，客户需求不明确，购买意愿不强，犹豫不决，"我只是想了解一下"，"我就看看"，"我就问问"……对待此类客户，如果立即就推销和报价，成功率不高。而如果使用一些心理技巧，通过一系列提问，则可以使对方的需求明确化，获得销售谈判的成功。

一个摄影器材店里来了一位年轻的先生，销售员前来接待。

卖家：先生您好！有什么可以帮您的吗？

顾客：我就来看看。

卖家：先生您是想看相机吗？

顾客：嗯，看看再说。

卖家：您买相机主要是自己用还是用于什么方面？

顾客：也说不好，我刚刚有了小孩，我老婆想为我们的小孩拍特写，让我来看看。

卖家：恭喜您当爸爸了哈，宝宝一定很可爱吧？那您太太对相机有什么要求吗？

顾客：我老婆要给小孩拍特写，拍很近距离的那种。

卖家：哦，那您原来有相机吗？一般用于什么呢？

顾客：有的，主要是旅游的时候用一下。

卖家：那也是可以用来给孩子拍照的呀，什么地方不满意呢？

顾客：主要是没法近距离摄影，也试过用手机拍，拍特写都很模糊。我老婆不满意。

卖家：卡片机和手机拍特写，由于焦距和成像的原因，图片会模糊，不显效果。您原来有用过能近距离拍照的相机吗？

顾客：我原先用过，就是朋友的一个尼康单反机。

卖家：那个相机使用起来感觉怎么样？

顾客：拍摄效果非常好，就是太沉了，太重！

卖家：相机太重了携带不方便，会不会错过给宝宝拍照的最佳时机？现在宝宝都是独生子女，在你们的精心呵护下，长得快，如果错过了拍摄他成

谈判心理学

长的美丽瞬间那是不是太可惜了？

顾客：是啊。我老婆就是打算给宝宝建成长相册，这些相片是要发给在国外的爷爷奶奶看的。我老婆说，如果没有合适的相机，就请专业影楼来拍了。

卖家：请影楼来拍也是一个方法，但您有没有核算过请影楼拍所花的代价成本？依据经验，几乎拍两三套相册所花的钱就可以买一个新相机了。况且宝宝的表情之美往往是需要作为父母的你们才能发现的，对吧？

顾客：对对对。

卖家：照这么说来，有一台轻便又能近距离拍照的相机，对您很重要？

顾客：嗯，可以这么说。但我并不知道市场上哪种相机好。你有什么好推荐吗？

从上例可以看到，顾客从刚进店的"我就来看看"，"我看看再说"，到最后的"你有什么好推荐吗"，顾客的需求已被开发出来，开发的方法就是销售员通过一系列的提问，掌握了对方的信息，尤其是对现状不满意的地方，引导了对方的思路，进而使顾客的需求明确化，并产生了比较强的改变现状的欲望。

第十三章　用好提问艺术：探知和引导对方的心理意图

☕ 多问为什么，直到对方说不出理由

谈判中充满着异议，如果没有异议，就没必要谈判了。而异议背后的原因通常很复杂而难以琢磨，在没有确认对方异议的真假前，如果直接回答对方的反对意见，往往可能会引出更多的异议。因此，积极地询问就显得尤为重要，切忌对自己的判断过于自信。

"为什么"是我们常用的一种提问方式，看似简单，其实也不简单。使用"为什么"的提问方式，在谈判时可以有助于我们了解对方产生异议的原因。因为，当问到为什么的时候，对方需要回答反对意见的理由，说出自己内心的想法，并且会不自觉地重新检视其反对意见是否妥当。这样一方面避免了虚假异议的产生，同时，也可以了解对方异议的根源在哪里，进而提出更好的解决方案。

"多问为什么"也是推销大师乔·库尔曼解决客户异议的常用方法。有一位来自佛罗里达州的机器推销员在听了库尔曼的演讲后说："昨天晚上我听完库尔曼先生的演讲后，心里一直在犯嘀咕，那管用吗？今天上午，一位顾客来店里问机器的价钱，我告诉他2700美元。他嫌贵，我问为什么说贵。他说恐怕本钱都赚不回。我又问他为什么这么认为，那些买了机器的人都说很划算，是很好的一笔投资。他说恐怕他还是负担不起。我又问为什么。之后，只要他有疑问，我就问为什么，尽量让他多说，直到他再也说不出理由来。最后，他买了那台机器。那是我做成的最快的一次推销。如果还是像过去一样，跟他喋喋不休地解说，生意肯定要泡汤。"

谈判中多问对方几个"为什么"，不仅可以了解到对方真实的用意和未透露过的信息，还可以促成沟通的双赢。当你面对回避和含糊不清的问题时，不妨多问对方几个"为什么"，往往能收获你所需要的信息。

如果对方刚表达了异议，你就妄加揣测，说出一大堆解决问题的办法，这些办法可能与对方的意见相左，还会向对方透露更多的信息。当对方掌握

了这些信息后，你就处于不利的位置。如果对方不愿意合作，他就能找出更多的拒绝理由；如果对方愿意合作，他就会拿这些信息做讨价还价的筹码。

而利用对方提出的异议，以询问原因的方式向对方提出问题，引导对方在回答问题的过程中不知不觉地回答了自己提出的异议，甚至否定自己。这是所有应对异议的方法中最高明的一招，与其自己来说，不如让对方说出他的看法，把攻守形势反转过来。

多问对方几个"为什么"的方法，还可以提升一下，用多种形式提问，以获得对方的真实想法。请看下面几段对话：

·顾客："你这个东西怎么像假货呀？"销售员："您能告诉我，这个产品哪一点像假的吗？"

·顾客："这衣服我不太满意。"销售员："那您觉得哪一方面您不太满意呢？是式样，还是颜色呢？"

·顾客："这东西太贵了！"销售员："您认为最合理的定价应该是多少？"

·顾客："这东西是挺好的，只是……"销售员："既然您承认这产品很好，为什么不想现在就买走呢？"

……

这些异议，在销售谈判时会经常遇到。当我们用恰当的询问，就会从对方的回答中获得越来越多的真实情况，找到异议背后隐藏的真正原因，对方提出的异议越是没有依据，就越难自圆其说。

当然，用提问的形式化解异议也有一定的局限性。有时，对方也不可能完全说清楚异议的真实根源，若一再追问，有可能引起反感。当对方本来就存在不少异议时，在追问下，可能又会引发新的异议，也会造成不利的局面。

因此，运用询问法化解异议时，应注意以下几个方面的问题：

（1）适可而止

询问时必须灵活善变，看准有利时机；另一方面，最好别刨根问底，要注意对方的表情与动作，如果对方很为难，或根本就说不清楚，就不要再追问了。这时，你的任务应是帮助对方认识问题，而不是为了驳倒对方。只要异议已不再阻碍谈判，就应该把异议忽略。

（2）注意礼貌

在询问时，应避免直接冒犯对方，要使人感受到你的真诚，感受到自己是被尊重的。发问时，注意提问的语气、姿势、手势，提出的问题要让对方乐于回答，而不是质问、诘难。

（3）循序渐进

提问时不要急于求成，应由浅入深，循序渐进地进行提问，引导对方说出真实的想法，让对方逐渐认识到之前的异议是不成立的，并且要让对方感到决定是他自己做出的，而不是因为别人的强迫或盲目听从了别人的意见做出的决定。

（4）避免跑题

在询问时，应直接针对有关的异议，而不能询问其他的无关问题，以免节外生枝，弄出更多的有关或无关异议，直接阻碍谈判进程。

谈判心理学

了解意图，巧妙应对谈判对手的提问

谈判中，不仅我们会问谈判对手问题，他们同样也会问我们各种各样的问题。很多时候，我们不知怎么回答才好。特别是面对客户的时候，如何回答就更重要了。但不管如何回答，我们首先要明白，在回答之前，你不要先说答案，而是要先了解对方的意图，只有清晰对方的目的动机，你才能对症下药。那么，在谈判中该如何应对对手的提问呢？

（1）有备而答

古人云："凡事预则立，不预则废。""以虞待不虞者胜。"谈判者答复对方，必须"有备"方能"无患"。在谈判前除了对谈判的中心议题、对方的矛盾焦点、我方的论据资料应力求了若指掌外，还应对对方的经营情况、贸易意图及需求、谈判成员的组成和对方有可能提出的问题及其策略作更多的了解和更全面透彻的分析。在谈判中，对对方提出的每个问题都必须站在谈判全局的利益高度上认真思考、冷静斟酌、谨慎从容地应付。要记住，每当对方提出问题，都必须想一想："他为什么问这个问题？"愈是在对方催逼自己作答的情况下，愈要沉着冷静、深思熟虑，要意识到，答复前作充分的思考不仅是谈判的需要，也是你的权利。尤其是碰到对手提出一些旁敲侧击、模棱两可的问题时，更需要冷静三思，辨其意旨，权衡利弊，明知作答，切不可掉以轻心，信口而答，以免上当。

（2）局部答复

前面我们提到过"探索式提问"，如果对方采用这种方法，而我方"和盘托出"地答复，常常会使自己陷入被动的不利局面。据此，我方可以只作局部的答复，留有余地，以使对方摸不到我方的底牌。比如对方提出："假如我们增加50%的订货量，在价格上能优惠多少？""假如我们与贵公司签订三年的合同，价格上能让多少折？""假如我们减少保证金，你方有何考虑？""假如我们自己提供工具或材料呢？""假如我们采取分期付款的方式呢？"这里每一个提问都是一颗探路的"石子"，它不但会使我们穷于应付而无法主动出击，而且会让对方探测到我方的虚实。因此，我方不应有问必答，而应有选择性地局部作答，对其他问题则可采取装聋作哑、听而不闻、不着边际等方式搪塞过去。

（3）含糊应答

含糊应答即借助一些宽泛模糊的语言，看似已作答，其实已留有余地，具有某种弹性，即使在意外情况下也无懈可击。当遇到一些比较棘手的问题，一时难以作确切回答，而如果拒不回答又会影响到谈判的合作气氛时，可以运用含糊其辞的应答法。含糊应答有三种方式，一是笼统式，通常是以大略的猜测、估计、指望与暗示等来代替明确的特指；二是抽象式，即答复时通过把话题不断抽象化，让对方乍听似乎引入了与自己所提问题关系密切而又十分重要的另一问题，而听下去才发现其实自己已被一大堆如烟雾般的抽象术语所包围，想理也理不清，只好带着迷迷糊糊的心理停止再催问；三是两可式，即运用模棱两可的语言，对对方的提问似乎有肯定因素的答复，却又仿佛有未被肯定的因素，从而无从准确地把握我方的答案。

（4）拖延回答

在谈判中如果对方所提的问题动机不明，或我方觉得"从实招来"于我方不利，而对方又频频催问，我方不便表示拒答，则可以施行"缓兵之计"，拖延回答。比如可以说："很抱歉，因为没估计到贵方会提到这个问题，我们所带资料不全，待我们回去找到资料即可答复你们。"当然，实施这种拖延策略后要酌情作出两种选择：一是先延后答，即对待应答之题，我们在做好相应地准备后，不妨作恰当的回答；二是延而不答，即对待经过考虑觉得没必要回答的，则来个"不了了之"，因为这类提问的用意双方心照不宣，延而不答并不是失礼的表现。

（5）答非所问

当谈判对手提出的问题我方不好回答，或作出回答会带来某些风险与不利，而对方又一再催逼我方作答时，如我方拒不回答，会被对方指责为缺少诚意；而勉强作答，说不定会落入对方陷阱。在这种情况下我们可采用"答非所问"的策略，即：以回答问题的语气开始表述，而其实是只点了题而未表态就从原题的侧面"滑"过，谈了与原题相关而实际是另一个问题的看法，

谈判心理学

从而有效地避开了对方正面的锋芒,使谈判继续进行下去;或者是在看似正面作答的语气中"偷梁换柱",另起炉灶,谈到了某件事的细节,再反过头征求对方的看法。

(6) 反客为主

当对方提出试探性的问题,试图摸索我方的底细时,我方为了不露底牌,想抑制对方的发问,甚至为了反过头探明对方的虚实,可以在接过问题后通过抓住关键的问题向对方反问,以反客为主,掌握主动。例如一个买主审阅了卖方一个报价单后说:"我看了你们的报价,在研究成交细节前,你能否更完整地解释一下,价格上涨了50%,是用什么方法计算出来的?"这是一个很难应付的试探,答不好,可能为买方压价提供了许多的攻击点,而这正是买方提问的动机所在。因此,卖方可以回答说:"物价上涨与成本提高的关系是不言而喻的。当然,如果你对这个提价的幅度感到不满意的话。我很乐意就你觉得不妥的某些具体问题予以澄清,请问什么方面使你觉得不妥?"

第十四章

提高说服效果：
先触动人心，再说服大脑

在这个充满谈判的世界里，你可以去说服别人，也可能为人所说服，你可以引导别人，也可能被别人引导。至于你要做哪一种人，往往就在于你有没有出色的说服能力。会谈判的人能拨动对方的心弦，使其动容、动心，从而使对方听命于自己。

与人说理，须使人心中点头

一位伟人曾说过："与人说理，须使人心中点头。"这话十分精辟。谈判中的说服，只有准确地揣摩出对方的心理，才能够打动人心。

一般而言，人的思维和行动都是由意识控制，不管他人和外界如何地建议或强迫，也不见得能使其改变想法。因此，想要在谈判中说服对方，必须意识到说服的主角不是自己而是对方。也就是说，说服的目的，是借对方之力为己服务，而非压倒对方，因此，一定要从内心深处征服对方。

"使人心中点头"的说服方法有很多，其中最基本、最有效的就是用事实说话。俗话说："事实胜于雄辩。"一个事实胜过千言万语。因此，在谈判的过程中，要注意运用事实作为论据，来论证自己的论点，这样逻辑就会严谨，理由就会充分，说服才会有力。

1946年到1947年间，周恩来曾作为中共全权代表与国民党代表就黄河花园口堵口和下游复堤问题进行了一系列谈判。抗战初期，蒋介石为阻止日军进犯，悍然下令在河南花园口溃决黄河大堤。抗战胜利后国共内战再起，蒋介石出于加害解放区人民和军队的目的，下令堵住花园口，让黄河回归故道。为延缓和阻止蒋介石堵住花园口，周恩来不仅详细掌握了黄河堵口问题的多种具体情况的准确数据，而且在1946年7月亲临花园口视察，获取了大量第一手材料，用以论证他"先复堤后堵口"观点。当时的黄河故道，经八年战乱和风雨侵蚀，早已沟壑纵横，堤坝残缺，如不修复下游堤坝，疏浚河道，悍然堵口，必然会形成一个新的黄泛区，直接危及六百万黄河故道人民。周恩来的观点有理有据，无可辩驳，因而得到进步舆论的广泛支持。

黄河下游复堤需要大量的工程款、工粮和迁移救济费，为争取这些经费，周恩来据理力争，反复要求国民党政府和联合国救济总署如期交付，履行应尽的责任。当时国民党当局的一个代表煞有介事地从所谓工程技术观点出发，说什么"假定"堵口后水并不大，"估计"下游损失并不重，则"无须救济"等，周恩来义正辞严地驳斥说:"人民所遭到的痛苦和损害,必须以科学方法去对待,经验估计和主观假定,皆不可作依据,怎么能把如此重大的问题的考虑,放在一个'假定'之上?!"说得对手哑口无言。

摆事实,讲道理,以理服人,不强加于人,是周恩来一贯的谈判风格,在国民外交中是如此,在国际外交中也是如此。在中缅谈判边界问题时,双方曾就民族问题的处理发生分歧,周恩来始终以事实为依据讲清道理,耐心协调双方的思路,促使对方进一步考虑。由于周恩来坚持以事论理,以理服人,所以他在谈判中的意见常常处于上风,而且使对手容易接受。

在谈判时,提出了自己的观点或反驳对方的观点,要想做到"有理有据,层层深入",那就要用事实说话。确切实在的事实论据,往往是最有力的证明材料。可是,如果论据使用不当,就会降低说服力,甚至不能证明论点。那么,如何选择、运用最恰当的事实论据呢?

(1)注意论据的典型性

事实论据包括各方面的事例、史实以及统计数据等,只有典型的、有代表性的论据才能有说服力。切忌以偏概全,顾此失彼。只选取身边琐事作为论据,如论述"近墨者黑"这个观点时,用"我邻友某某被客户欺骗……"这样的事例,往往缺乏说服力,论辩性不强。

(2)注意论据的确切性

一些谈判人员因为材料记忆不准确,又懒得再去核实,就凭着记忆乱说。没有事实根据可言的论据,别人一下子就能听出破绽。自然,论证的效果,也就不言而喻了。事实论据要让人相信,其材料必须准确真实,切忌张冠李戴甚至胡编乱造。

(3)注意论据的针对性

有的材料内涵丰富,运用时要仔细斟酌。同时,即使是同一个事件,其成因也是多方面的,如果把握不好其中诸多因素的细微差异,就会打"擦边球",造成论据与论点的脱节。因此,选择材料的主旨必须与论点吻合,才能起到证明论点的作用。

运用"权威效应"改变对方的态度

所谓"权威效应",就是指说话的人如果地位高,有威信,受人敬重,则所说的话容易引起别人的重视,并相信其正确性,即"人微言轻、人贵言重"。

"权威效应"的普遍存在,首先是由于人们有"安全心理",即人们一般总是认为权威人物往往是正确的楷模,服从他们会使自己具备安全感,增加不会出错的"保险系数";其次是由于人们有"赞许心理",即人们总是认为权威人物的要求往往和社会规范相一致,按照权威人物的要求去做,会得到各方面的赞许和奖励。因此,在这两种心理的共同作用下就诞生了权威效应。

心理学家曾做过这样的实验:

让一个人就青少年犯罪问题作了3次内容相同的演讲,但心理学家在3次情境中对于演讲者的身份作了不同的介绍。对第一次情境中的听众介绍说他是个法官,对第二次情境中的听众介绍说他是个默默无闻的门外汉,对第三次情境中的听众介绍说他是个名声不太好的人。多次的实验结果都证明,"法官"的演说使人觉得可信与可靠,而"名声不好的人"的演说起不到什么说服效果。这就是因为"权威效应"在作怪。

心理学研究表明,要想改变人们对某一个问题的看法,用一位在这个问题方面具有影响的专家所提供的信息更具可信性,随之也就更容易改变人们对这一问题的看法。因此,如果在谈判时带上专家,说服对方就会容易得多。

近代航海家麦哲伦带领自己的船队成功地完成了环绕地球一周的壮举,向世人证明了地球是圆的。他之所以能够取得成功,得益于西班牙国王卡洛尔罗斯的帮助。当时,自哥伦布航海成功以来,许多投机者或骗子为求得资助频频出入王宫,要求得到国王的资助进行新的航海探险。这使得争取到资助的难度增加了不少。为了成功地争取到资助,麦哲伦在与国王谈判时,特意邀请了在当时久负盛名的地理学家路易·帕雷伊洛一同前往。

进宫后,帕雷伊洛将地球仪摆在国王面前,历数麦哲伦航海的必要性及

第十四章 提高说服效果：先触动人心，再说服大脑

种种好处。国王看到帕雷伊洛都如此推崇麦哲伦的航海计划，于是他爽快地答应了资助这次航行，并向麦哲伦颁发了航海许可证。

可见，谈判的内容有时并不是那么重要，卡洛尔罗斯国王只是因为那是"专家的建议"，就认定帕雷伊洛的劝说是值得信赖的。正是"权威效应"成就了麦哲伦的环球航行的伟大成功。

当然，如果你本身就是专家，能让人感觉到你是权威，便不用另外请人，也能在谈判时顺利说服对方。

一个爱把玩古董的收藏者在一家古董店里看中了一个小鼎，心中欢喜得不得了。

"老板，这个多少钱？"收藏者一边把玩着，一边问店面的老板。

老板看到这位客户如此喜欢，于是便抬高了价钱："这可是难得一见的真品啊，只要10万块钱便可以拥有了。说不定再等几年，您再一转手，卖个几十万、几百万都不成问题。"

"哈哈……"收藏者笑了笑，接着说，"您看我像是不识货的人吗？"

"您这话说的……我就是看您识货，才给您说实话。不识货的，他只嫌贵，也不明白其中的历史价值，我都懒得搭理呢！"老板的反应也可谓是灵活。

"要说历史价值，它可没有。这个我想您清楚，因为它是个仿制品。"

"不会吧？您看这外表，像是能仿出来的吗？"

"您开这古董店有年头儿了吧？不会不知道如何鉴别吧？你看，从色泽上看虽然的确相似，但是细看这个着色的纹理，还有内壁……"收藏者就像老师给学生讲课一样，从做工的工序到时代的历史背景，一一揭开了这个"赝品"的假面具。

"经您这么一说，还确实是。我当时也想过这个问题，您倒是比我看得透彻啊，一看就是行家。"

"我可是玩了一辈子了，从小就跟着我爷爷玩古董。"

"得，我算是碰着高手了。我当时可是花了1000才淘回来的。"

"500块。即使是高仿品，这个价格也不低了。"没等老板把话说完，收

藏者便直接喊了价。

"这也太低了吧?"

"谁让它是赝品呢,如果是真品,别说10万,就是20万我也不惜舍财取爱。你就当作工艺品卖给我算了……"

"那就800块吧,我赔200块钱卖给你算了。"

"得,谁让我一眼就看上了呢,就当为你捞点成本吧。成交。"

其实,收藏者心里明白:这虽说的确是个赝品,但却是一件高端仿品,也称得上是古董、珍品。因为市面此类藏品很少,所以,它的价值是远远不止几千块。

收藏者因为是这方面的专家,古董鉴别的知识掌握得十分深厚,所以在谈判的过程中便占据了主攻地位,让古董店老板顿时没了气势,不敢再坚持高价。

如果请不到权威人物,自己也没有成长为权威怎么办呢?不妨借助于知名的专家、学者、英雄、模范、领袖人物,通过这些人物的言行来证明自己的观点,以达到说服的目的。

更易说动人心的12条说服技巧

对于如何说理才能起到良好的说服效果,心理学家和谈判专家们总结了许多秘诀,除了以上我们介绍的之外,还有一些是很值得借鉴的,总结起来,有下面12条:

(1)警句说服

在我们丰富多彩的语言交流中,经常可以接触到一些耐人寻味、发人深省的语言,我们通常称这类语言为格言、警句、箴言、锦语、谚语、俗语等。这类语言能产生一定的"权威效应",而且精辟、隽永、言简意赅,教人如何正确对待别人,如何认识事物的本质,如何处理生活和工作中各种复杂的关系等,其文字虽少,却蕴涵丰富的哲理,有很强的启发性、感染力和说服力。

（2）数据说服

我们生活在数字的世界里，我们每天所见、所闻与所思的一切，几乎没有不涉及数字的。数字是用来显示某种情况统计计算的结果的，因此，它们能给人留下深刻的印象，并且极具说服力，容易把理说透。尤其是它有证据的效应，这是孤立的事件所不可比拟的。但由于数字本身是一种符号，容易让人产生麻木或厌烦的感觉，所以使用时要明智而审慎。在使用前，需要注意所使用的引述的准确性；它是否来自专家的专门知识领域？引述的对象是否为对方所熟知或尊敬？引述的资料是否肯定是第一手资料？使用数字来说服别人的时候，还有一点需要注意：如果只提起数字、数量本身，是不会给人留下深刻印象的，最好辅以实例。倘若可能，还要加上我们自己的经验来讲述，或者设法为枯燥的数字注入生命。这即是说，要让数字所代表的事实，能成为一般人生活经验中的一部分。只有这样，人们对数字才感到亲切，也才能产生兴趣。

（3）现身说服

现身说服，就是说服者把自己摆进去，用自己亲身经历过的事情及其经验教训，对人进行启发和诫喻，给说服对象树立一个易于改变自己观点态度的可仿效性的榜样，这个榜样不是别人，正是说服者本人。

（4）对比说服

对比说服就是指通过实事求是的对比，较好地完成说服的任务。没有对比，就没有鉴别，对比是"鉴别剂"。在自然界，高山与细石，长河与涓流，苍松与灌木，大象与蚂蚁，稍加对比，其大小之别，则清晰可辨；在社会人群之中，正义与邪恶，高尚与卑鄙，勇敢与怯懦，慷慨与吝啬，一经对比，孰是孰非，则泾渭分明。这种方法不落俗套，别具一格，说服的效果甚佳。

（5）借物说服

借助于某种事物施行劝导说服的方法，称为借物说服。这种方法的显著特点就在于寓理于物，借物发挥。借物说服的根本要求，在于所借之物与所发之言必须紧密结合，成为不可分割的有机整体。

（6）比喻说服

比喻是一种常见的说话技巧。善于比喻，可以使复杂的问题变得简单，

可以使抽象的问题变得具体，可以使枯燥乏味的问题变得生动有趣。

（7）逻辑说服

一个人的话是否有说服力，很大程度上取决于其语言的逻辑性。一般来说，善于讲道理的谈判者，常常会利用语言逻辑的力量，层层推进，用严谨的语言逻辑让对方无力辩驳，接受自己的观点和意见。

（8）因果说服

在自然界和社会中，各种现象之间是普遍联系的，因果联系是现象之间普遍联系的表现形式之一。因果联系是普遍的和必然的联系，没有一个现象不是由一定的原因引发的；而当原因和一切必要条件都存在时，结果就必然产生。所谓原因，指的是产生某一现象并先于某一现象的现象；所谓结果，指的是原因发生作用的后果。在说服别人的时候，明确自己所提建议的前因后果，比把自己的观点强加于人更有效。

（9）以小见大

思想是有差别、有层次的，讲道理也应有层次。缺少层次，一下子跨越几个台阶，会让人感到道理离得很远，接受不了。和人谈判时，应擅长于小事情中寓含大道理，于身边事情中讲可望及的远道理，于浅表事情中挖掘可触摸的深道理。

（10）设问说服

这种方法就是把大道理分解成若干个问题，用问话提出，一则引发兴趣，启发思考；二则用以创造一种平等和谐的气氛，使人觉得不是在灌输大道理，而是在共同探讨问题。这种方法，变听为想，变被动接受为主动反思，在抛砖引玉、换位思考中，让"系铃"人自己"解铃"。

（11）点到为止

话讲得啰嗦就让人厌烦，听不进。有些人在谈判时生怕对方听不懂，翻来覆去地讲一个道理，结果适得其反。正确的方法是，应该视情况因人出发，针对实际把握要讲的内容，该讲的一定要"点到"，同时又要注意留下充分思考的时间，让对方去领悟、消化。

（12）怒言说服

愤怒之言并不都是消极、有害的，在特定情况下，它也能产生积极的说服效果。有句古语说得好:"气血之怒不可有,理义之怒不可无。"即是说,不应当有个人意气之怒,但为大义真理而动怒却是不可少的。"理义"之怒的积极作用,一是愤怒脸色、威严冷峻的仪态,是一种"有形有色"的语言,它传递的信息具有一定的威慑作用,有助于烘托说服的气氛,暗示事情的严重性和不容忽视性,能引起对方心灵上的震颤和对所发生问题的重视与反思。二是愤怒之言带有强烈的感情色彩,措辞严厉,语调高昂,情理并重,用以表达鲜明的态度和严正的立场,具有较强的刺激性和震撼力,因而能产生积极的心理影响。因此,其特有的说服价值是不应否定和忽略的,若运用得当,会收到较好的说服效果。

抓住重点,点到对方的要害

在谈判中,虽然我们应适当地退让,但是退让也不是没有原则的。一个人如果不敢坚持原则,以牺牲根本的东西来换取一时的苟安,只能是个受欺负的对象。

息事宁人的态度,有时不但不能使大事化小,小事化了,而且还可能助长了对方的气势,使其更加咄咄逼人。因此,对待这种情况下的谈判,有必要予以回击,维护自己的正当权益。回击时,必须懂得对方的心理,点到对方的要害,促使对方让步。

一次,小郭出差去某个大城市,刚下车便有人叫站,说他们的宾馆在什么位置,什么级别,有什么设施,说得天花乱坠。小郭信以为真,便跟叫站人打招呼,但叫站人说要先付押金,小郭拿出钱来付了押金。

谁知他跟随叫站人到了那一看,全不是那么回事。什么星级,什么现代设施,只不过是阴暗潮湿的地下室,不开灯连点光线都没有。小郭很懊悔,也很气愤,他问叫站人:"怎么这么差的条件,这不是骗人吗?"老板不高兴了,看了看小郭:"谁骗你了,不是你自己来的吗!"小郭不服:"那是听了你们叫站的虚假之言,再说了,我自己来的,我照样还可以自己走呀,给我钱!"

"怎么地？"老板样子很凶，"给你钱？你以为你是谁呀？这里不是你想来就来，想走就走的地方。"

小郭见这势头真有点害怕，想退缩以息事宁人，但心里又不服，于是狠了狠心，决定拼出去了。他学着老板的腔调吼道："你嚷什么嚷，你想怎的？这个城市，我一点也不生，只是不想打扰朋友才住店。你别瞎叫，我想退房，要退房，坚决退房，不退我就打电话了！"

听他要给人打电话，老板的气焰小了不少，对小郭说："退房可以，但要交20元钱的手续费。"

小郭一听可退房自然高兴，但平白无故地要扣20元所谓的手续费又不甘心，便说："那不行，如不是你那接客员把我骗来，怎么会这样？要怪只能怪你的接客员骗错人了。还有，我受你们的骗这笔账还没算呢！"但老板咬定了那20元钱怎么也不肯松口，如此一来又僵住了。

时间一分一秒过去，小郭有点焦躁不安，想就此罢休。正在这时，外面又来了几位不知情的受骗者，他就乘此机会说："老板，我看还是全返了吧，想你也是明白人，如果我一嚷，那几位还没登记的旅客必会自行告退，孰轻孰重，聪明的你不会不明白吧！"最后老板在无可奈何中把钱全部退还给小郭。

在这场谈判中，小郭一方面敢于坚持原则，另一方面他在谈判时抓住了重点：老板怕事情闹大，被小郭的"朋友"报复，怕新来的旅客得知真相都走了。显然，老板是个唯利是图的人，为了不造成更大的损失，老板只好让步。这一点正是问题的关键。由于小郭在谈判时点到了这个要害，因而获得了谈判的成功。

抓住问题的关键为什么具有如此的魅力呢？因为抓住问题的关键就是抓住了对方的死穴，对方不得不"束手就擒"。

战国时，齐国人张丑被送到燕国当作人质。不久，齐、燕两国关系紧张，燕国人要把张丑杀掉。张丑得到消息，马上借机逃走。还没有逃出边境，就被燕国一官吏抓住。

张丑见硬拼不成，便对官吏说："你知道燕王为什么要杀我吗？因为有人向燕王告了密，说我有许多财宝，但我并没有什么金银财宝，燕王偏偏不信我。"

张丑说到这里，接着又说："我被你捉到了，你会获得什么好处呢？"

"燕王悬赏一百两银子。"

"你肯定拿不到银子！如果你把我交给燕王，我肯定会对燕王说，是你独吞了我所有的财宝。燕王听到后一定会暴跳如雷，到时候你就等着陪我死吧！"张丑边说边笑。官吏听到这里，越发心慌，越想越害怕，最后只好把张丑放了。

在这场谈判中，张丑成功的原因在于抓住了官吏的心理，编造了一个燕王要杀自己的原因，从而引发官吏的畏惧，使其打消告发的念头，保住了自己的性命。

试想，如果当时张丑不采取这种策略，而是一味地求情，这样一个贪婪的官吏是不会为了可怜别人而放弃得到悬赏的好处的。张丑深深理解相比金钱来说，生命还是更加重要的，张丑才设计说服了官吏。这也就说明，如果能抓住问题的关键，切中要害，只需轻轻点化，对方就会立刻听从你的意见。

有力反击要找准对方的"七寸"

我们知道，七寸是蛇的要害，是蛇的心脏所在，所以，七寸的地方受到重击，蛇便必死无疑。在谈判中，有些人自以为了不起，极端地蔑视他人，有的甚至大肆地攻击、侮辱他人。对待这样的人，必须要找准对方的"七寸"，适时反击，拨动其最脆弱、最敏感的那根心弦，以维护自己的利益和尊严。

对此，我们可以采取下面几种方式：

（1）冻结对方傲气的资本

与傲者谈判，有时必须采取针锋相对的方法，抓住对方之要害，打掉他赖以生傲的资本，这时对方会从自身的利益出发，只得放下架子，认真地把你放在同等地位上来。例如：

1901年美国石油大王洛克菲勒的儿子小约翰·戴·洛克菲勒，代表父亲与钢铁大王摩根谈判关于梅萨比矿区的买卖交易。摩根是一个傲慢专横，喜欢支配人的人。当他看到年仅二十七岁的小洛克菲勒走进他的办公室时，摩根并不在意，继续和一位同事谈话，直到有人通报介绍后，摩根才对年轻而长相虚弱的小洛克菲勒瞪着眼睛大声说："唔，你们要什么价钱！"小洛克菲勒并没有被摩根的盛气凌人吓倒，他盯着老摩根，礼貌地答道："摩根先生，我看一定有一些误会。不是我到这里来出售，相反，我的理解是您想要买。"老摩根听了年轻人的话，顿时目瞪口呆，沉默片刻，终于改变了声调。最后，通过谈判，摩根答应了洛克菲勒规定的售价。

在这次谈判的开始，小洛克菲勒就是抓住了问题的关键：摩根急于要买下梅萨比矿区。小洛克菲勒就是抓住了对方的这一点，给以点化，从而既出其不意地直戳对方的要害；同时也表现出对垒的勇气和平等交往的尊严，使对方不得不放下架子认真地平等地谈判，于是谈判进程就变得顺利了。

（2）利用他的软肋将其制服

英国驻日公使巴克斯是个傲气十足的人，他在同日本外务大臣寺岛宗常和陆军大臣西乡南州打交道时，常常表现出对他们不屑一顾的神态，并且还不时地嘲讽寺岛宗常和西乡南州。每当他碰到棘手的事情时，他总喜欢说一句话"等我和法国公使谈了之后再回答吧！"寺岛宗常和西乡南州商量决定抓住这句话回击一下巴克斯，使其改变这种傲气十足的行为。

一天，西乡南州故意问巴克斯："我很冒昧地问你一件事，英国是不是法国的属国呢？"

巴克斯听后又挺起胸膛傲慢无礼地回答说："你这种说法太荒唐了。如果你是日本陆军大臣的话，那么完全应该知道英国不是法国的属国，英国是世界最强大的立宪君主国！"

西乡南州冷静地说："我以前也认为英国是个强大的独立国，现在我却不这样认为了。"

巴克斯愤怒地质问道："为什么？"

西乡南州从容地微笑着说："其实也没有什么特别的事，只是因为每当我们代表政府和你谈论到国际上的总理时，你总是说等你和法国公使讨论后再回答。如果英国是个独立国的话，为什么要看法国的脸色行事呢？这么看来，英国不是法国的附属国又是什么呢?"

傲气十足的巴克斯被西乡南州这一番话问得哑口无言。从此后他们互相讨论问题时,巴克斯再也不敢傲气十足了。

西乡南州抓住其语言上的漏洞所展开的攻势而取得令人满意的效果。任何人都不可能是十全十美的,都难免有自己的漏洞,而傲气者一般都未发现自己的漏洞,而别人一旦对准其漏洞攻击,使其看到自己的漏洞,也就瓦解了其傲气的资本,这样对方就会被巧妙地制服了。

(3) 露一手叫他瞧瞧

有些高傲者往往有一技之长,有自视清高的资本,这些人最瞧不起不学无术之辈,相反,对于有真才实学,能力在他之上者,却又会像遇到知音似的格外看重,给以礼遇。有位傲者就说过这样的话:"我这个人最瞧不起混饭吃的草包。你要干的漂亮,叫我服,我会把你奉为上宾!"这话正是这类高傲者心理特征的真实写照。因此,对于这种重才的傲者,要想冻结他的傲气,莫过于恰到好处地在他们面前展示自己的才华,使他们感到你不是等闲之辈,这时与之打交道就会变得容易多了。

有位领导,爱学习爱动脑子,工作很有建树,且能写会画,人称"儒将"。他个性孤傲,尤其看不上刚出校门,夸夸其谈的青年,因此有些青年很怵他,躲着他。一次他到部队作报告后,有位青年直言说他报告中引用的诗句有出入,并当场背原诗句,说明出处。这位青年敢挑他的毛病,勇气可嘉。这使"儒将"对他刮目相看了。回机关后立即通知人事部门,对这个青年进行考察,不久把他调到机关工作,后来他们还成了忘年之交。

很显然,对待高傲者有时倒是需要"显山露水",恰当地展示自己的才华,从而改变对方的态度。受到他们的青睐,事情就好办了。当然,在傲者面前显示才华并非卖弄,也不是无的放矢的夸夸其谈,而是真才实学的恰当展现。

(4) 设置难题,难倒这高傲的家伙

一些人目空一切,自以为知识多,阅历深,根本就瞧不起别人,表现出一股不可一世的傲气。对付这种傲气者只要巧妙地设置一个难题,就可抑制其傲气。因为不管其知识多么丰富,阅历多么广泛,在这个大千世界里毕竟还是有限的。当他突然发现自己也存在着知识缺陷,其傲气自然就会烟飞云散了。

在一次国际会议期间，一位西方外交官非常傲慢地对中国一位代表提出一个问题："阁下在西方逗留了一段时间，不知是否对西方有了一点开明的认识。"显然，这位外交官以为自己对西方了解很多，以傲慢的态度嘲笑中国代表。中国代表淡然一笑回答道："我是在西方接受教育的，四十年前我在巴黎受过高等教育，我对西方的了解可能比西方人少不了多少。现在请问你对东方了解多少？"而对中国代表的提问，那位外交官茫然不知所措，满脸窘态，其傲气荡然无存了。

显然，中国代表所提出的问题，那位自以为知识丰富而满身傲气的外交官是无法回答的，因为他不了解东方的情况，因此不但没有显示出自己丰富的知识，反而暴露了自己的无知，因此，还有什么傲气可言呢？

无疑，巧设难题抑制傲气者，所设置的难题一定要是对方无法回答的问题，因为只有这样，才能暴露对方的无知或者缺陷，从而挫其傲气。如果设置的问题对方能够回答，这样不但不会挫其傲气，相反更会助长其傲气而使自己更处于难堪的境地。

（5）你傲我更傲

一些人自恃知识丰富、阅历广泛或地位特殊，因而目空一切，瞧不起别人，身上带出一股不可一世的傲气。与这种倨傲者谈判，只要表现得比他更傲，让他觉得别人并不是好惹的，就可压制其傲气。

一个年轻的报社记者约好了要访问一个大牌影星。年轻记者如约来到摄影棚，等候了半天，才见到姗姗来迟的影星。

影星一坐下就跷起二郎腿，正眼也没瞧年轻记者一眼，只是含糊地打了个招呼，一边偏着头嚼口香糖，一边说："你只有5分钟的时间，有什么事请快问吧！"满脸鄙夷的神情，根本不把记者放在眼里。

记者低下头整理了一会儿录音设备，又由皮包内拿出了一个笔记本，一言不发地在上面写字。

影星等了半天也不见他开始访问，感觉有些不对，于是眼光移到记者的身上问道：

"喂，你是怎么回事，等这么久了也不访问。"

记者头也不抬地说:"这5分钟既然是我的,我就有权决定怎么使用。我现在正在计划去访问另外一位影星,你给我坐着,别吵我。"

这种谈判充分显示清醒而健康的自尊及受人尊重的感情控制能力,使傲然的对方感到相形见绌,从而反省自己的言行。

反击有度,避免语言的刀子伤人伤己

在谈判中,我们反击的目的是调节和改善自己所处的环境,即使不是为了合作,起码也是为解决矛盾,而不是扩大矛盾。这是语言反击时必须坚持的原则。从这一原则出发,反击时必须把握好"度",否则就可能伤人伤己。

这里所谓的度,就是在利用语言反击时,应按照自己对环境的敏锐判断,明确自己的优势和劣势,准确把握该说什么、怎样说、说到什么程度。也就是说,应根据对语言出口后可能产生的后果的准确预测,确定自己的语言分寸。否则,语言不准确或不到位,也会使自己陷入被动尴尬的境地。

掌握语言反击的度,首先应具有明确的针对性,不要扩大打击面。在反击时,要抓住主要矛盾,丁就是丁,卯就是卯,而不应四面树敌,把本来可以争取的中间力量甚至朋友统统都推到与自己对立的阵营中去,使自己陷于孤立、被动地位。语言反击应三思而后说,话语出口之前先掂量。否则,话语出口如覆水难收,自己会更加受气。

其次,应控制反击的力度,照顾对方的心理承受力,不要出言不逊,一句话把人噎死。在大多数情况下,反击时应为对方留一点余地,掌握打击的分寸。因为大多数人都爱面子,给对方留有余地,实质上是为缓和彼此间的冲突留下了回旋的空间,也为自己留了一步台阶。否则,你把他逼到了死胡同,他别无选择只能与你对垒。结果,双方剑拔弩张,到头来两败俱伤。这并不是我们反击的目的。然而,在生活中许多人并不能深刻理解这一道理,似乎反击得越狠越好,实际并非如此。所以说,语言反击是一门斗争艺术。

阿伟暗恋上了佳佳,但佳佳心有他属,并不为他所动。终于到了佳佳的生日了,阿伟决定在生日 party 上"火"一把。在摇曳的生日烛光里,阿伟动情地对着佳佳唱起了"我如此爱你,这是我存在的意义;我如此爱你,因此

 谈判心理学

我站在这里……"佳佳感觉阿伟在大庭广众之中令自己很难堪,但她只淡淡笑了笑,以舒缓的语调说:"看不出阿伟平时不声不响,原来歌喉如此优美。我们该为将来那位有幸拥有他深情歌声的女孩祝福。"一句话,似是赞美,又似拒绝,于无声处给了阿伟当头一棒。但不知情者不会有任何觉察。既给阿伟留足了面子,又使自己摆脱了尴尬局面。

以上这两个方面,可概括为一句话:只有把握语言反击的广度和深度,才能保证语言反击的分寸,有效地达到反击的目的。

第十五章

掌握刚柔之道：
既要有软招，也要有硬法

过分的刚硬和过分的软弱都很容易导致谈判失败。因此，无论是政治谈判还是商务谈判，抑或是个人之间的交涉，都要善于运用软与硬两套心理策略，并把二者有机结合起来，这样才能避免走极端造成的不良后果，使谈判达到自己满意的效果。

☕ 软硬兼施，使对方按你的意图行事

纵观历史上兴衰的更替，我们从中可以发现一些规律：在治国之路上，单以武治，刚且易折；单以文治，软弱可欺；文武结合，恩威兼济，方能长治久安。如秦、元所向披靡，却迅速灰飞烟灭，两宋文化鼎盛，却屡被异族欺凌。惟汉、唐重文韬武略，方绵延三四百载，号称盛世。

人分男和女，万物有雌雄。世界上事物之间的关系，都是既对立又统一的关系。单独存在的事物是没有的，这是宇宙间的规律。同样，谈判时既不过分强硬，也不可过于软弱，前者容易刺伤对方，导致双方关系破裂，后者则容易受制于人，而采取"刚柔相济"的心理策略比较奏效。

《左传》里有一篇《阴饴甥对秦伯》，里面讲的阴饴甥（即史籍所说的吕省，有的称其为吕甥）用的就是这种策略，最终顺利地赢得了谈判的胜利。

晋惠公本是秦穆公的舅老爷，他靠秦穆公的帮助继位，却以怨报德，和秦国打了一仗，结果兵败被俘。三个多月之后，秦穆公才允许晋国谈判。于是晋国便派阴饴甥与秦国讲和。

阴饴甥奉命至秦。他意识到：战场上本国已经失利，而国君又在敌人手中，所以在谈判中，自己的一言一行都关系到国家的安危，这是一场举足轻重的外交谈判。

秦穆公在王城上会见了阴饴甥，待宾主入座之后，秦穆公信心满满。第一句话就将军："晋国和乎？"意思是你们是战还是求和？快做决断。要不然我就要撕票了。

晋国显然是要和的，不然国王就没有命了；但如果一开始就求和的话，显然主导权就没有了，等待晋国的将是割地赔款。于是阴饴甥故意把"晋国和乎"的意思理解成"晋国团结吗"，于是回答："晋国上下不和。"

"为什么？"秦穆公先是一愣，随后顺口问道。

"老百姓耻于国君被俘，哀悼在战争中死去的亲人，不怕征税练兵，他

第十五章 掌握刚柔之道:既要有软招,也要有硬法

们叫嚷着一定要报仇。那些做官的爱戴自己的国君,并且知道自己的罪过,不愿征税练兵,以等待秦国的答复,他们一定要报答秦国的恩德,即使是死,也不愿有二心。因此,晋国人不团结。"

阴饴甥在回答秦穆公时,向他暗中抛去了两把"刀子"。一把是"硬刀子",借百姓之口,表达晋国人不畏强暴,誓死报仇雪恨的决心,以敌秦的姿态,要挟秦穆公,迫使其早作放还晋惠公的打算;另一把是"软刀子",借做官人之口,以顺服的言词,表达了晋国人对秦穆公放还晋惠公的期待。

从史料来看,本身晋国从老百姓到大臣意见是统一的,坚决的,但阴饴甥巧妙地把它割裂开,形成了一个矛盾,向秦穆公传达了这样的意思:我们是相信贵国的,但老百姓不吃这一套,你不送回我们的国王,就和你兵戎相见。

随后,阴饴甥说了这一段话:"贰而执之,服而舍之,德莫厚焉。纳而不定,废而不立,以德为怨,秦不其然。"大意是:作为一个大国,是以德服人,对方(指晋王)既然已经认罪了,就释放他,恩德没有比这更大了;过去对对方有恩,现在却因为这件事(指晋王认罪却不放回)变成了两国的怨仇,这种事聪明的秦国是不会干的。

在阴饴甥的软硬两把刀子的威逼引诱之下,秦穆公虽非等闲之辈,但也欲发作而不能,只得无可奈何地转换话题:"你们晋国人怎样看待自己的国君呢?"秦穆公转移话题的目的是试探晋国内部对晋惠公的态度。

阴饴甥听后,马上抓住时机再次软硬兼施地说:"小人们不知事理,只知忧虑,认为我们的国君必定要被您处死;君子们用自己的心推测别人的心,认为您必然会归还我们的国君。小人们说:'我们对不起秦国,秦国肯定不会放还我君的';君子们则说:'我们已经认罪,秦国肯定会放还我君的。'恩德没有比放还我君更厚道的,刑罚没有比俘虏我君更威严的,服罪的人怀念恩德,二心的人畏惧刑罚,以此举动,秦国可以称霸天下了。假如扣押不放,就会以德报怨,秦君是不会那样做的。"

这一番话,秦穆公听得心中无奈,他在君子与小人之间权衡利弊,最后只得说道:"释放晋惠公才是我的本意啊!"

在晋惠公背信弃义、和秦国交锋又丧师辱国被俘后,阴饴甥作为战败国

的谈判代表，面对秦穆公，理屈不容置疑，但是他并未词穷。他巧妙地表述了晋国国内的舆论倾向，向秦穆公施加压力；又引用君子和小人的不同认识，喻请秦穆公权衡利弊，以博大的胸怀宽恕罪人。能在这样的条件下，软硬兼施，说得不亢不卑，恰到好处，因此赢得秦穆公的尊敬，决心做个顺水人情，放回晋惠公，以提高自己的威信。阴饴甥变被动为主动，取得了谈判的胜利。

刚柔相济，可收到极佳的效果

刚柔相济的心理策略，在自己处于弱势地位的谈判中很有用。那么，如果自己处于优势地位，有没有必要使用呢？

答案是肯定的。即使你是最高领导，在谈判中有绝对的优势和权力，如果总以强硬的态度对待别人，很可能会让人反感，甚至带来严重的不良后果。而如果采用刚柔相济的方式，把威胁藏在柔和里，则可达到目的，并收到极佳的效果。

历史上著名的杯酒释兵权就是个极佳的例子。

赵匡胤从后周手中抢过皇位之后，带领手下将士南征北战，基本上统一了中原一带。后又平灭了南唐，江山一统，天下太平。

有一天赵匡胤与赵普聊天。谈到大唐晚期，从黄巢之乱到眼下，不过七十年的工夫，就出现了五代十国、八姓十四君的局面，天下百姓苦不堪言。君臣二人不胜感慨系之。赵普认为，领兵将领和地方各镇守节度使们权力过重是主要原因。从历史上看当然如此，但从眼下来说，赵匡胤不以为然。他认为："我待这些人恩重如山，绝对不会有问题。"

赵普不客气地反问："后周皇帝柴荣待你也同样恩重如山，怎么就出了问题？万一他们的部下也把黄袍披到他们身上，怎么办？那时，他们想不反也不可能了。"

这番话，有如当头棒喝，令赵匡胤大惊之后大彻大悟。

事实上，晚唐以来的历史，的确就是一部有奶便是娘、"兵骄而逐帅，帅强而叛上"的历史。当时流传甚广并为人们普遍接受的一句著名格言是：天子

第十五章　掌握刚柔之道：既要有软招，也要有硬法

者，兵强马壮者为之，宁有种乎？这种情形很像我们熟知的、在此之前陈胜吴广的"王侯将相宁有种乎？"和在此之后胡传魁胡司令的"有枪便是草头王"。

于是，赵匡胤询问赵普应该怎么办？赵普的回答是：对于军队将领和地方藩镇节度使，要"稍夺其权，制其钱谷，收其精兵，则天下自安矣。"听到这里，赵匡胤立即打断赵普的话，说道："你不必再说下去，我知道应该怎么办了。"

当时，他很有可能不愿意听到赵普说出让他杀功臣的话来，才截住了赵普的话头。不久，赵匡胤想出了杯酒释兵权的主意。

公元961年的阴历七月初九，晚朝后，赵匡胤设宴请那些手握重兵、拥立自己登上皇位的功臣们喝酒。赵匡胤命令所有侍从、仆役们一律回避，然后，饮酒谈笑，开怀痛饮，直喝到红日西沉，个个眼亮脸红。赵匡胤看差不多了，于是讲起往事，最后叹一口气说："若永远生活在那段日子里多好！白天厮杀，夜晚倒头就睡。哪像现在这样，夜夜睡觉不得安宁！"

众兄弟一听，大惑不解，忙问："皇上，二李既平，国泰民安，你怎么还睡不着觉呢？"

赵匡胤说："中国五十年来，多少人都能当上皇帝。而今，也不知还有多少人想当皇帝啊。"

石守信和其他将领都诚惶诚恐，说："陛下怎么这样说呢，如今天命已定，谁还敢有异心啊！"

赵匡胤说："纵使你们不生二心，也难保你们手下的人不贪图富贵。一旦有一天，有人也将黄袍披在你们身上，你们就是不想当皇帝，也推辞不掉啊。"

听赵匡胤如此说，石守信及其他将领吓得汗流浃背，一齐跪下，说："臣等愚昧，不解圣意，该怎么做，请皇上指示。"

赵匡胤就说："依我之意，你们不如全卸去兵权，去大藩做节度使。置田兴宅，广积产业，饮酒作乐，痛快地过此一生，使我们君臣两下无猜。"

石守信和诸位将领都明白了皇帝的意思。第二天，诸将皆称疾不朝，各自上书请求辞去在禁军的职务。于是赵匡胤任命高怀德为归德节度使，出任宋州；任王审琦为忠正节度使，出任寿州；任张令铎为镇安节度使，出任陈州；任罗彦瑰为彭德节度使，出任相州；任石守信保留侍卫亲军马步军都指挥使，

谈判心理学

为天平节度使,出任郓州。

宋太祖在谈笑风生中,温和地进行了一场夺权谈判,既卸了磨又没有杀驴,这在中国历代皇帝中可谓难得了。比起刘邦、朱元璋来,赵匡胤的杯酒释兵权可谓是十分完美地解决了这种重大历史难题的经典个案,上下一统,皆大欢喜,民心安定,国本稳固。同时也充分展示了赵太祖的高超的政治智慧。

冷热水效应：遥控对方心中的秤砣

一杯温水，保持温度不变，另有一杯冷水，一杯热水，当先将手放在冷水中，再放到温水中，会感到温水热；当先将手放在热水中，再放到温水中，会感到温水凉。同一杯温水，出现了两种不同的感觉，这就是冷热水效应。

这种现象的出现，是因为人人心里都有一杆秤，只不过是秤砣并不一致，也不固定。随着心理的变化，秤砣也在变化。当秤砣变小时，它所称出的物体重量就大，当秤砣变大时，它所称出的物体重量就小。人们对事物的感知，就是受这"秤砣"的影响。

在谈判中，运用冷热水效应，也是软硬兼施的一种灵活运用，它可以促使对方同意你的建议。这一点，用鲁迅先生的话来形容最贴切不过。鲁迅先生曾于1927年在《无声的中国》一文中写道："中国人的性情总是喜欢调和、折中的，譬如你说，这屋子太暗，说在这里开一个天窗，大家一定是不允许的。但如果你主张拆掉屋顶，他们就会来调和，愿意开天窗了。"

所以，冷热水效应在心理学上也称为"拆屋效应"。这一现象与前文中我们提到"登门槛效应"是相反的，"登门槛效应"是先提出一个不容易被拒绝的要求，再逐渐提出大要求；而后者则是先提出一个不合理要求，再提出一个相对较小的要求。

拆屋效应也是在谈判中常用的和有效的技巧，有时候我们需要在谈判一开始就抛出一个看似无理而令对方难以接受的条件，这是个非常有效的策略，它能让你在谈判一开始就占据着比较主动的地位。所以，如果你的一个要求别人很难接受时，在此前你不妨试试提出个他更不可能接受的要求，或许你会有意外的收获。

比如，你想找朋友借1000元钱，但你估计他不会痛快借给你，如果你这样问："嗨，老朋友，能借我1000块钱花花吗？"得到的回答很可能正如你所料："借钱干什么，我还缺钱呢！"可是，如果这样说："老朋友，我最近手头很紧，借10000块钱给我救救急，行吗？""什么？我哪有那么多，我也正着急用钱，

最多只能借给你2000块!"这样,你的目的不仅达到了,说不定还能多借点儿。

聪明的人在谈判时,都会先提出一个较大的要求,如果对方没有同意,再提出较小的要求,由于大要求在对方心中已经产生了一个"大秤砣",而你又提出小要求时对方心中的秤砣突然变小了,很容易同意你这个较小的要求。这同直接提出较小要求相比,对方同意的可能性会大大提高。

法拉第在当装订书报的工人时,听了大科学家戴维的报告之后,把所有的报告整理抄清,装上羊皮封皮,一次次地邮给戴维。戴维大为感动,请法拉第来面谈。法拉第很想在戴维的实验室找一份工作,戴维却拒绝说:"你年纪也不小了,什么教育也没受过,还是回到装订车间去吧!"若是一般人,被人拒绝到这般地步,还有什么可说呢,而法拉第则不然,一计不成又生一计。他向戴维请求道:"不能收我当实验员,就让我当勤杂工吧!"就这样,法拉第创造了机遇,一步一步,终于当上了实验室助手,并因此有了一系列的创造发明,最终的科学成就竟然超过了戴维!

可见,在谈判时,有时候我们需要在一开始时就抛出一个看似无理或令对方难以接受的条件,但这却并不意味着我们不想继续谈判下去,而只是一种策略。这样能让你在谈判一开始就占据着比较主动的地位,但请记住这只是"拆屋",如果想让谈判真正有所进展,不要忘记"开天窗"。

先给对方一个糟糕的心理预期，再做出让步

冷热水效应在谈判中的应用还在继续。

谈判中，人都会有一个心理预期。如果谈判所取得的结果好于心理预期，人就会高兴；反之，如果结果不如预期，则会感到失望。根据这个心理规律，我们在谈判中就可以先给对方一个糟糕的心理预期，然后再适当做些让步，而这个所谓的让步其实本来就是自己想要的谈判目标。如此一来，可取得皆大欢喜的结果。

由于受欧债危机的影响，某公司这一年的经营非常惨淡。这决不能怪员工，因为大家为公司拼命的情况，丝毫不比往年差，甚至可以说，由于人人意识到经济的不景气，干的比以前更卖力。

这也就愈发加重了公司老总心头的负担，因为马上要过年，照往例，年终奖金最少加发两个月，多的时候，甚至再加倍。今年可惨了，算来算去，顶多只能给一个月的奖金。让加倍努力的员工知道，士气真不知要怎样滑落！

老总忧心地对助理说："许多员工都以为最少加两个月，恐怕飞机票、新家具都定好了，只等拿奖金就欢欢喜喜付账单过大年呢！"

助理也愁眉苦脸了："好像给孩子糖吃，每次都抓一大把，现在突然改成两颗，小孩一定会吵。"

"对了！"老总突然灵机一动："你说到糖，倒使我想起小时候到店里买糖，总喜欢找同一个店员，因为别的店员都先抓一大把，拿去秤，再一颗一颗往回扣。那个比较可爱的店员，则每次都抓不足重量，然后一颗一颗往上加。说实在话最后拿到的糖没什么差异。但我就是喜欢后者。"

第二天，公司突然传来小道消息："由于营业不佳，年底要裁员。"

顿时人心惶惶了。每个人都在猜，会不会是自己。最基层的员工想："一定由下面杀起。"上面的主管则想："我的薪水高，只怕从我开刀！"

但是，第三天老总的助理和大家聊天时说："公司虽然艰苦，但大家同一

条船，再怎么困难，也不愿牺牲共患难的同事，只是年终奖金，绝不可能发了。"

听说不裁员，人人都放下心头上的一块大石头，那不致卷铺盖的窃喜，早压过了没有年终奖金的失落。

眼看除夕将至，人人都做了过个穷年的打算，彼此约好拜年不送礼，以共度时艰。

突然，老总召集各部门主管紧急会议。看主管们匆匆上楼，员工们面面相觑，心里都有点儿七上八下："难道又变了卦？还是要裁员？"

是变了卦。没几分钟，主管们纷纷冲进自己的部门，兴奋地高喊着："有了！有了！还是有年终奖金，整整一个月，马上发下来，让大家过个好年！"

整个公司大楼爆发出一片欢呼，连坐在顶楼的老总，都感觉到了地板的震动……

在这个实例中，如果公司老总与主管们谈判时说："公司现在非常的困难，只能发一个月的年终奖，希望大家理解。"大家无疑会很失望。而老总先把夸大了的坏结果透漏给大家，降低他们的心理预期，然后再一步步地"让步"，还原本来的谈判目标，最终获得了自己想要的结果。

可见，假若首先让对方尝尝"冷水"的滋味，就会使他们心中的"秤砣"得以缩小，当谈判的结果是"温水"时，对方就会感到高兴。

某公司销售部的赵经理，因工作上的需要，打算让家住市区的推销员小刘去近郊区的分公司工作。

在找小刘谈话时，赵经理说："公司研究决定让你去担任新的重要工作，不过是在远郊区的分公司，不知你有什么想法。"

小刘一听很不乐意，于是赵经理便做出偏袒小刘的样子说："我再向公司反应一下情况，看能不能争取别让你去那么远。"

第二天，赵经理又找到小刘，告诉他，公司同意小刘到近郊区的分公司了。小刘一听非常高兴，对着赵经理连连称谢，愉快地去近郊区上班了。

在这个事例中，"远郊区"的出现，缩小了小刘心中的"秤砣"，从而

第十五章　掌握刚柔之道：既要有软招，也要有硬法

使他顺利地接受去近郊区工作。赵经理的这种做法，虽然给人一种要心计的感觉，但如果是从大局考虑，并且对小刘本人负责，这种做法也是无可厚非的。

人的心理就是这样微妙，心理预期越低，失望的程度越低，而喜悦的程度越高。所以，在谈判时，不妨灵活运用这种心理规律，以获得良好的谈判结果。

活用黑、白脸，使对方做出你想要的选择

谈判桌上，黑、白脸是很有效的心理策略。黑脸往往态度强硬，所提的条件比较苛刻，没有更改的余地；白脸则灵活机动，拿出一套比黑脸提议较合理的方案。由于形成了心理落差，所以，对方往往较易接受白脸的方案。

相信你在警匪片中看到过这种情节：警察把犯罪嫌疑人带到警察局审问。第一个审问他的警察是个长得凶巴巴、态度粗暴的人，用一切手段威胁嫌犯。然后这个警察被神秘地叫出去接电话，进来看管他的第二个人，是个温和、友善的警察。他坐下来，递给嫌疑人一支烟，说："伙计，情况没那么严重，我挺喜欢你的，我知道你犯了法。为什么不让我看看能帮你做些什么呢？"嫌疑人这时往往觉得，这个好警察跟自己站在一起真是让人感动，但这当然不是真的。然后这个好警察继续询问，嫌疑人显然配合多了。

在经济谈判中，也常有人使用"唱双簧"的花招，常规的模式是：先由一人在谈判中提过分的要求，从而引起对方强烈的不满，甚至有可能在谈判中引发冲突，就在这时，另外一个人出现了，这个人多半是前一个人的上司，于是前一个人只好乖乖退出谈判，由这位和颜悦色的上司继续谈，和平的局面出现了，双方很快达成了协议。

上面说的黑、白脸策略很简单，所以用的人比较多，识破的人也不少，故而在实际运用中，可以变通一下，以便演得更为逼真些。例如，某一买家先向卖家开了一个较低的价格，同时由买家与另外一家公司商量好，由这家公司向卖家提出要买东西，不过这家公司开的价钱更低，而且还振振有辞。

 谈判心理学

当然也可由两家公司向卖家开价,这样,相形之下,真正的买家的价格仿佛是"高"的,从而使真正的买家在谈判中处于比较有利的地位。这就是活用黑、白脸。

让我们看看,美国 Alar 公司是怎样巧妙地使用这套策略购得一处房地产的。

Alar 公司是一家经营百货的公司,有多家分店。近年市区中心的地价、房租连续上扬,公司本部在市中心租的房屋费用巨大,因此,公司有意把本部迁出市区,在市郊寻一块地方买下来安营扎寨。

经过仔细考虑,Alar 公司拟定了一个谈判方案,即串通好几家公司向楼主开极低的价格以显示 Alar 公司的开价是高的。

Alar 公司与楼主进行了接触,该楼主开价是 1550 万美元,而 Alar 公司的底牌是:争取以 1100 万美元成交,最好是 1000 万美元成交,力争 950 万美元成交。Alar 公司提出的初始价格是 800 万美元,留有余地以讨价还价。

楼主在谈判中搬出了许多理由,来论证 1550 万美元的价格是合理的,而 Alar 同样搬出了许多资料来说明这栋楼就值 800 万美元,只不过 Alar 公司提供的资料更为复杂,更为繁琐,包括各种表格,数据,联立方程、先例、权威意见,而且还当着楼主的面用计算机演算了一番,目的是吓唬人,同时也说明:这楼就值 800 万美元。Alar 公司与楼主的分歧如此之大,双方自然是谈不拢的。Alar 公司赌咒发誓道:这肯定是所有想买楼的人当中的最高价格,绝对不可能有谁再出比这高的价格了。而这楼主自然是不认这个账的,他心想,我就不信这是最高价格,我倒偏要试一试看。

过了两天,另外有一家公司找到楼主,说是对这楼房感兴趣,楼主欣喜若狂:又有买主来了看 Alar 公司怎么神气。这位新买主把这楼房上上下下仔细地看了个遍,又问了许多情况,查了许多资料。过了两天,这位新买主找到楼主,郑重其事地说:"我打算买这房子,我的最高出价是 500 万美元。"听了这个数字,楼主几乎跌了一个跟头,立刻一口回绝了这笔买卖。不过,在这时楼主对这幢房子的价格基本上没有动摇。认为它就是值 1500 万美元。他心想:"这是我先辈留下的遗产,难道就值这么点钱?"

过了两天,又来了位新买主,也和前面那位一样,把房子仔细考察了一番。

第十五章 掌握刚柔之道：既要有软招，也要有硬法

然后他十分认真地开了个价钱：457万美元，还搬出了许多资料，说这个价钱是通过精确计算得来的，所以还有7万这个零头。这位楼主被惊得目瞪口呆，不过这回他可对自己房子开价有些动摇了，他心想："Alar公司的开价还真算是高的。"

又过了数天，第三位新的买主来了，他考察后的开价是："550万美元。"这一次，这楼主倒不太吃惊了，因为他已适应了这个低价钱，他觉得：大概我的楼房就值不了1550万美元。但楼主仍不甘心，十分小心地问道："别的楼房都值1000多万美元，为什么我这房子就这么不值钱？"这位新买主用一句话就把楼主顶了回去："情况不同嘛！"接着他又给楼主分析：这里有毛病，那儿又有毛病。地段不好，朝向不对，开门方向不对，结构老化等等，这正应了中国一句古话："欲加之罪，何患无辞。"总之，把这房子说得糟透了。未了，还抛下一句话"这房说不定会有安全问题"，几乎把这楼主气得半死，立刻也回绝了这门生意。

楼主的信心终于动摇了，他已经差不多相信：即便Alar公司开的价钱仍有水分，但还算是比较高的。无可奈何之下，他只好给A1ar公司打电话，表示他愿意在Alar公司方案的基础上，继续谈判，在电话交谈中，楼主语调恳切，已没了那份理直气壮的神气。

A1ar公司接到这个意料之中的电话，立刻着手谈判，以免夜长梦多。不过这次谈判，不能弄得冲突性太高，因为这次谈判的目的就是要合作成功，为了降低谈判冲突性，顺利达成协议，Alar公司采取了以下措施：

首先是改变谈判主题，变单一的谈判主题为多项谈判主题。以前只是针对价格进行谈判，双方针锋相对，冲突性甚高，现在对价格、付款条件、成交后交货时间、交接程序、善后处理等问题同时进行谈判。这样，双方的冲突性可以降低，因为买卖双方对其中某些主题所产生的歧异，可借其他主题予以缓和。例如，当买方坚持削价时，卖方可要求立刻付款以维护谈判的合作性。

其次是再次调整价格，开价从800万美元调整到850万美元，但要求对方在付款条件上给予让步。款项分两次付清。

三是Alar公司特派了一位性格温和的人与之谈判，这位新派的人员以和

谈判心理学

事佬的姿态出现,对楼主的困境深表同情,因为楼主身处困境,急需现金,所以才卖楼的。双方还探讨了如何解除困境的办法,令这位楼主心中舒服不少。

双方谈了几天后,Alar公司看看火候已到,见好就收,再拖下去,万一又冒出一位什么买主,开价1200万美元的,那就前功尽弃了,于是赶紧成交,开价937万美元的价格成交了。

老的谈判手法翻新改造一下,常会产生意想不到的效果。Alar公司善于创新,从老套中发掘新路子,这确有启发意义,很值得我们学习。

第十六章

不按常理出牌：
　　出人意料地击破其心理防线

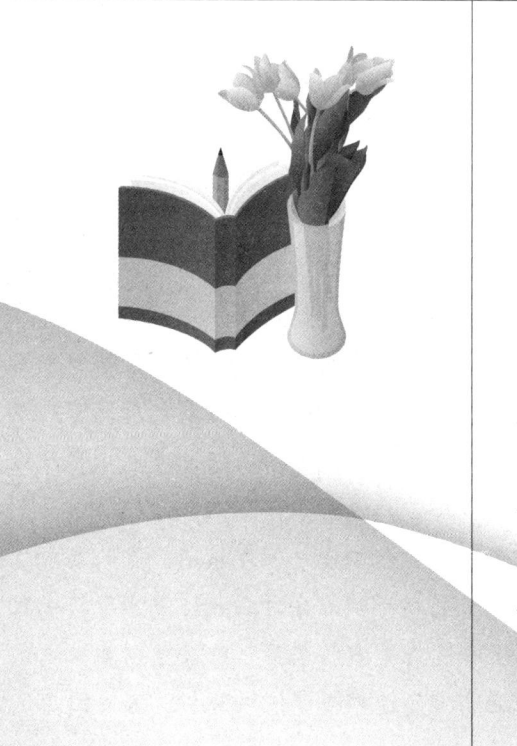

谈判是一个充满变数的心理战，因此，谈判者必须应时而动、见景生情，不能让常规束缚了手脚。只要目的正确，就应当不拘招法，辩证、发展地去学习和运用各种心理技巧。只有如此，方能妙招频出，出其不意地击破谈判对手的心理防线。

指哪不打哪，把对方的注意力引向别处

谈判是富有竞争性的合作，虽然不是战争，不是你死我活，但是谈判也不能太老实，允许双方施展谋略，寻获更多利益。这是规则。在谈判对策中声东击西，指哪不打哪，也是谈判者惯用的心理技巧。

所谓声东击西，是指通过转移对方注意力的方法达到目的，巧妙地将谈判的议题转移到无关紧要的事情上且纠缠不休；或在对自己不成问题的问题上大做文章，迷惑对方，使对方顾此失彼；或者把议题迅速转移到对方最感兴趣的方面，然后通过适当满足对方的利益需求换取对方在己方利益上的妥协。这种谈判技巧的特点是富有变化，灵活机动，避开对方的锋芒，且不破坏谈判的和谐气氛，从而使对方在毫无警觉的情况下实现预期的谈判目标。

某客户向A公司下了一张挺大的订单，要订购一批价值近千万美金的抽真空机器。通常，客户要买一种数百万美金的制造设备，必须先和制造商谈妥设备机器所应达到的性能规格，然后再下订单，厂商依预定的日期交货。等到机器设备运到客户的厂房之后，客户先付百分之六十的货款，等到机器经过一个月左右的装机测试，测试的结果符合当初的规格性能之后，客户才会验收，并将剩余的百分之四十货款付清。而且，一年的保证期也从客户验收的那日起算。

当A公司和这家客户商定规格的时候，他们有一项比较不寻常的要求。他们希望机器抽真空的速率可以比平常的规格快五分钟。也许是急于将机器卖给这家大厂，A公司在这项规格上并没有太多的坚持。结果等到装机测试的时候，就在这此项规格上，硬是比商定的速率慢了三四分钟。客户因为这一点没有达到要求，坚持不愿意验收。

结果整整拖了一年，客户才签字完成验收。那百分之四十的货款晚了一年才收到。

第十六章　不按常理出牌：出人意料地击破其心理防线

后来 A 公司发现，这些规格根本与他们的生产力或品质没有什么相关，在这一年的拖延期中，客户早就把机器上生产线了，为他们赚取了不少的利润。如果他们在乎这些规格，实在没有道理先把机器上生产线；但是就在这一丁点的小问题上，他们大做文章。A 公司后来才恍然大悟：这根本是客户埋下的一个伏笔，客户其实根本并不在乎这几分钟速率的快慢，他们所在乎的是那百分之四十的货款和一年的保证期，所以就订定一个严苛的规格以便成为日后谈判的筹码。

我们再来看看一个关于单人床与双人床的故事。

有一回，谈判大师罗杰道森到亚特兰大参加一个谈判技巧研讨会。研讨会就在他下塌的旅馆举行。开会的前一天晚上，道森很晚才到达旅馆。他走到旅馆柜台前，问服务生：

"我已经预定了房间。"

"是的，我们还有剩下一些单人床的房间。"

"哦，你们没有双人床的房间了吗？"道森故意皱着眉头问。

"很抱歉，您今天来晚了。明天这里有研讨会，我们已经没有双人床的房间了。"

"怎么会这样？研讨会的人一个月前就已经帮我订了房间，你们现在才告诉我没有双人床？我不能接受单人床的房间。"

于是柜台服务生把经理请了出来。经理向他解释：整个大饭店真的只剩下十个单人床的房间了。

道森于是假装不情愿地说："如果是这样，我也许要考虑睡在单人床上了。但是，如果我接受你们的房间，你们要怎样补偿我呢？"道森心里想，经理也许会给他一张免费的早餐券。没想到经理居然说：

"我们也许可以给你打个折扣吧。我们就算你半价好了。"

于是十分钟内，住宿费就从七十美金降到一半。其实他才不在乎睡在哪张床上。（如果旅馆只有双人床，他就会坚持要单人床。）这不过是一个声东击西的伎俩罢了。

谈判心理学

　　把对方的注意力用在我方不甚感兴趣的地方，这是谈判中声东击西的核心。在同对方的谈判中，要把自己的目标隐蔽起来，把一些次要的问题渲染成很重要的问题，而让对方多占些便宜，你也表示很"勉强"地让步。如，我方得知对方最注重的是交货时间，而我方最关心的是交付条件，那么我们进攻的方向可以是价格问题，这样，就可以把对方的注意力引开到次要问题上，以实现我方最终要达到的目标。

　　这种策略如果运用很熟练，对方是很难反攻的，它可以成为影响谈判的积极因素，而不必冒重大的风险。

　　那么，如何辨别对手是不是使用了这种声东击西的谈判方法呢？

　　首先你必须留意对方的真正意图，特别是当对手提出不寻常的条件和要求时，最好请他们解释为什么有这样的要求。

　　如果对方不能提出合理解释，你可以诉诸更高权威，告诉对手："由于这是比较不寻常的要求，我必须在明天向董事会报告之后，才能给你们回答。"趁这个空挡搞清楚对方的真正意图。

　　如果还是不放心，就告诉他们："我请我们工程部评估了贵公司的要求。如果要达到你们的标准，我们得延迟两个月交货（或者增加工程费用三百万，需要对方派三位工程师参与改建，等等。）"这样一来，对方也许会知难而退，也许会在接下来的辩驳中，显露他们是否真的需要这样的规格，或者只是使用声东击西的伎俩骗人罢了。

第十六章　不按常理出牌：出人意料地击破其心理防线

 利用逆反心理，让对方主动给你想要的

心理学上说：所谓逆反心理，其实是人的一种本性，即反支配欲。这不仅是青少年才有的，而是每一个人都有的，而且随着人的成长，精神性和物质性资源的不断增加，支配和反支配欲并不会减弱，有时还会增强。

在日常谈判中，也许你遇到过这种情形：你走进客户的办公室微笑着询问："我选了一个好时间，对吗？"再细听听他们怎么回答，大多数时候，他们的回答显得非常谨慎，大多是这样，"这取决于你需要什么"。下一次，你试着问一个相反的问题："我来得不是时候吧？"大多数人会立刻邀请你进去，同时说："不，不，可以，我能为你做点什么？"

人们随时都会有逆反心理吗？当然不是。逆反心理并非事先设定的程序性反应，只是一个心理反应导致的行为反应而已。但它确实会发生，尤其是在谈判过程中，哪怕对于一个中性的提议，谈判对手也常常会持相反的立场。

因此，逆反心理会对谈判产生破坏性的影响，导致彼此之间的不协调。但凡事都有两面性，在谈判中我们同样可以利用逆反心理，假装主张我们不想要的，而让对方主动给你想要的。

有一个承包商在承包一项安装工程时遇到一个难题：关于支付工人的酬金是按照一次性总付计算还是按照工人们每人每天计工付酬。有一个很重要的原因就是，如果按照工人每人每天付酬的话，工人的积极性就会相当低，因为工人每多劳动一天就会多得一天的工资，而每天的劳动量却不能够具体计算甚至规定出来，总有相当大的伸缩性在里面。这样的话，承包商就不得不多付给工人很多不必要的工资，此次承包工程的利润就会大大降低。而且由于工人的积极性不够高，在监督上也会遇到意想不到的麻烦与困难。

通过反复的考虑和衡量，承包商宁愿一次总付计价，因为这样不但可以节省不少的工人薪酬，在管理上也可以节省很多精力，而且还可以不让买方介入到经营的具体细节中去。而承包商自己就可以有更大的伸缩余地，此项

 谈判心理学

承包工程的利润就会更加可观。

为了使对方同意自己一次性总付计价的要求,承包商在双方谈判中就利用了人的逆反心理的谈判技巧,一开始他就向对方建议以每人每天的工资为基础计价,罗列出这样计价的种种好处与优点,并且声称这项工程有相当大的风险,非常不好开价。

这样一来,买方从心理上排斥承包商罗列的各种理由,反而觉得一次性总付计价对自己的好处很大。承包商越是指出风险的严重性,买方越是感到还是按照承包商所极力避免的一次性总付计价更为划算一些。在这个问题上,双方的谈判进入了僵持局面,买方和承包商各自坚持己见,互相之间都不肯让步。

当然,承包商的坚持是故意使然,他的真正目的是通过自己的不让步使对方感到每人每天的付款方式是对自己非常不利的。他越是坚持,对方就越义无反顾,因此在"坚持"的过程中,承包商还故意露出些许的妥协和退让之意,使得买方更加坚定自己的立场。

最后,随着双方进一步的谈判,承包商做出了"妥协"和"让步","放弃"了以每人每天为基础计价的要求,答应按照买方一次性总付计价的方式计价。

承包商利用了逆反心理,让对方相信承包商的选择是对自己有利的,对方就只有向相反的方向去要求,这样的结果正是承包商想要的。

聪明的谈判者善于利用对手的逆反心理,在谈判中故意做出一种姿态,好像某一项要求或条款对己方非常重要,但是真正的目标却恰恰相反。当然,这种心理策略的利用需要娴熟的技巧,需要对局势把握得当;否则,被对手识穿,来个顺水推舟,将计就计,就会有苦也说不出。

第十六章　不按常理出牌：出人意料地击破其心理防线

 欲擒故纵，瓦解对方的防御心理

在谈判过程中，如果对方态度强硬，你试过很多办法都无法说服他，那么你只有两条路好走：放弃，或者撤退。放弃意味着彻底的失败，而撤退则有可能达到欲擒故纵的效果。

欲擒故纵，是指采用与要实现的目的背道而驰的手段，有的放矢地瓦解对方的防御心理，使对方自动上钩。

撤退绝不是消极败退或盲目逃跑，而是一种欲擒故纵的心理策略。相信搞过销售的人大都有同感：让对方下定决心，是一件困难的事情，特别是要让对方掏钱买东西，简直难于上青天。这时候，就可以试试欲擒故纵，帮客户下决心。

某厂有几部破旧的车几乎不能用了，许多人上门销售汽车，使主管感到不厌其烦，自然也造成了他重要的防范心理，只要销售员一上门，他就会想："这家伙又来了，我决不会上他的当"，有些销售员会说："这些车早已破旧不堪，换过许多零件，还不如将修理费用购置几部新车更划得来。"有一天，又来了一名中年汽车销售员，主管直觉的反应就是："这家伙是来销售产品的，我决不上他的当。"可是那名销售员一看见破旧的汽车便说："这几部车起码可以用上一年半载的，现在就换的话，也太可惜了，我看还是过一阵子再说吧！"说着便递了张名片给他，径直地离开了。主管人员一听顿时感到自己的防御心理整个崩溃了，第二天，他按照名片拨通了电话，结果可想而知了。

在正式谈判前，用语言或动作让对方觉得他或她可能得不到某种东西，制造"得不到的最珍贵"效应，这也是欲擒故纵的变相形式。比如："这件艺术品很珍贵，我不想让它落到附庸风雅的暴发户手里。对那些只有一堆钞票的人，我根本不感兴趣。只有那些真正有品味，真正热爱艺术，真正懂得欣赏的人，才有资格拥有这么出色的艺术珍品。我想……""我们准备只挑

谈判心理学

出一家代理商打交道,不知道你够不够资格……"等等。

运用欲擒故纵还可以充分利用"重复谈判"给对方造成的利弊,或者让对方认定再次商谈有害无益,使之尽快逃避恐惧;或者创造一个再次商谈的机会。例如,在动作上,轻轻地把对方正爱不释手的商品取回来,造成对方的"失落感",就是一个典型的欲擒故纵例子。还有,让对方离开尚未看够的房子、车子,都是欲擒故纵动作。采用这一类动作时,掌握分寸最为关键,万万不能给人以粗暴无礼的印象。

制造"成就感"也是一种不错的方法。美国超级推销员乔·吉拉德就擅用这一手。

"我知道,你们不想被人逼着买下东西,但是我更希望你们走的时候带着成就感。你们好好商量一下吧。我在旁边办公室,有什么问题,随时叫我一下。"乔这样做,显示对对方的高度信任,尊重对方的选择,让对方无法翻脸,并帮助对方获得成就感。

乔也会这样"奉劝"客户:"拿一百美元买个东西,却只想试一试?对你来说,可能太过分了。既然你对这种商品的效用有点疑虑,那么我劝你别要这么贵的。你看,这是五十元的,分量减半,一样可以试出效果,也不会白跑一趟嘛!反正我的商品不怕试、不怕比。"

以上这些诀窍都是为了尽力一次成交,不知你敢不敢真的放弃生意?至少摆出一副不愿意成交的姿态?

请你仔细地体会一下,当一个推销员对你说:"也许,这个不适合你,我劝你还是不要轻易地购买。"你会多么轻松!那么,你把这句用在别人身上,效果不是一样吗?

想在谈判中运用欲擒故纵这一心理技巧,必须有明智的判断力和勇气,要知道什么时候该撤退,什么时候该放手;客户的哪句话是真,哪句话是假,还要敢于放弃唾手可得的一切利益,将它放在一边,相信自己在几天之后还能再把生意拉回来。

但在使用这种方法时,一定要注意表现得诚恳,这样对方才会信任你。同时,"故纵"时不要忘了你的目的是"擒",千万不能盲目撤退,最后错失良机。

第十六章　不按常理出牌：出人意料地击破其心理防线

☕ 引而不发，不急着说出自己的目的

懂得谈判心理的谈判高手深谙"引而不发"的妙处，即使很想要某个东西，也不急于说出自己的目的，而是让对方主动提出，心甘情愿，甚至是迫不及待地把东西呈上来。

这里我们看看刘备是如何运用引而不发这一策略与张松谈判的。

夺取西川是刘备的既定方针和基本战略目标。但是"蜀道之难，难于上青天"。欲取西川，必须先获取西川地理图本，以便详细了解西川的复杂地形。正当刘备准备进兵西川时，益州别驾张松来了。张松是奉刘璋之命携带金珠锦绮为进献之物前往许都的，任务是联结曹操，共治张鲁。行前，张松还有一个打算，随身暗藏画好的西川地理图本，到许都见机而行，"献西川州郡与曹操"。张松的行迹，诸葛亮早使人随时打听着。没想到他到许昌之后，曹操表现出一副骄横傲慢的样子，对他的游说反应十分冷淡，谈判破裂，一气之下，他挟图离开了许昌。

可是他离开益州时在刘璋面前夸过海口，这次倘若无功而返，空手而归，又怕被人取笑。他突然一想，早就听说荆州的刘备仁高义厚，美名远播，何不绕道走一趟荆州，看看刘备究竟是何等人物，然后再作定夺，于是改道来到荆州。

张松虽说主动来了，但他也并非等闲之辈，要想让他心甘情愿献出这张图绝非易事。刘备和诸葛亮为了得到这张地图，可谓是煞费苦心，其运用引而不发的策略也确实达到了出神入化的地步，《三国演义》第六十回生动而形象地描写了这场"戏"：

张松乘马引仆从望荆州界上而来。前至郢州界口，忽见一队军马，约有五百余骑，为首一员大将，轻妆软扮，勒马前问曰："来者莫非张别驾乎？"松曰："然也。"那将慌忙下马，曰："赵云等候多时。"松下马答礼曰："莫非常山赵子龙乎？"云曰："然也。某奉主公刘玄德之命，为大夫远涉路途，

勒马驱驰,特命赵云聊奉酒食。"言罢,军士跪奉酒食,云敬进之。松自思曰:"人言刘玄德宽仁爱客,今果如此。"遂与赵云饮了数杯,上马同行。来到荆州界首,是日天晚,前到馆驿,见驿门外百余人侍立,击鼓相接。一将于马前施礼曰:"奉兄长将令,为大夫远涉风尘,令关某洒扫驿庭,以待歇宿。"松下马,与云长、赵云同入馆舍,讲礼叙坐。须臾,排上酒筵,二人殷勤相劝。饮至更阑,方始罢席,宿了一宵。

次日早膳毕,上马行不到三五里,只见一簇人马到。乃是玄德引着伏龙、凤雏,亲自来接。遥见张松,早先下马等候,松亦慌忙下马相见。玄德曰:"久闻大夫高名,如雷贯耳。恨云山迢远,不得听教。倘蒙不弃,到荒州暂歇片时,以叙渴仰之思,实为万幸!"松遂上马并辔入城。至府堂上各各叙礼,分宾主依次而坐,设宴款待。饮酒间,玄德只说闲话,并不提起西川之事。松以言挑之曰:"今皇叔守荆州,还有几郡?"孔明答曰:"荆州乃暂借东吴的,每每使人取讨。今我主因是东吴女婿,故权且在此安身。"松曰:"东吴据六郡八十一州,民强国富,犹且不足耶?"庞统曰:"吾主汉朝皇叔,反不能占据州郡;其他皆汉之蟊贼,却都恃强侵占地土;惟智者不平焉。"玄德曰:"二公休言。吾有何德,敢多望乎?"松曰:"不然。明公乃汉室宗亲,仁义充塞乎四海。休道占据州郡,便代正统而居帝位,亦非分外。"玄德拱手谢曰:"公言太过,备何敢当!"

刘备心里虽然非常想得到那张地图,但他一连留张松饮宴三日,却从不提起川中之事。张松告辞准备返回益州,刘备又在十里长亭设宴送行。刘备举酒壶亲自为张松斟酒,嘴里说道:"承蒙张大夫不见外,故能留住三天,今日一别,不知何时方得赐教。"说完不觉潸然落泪。张松暗地寻思:"刘备如此宽仁爱士,实在难得,我也有些不忍舍他而去,不如劝他取兵攻打西川。"于是说道:"我也朝思暮想在你鞍前马后侍候,只是未得其便。据我看来,你现在虽据有荆州,但南面孙权虎视眈眈,北面的曹操又常有鲸吞之意,恐怕不是久居之地呀?"刘备说:"我也知道严峻的形势,但苦于再无别的安身之所啊!"张松又说:"益州地域,地理险塞,沃野千里,乃天府之国。凡有才干的智士仁人,很早就仰慕皇叔你的功德,倘若你愿意率荆州之众,直指西川,则肯定霸业可成,汉室可兴。"刘备一听此言,故作震惊,慌忙

第十六章　不按常理出牌：出人意料地击破其心理防线

答道："我哪敢有如此妄想。据守益州的刘璋也是帝室宗亲，又长久恩泽西川黎民，别人岂能轻易动摇他的统治？"

此时的张松已完全落入刘备和诸葛亮的圈套，而且步步走向圈套的核心还不觉察。一听刘备这番话，更敬佩他的宽仁厚道，于是把心里话掏出来了："我劝刘皇叔进取西川，并不是卖主求荣，而是今天遇到了明主，不得不一吐肺腑。刘璋虽据有西川之地，但他本性懦弱，是非难分，又不能任贤用能。况且北面的张鲁时有进犯之意。现在西川人心涣散，有志之人都希望择主而事。我这次本来受命去结交曹操，没想到他傲贤慢士，冷淡于我，一气之下我弃他而来见你。你若是先取西川为基础，然后向北发展图得汉中，最后收取中原，匡扶汉朝，将有名垂青史的大功。你要是愿意进取西川，张松我愿意效犬马之劳，以做内应，不知你的意见如何？"

此时的刘备，见时机成熟，开始收紧套环，进入正题，但仍不露声色，只是无可奈何地说道："我对你的厚爱，表示深深的感谢，无奈刘璋与我同宗，同宗相拼，恐怕落得天下人笑话呀！"此时的张松已是不能自已了，生怕这笔"交易"谈不成，错过机会，反过来还去做刘备的动员工作，只见他急切地说道："大丈夫处世，理当建功立业，哪能如此瞻前顾后，婆婆妈妈的。今天你若不取西川，他日为别人所取，那就悔之恨晚了！"

直到这时，刘备的谈判才涉及与地图有关的事，他说道："我听说西川之地，道路崎岖，千山万水，双轮车无法通过，连匹马并行的路都没有，就算想进军，也苦无良策啊！"

张松忙从袖中取出一张图，递给刘备说："我深感皇叔盛德，特献出此图给你，一看此图，便对西川的地形地貌一目了然了。"刘备略为展开一看，只见上面尽写着地理行程，远近阔狭，山川险要，府库钱粮一一俱载明白。刘备看到地图到手，自然高兴不已。可张松还嫌不够，进而说道："我在西川还有两个挚友，名叫法正、孟达，皇叔你欲进西川，他二人也肯定愿意相助。下次他二人若到荆州，你完全可以心腹事相商。"

直到这时，刘备和诸葛亮共同导演的而又由刘备主演的这场"索图戏"才算谢幕。

我们回头想一想，在这场非正式谈判中，如果刘备见张松之后开口便提如何取西川，或酒过三巡便索要西川地图，那么，刘备的形象必然会在张松心目中黯然失色，张松在荆州就会倍加警惕，左右权衡。同时，从心理学的角度看，你越是急于要某样东西，对方就越觉得自己拥有的东西珍贵；相反，如果你表面上并不重视它，对方反倒要主动把东西给你，以证明这件东西的珍贵和自己的价值。可见，如果刘备不是采用"引而不发"的心理策略，就很难让张松主动献图，并甘为向导。即使刘备硬逼强抢，得到的也只是一张"死地图"，而张松、法正等一批西川人才就难为刘备所用，甚至徒增对抗。

有些时候，直截了当地说出谈判目标反而不利于目标的实现，因此，谈判时不妨冲破习以为常的认识范围，打破因循守旧的思维习惯，采用引而不发的心理策略，常常能收到显著的效果。

第十七章

化解谈判僵局：
使"硬接触"变成"软着陆"

谈判的过程中，由于双方的意见、条件相距较大，又都不愿意退让时，难免出现僵局。对此，我们既要有心理准备，又要有化解僵局的技巧，善于调整双方失控的心理以转换气氛，使双方重新讨论有争议的问题，这样才能避免僵局变成死局。

有时你就是要让谈判陷入僵局

在谈判活动中，特别是在谈判进入实质性磋商阶段以后，谈判双方往往会由于某种原因相持不下，而陷入进退两难的境地，一般来说把这种谈判搁浅的情况称之为"谈判僵局"。

根据僵局产生的原因，大致可以把僵局分为以下三类：

一是策略性僵局。即谈判的一方有意识地制造僵局，给对方造成压力或为己方争取时间和创造优势的延迟性质的一种策略。

二是情绪性僵局。即在谈判过程中，一方的讲话引起对方的反感，冲突升级，出现唇枪舌剑、互不相让的局面。

三是实质性僵局。即双方在谈判过程中涉及核心利益时，意见分歧差距较大，难以达成一致意见，双方又固守己见，毫不相让，就会导致实质性僵局。

制造僵局是一种带有高度冒险性和危险性的心理战略，一般是谈判的一方为了试探出对方的决心和实力而有意给对方出难题，搅乱视听，甚至引起争吵，迫使对方放弃自己的谈判目标而向己方目标靠近，使谈判陷入僵局，其目的是使对方屈服，从而达成有利于己方的交易。

在谈判过程中制造僵局，主要是为了改变已有的谈判形势和争取有利的谈判条件。处于不利地位的谈判者，可以利用僵局来改变对己不利的局面；处于平等地位的谈判者，如果仅在势均力敌的情况下无法达到自己的谈判目标，也可以制造僵局来提高自己的地位，使对方在僵局的压力下不断降低期望值，从而获取对己方更有利的谈判条件；处于优势地位的谈判者也有可能制造僵局，目的是利用己方优势强迫另一方接纳己方的意图等等。

制造僵局的一般方法是向对方提出较高的要求，要对方全面接受自己的条件。对方可能只接受己方的部分条件，即作出少量让步后便要求己方作出让步，己方此时如果坚持自己的条件，而对方又不能再进一步作出更大让步时，谈判便陷入僵局。

策略性僵局如果运用得当会获得意外的成功；反之，若运用不当，其后

第十七章 化解谈判僵局：使"硬接触"变成"软着陆"

果也是不堪设想的。因此，除非谈判人员有较大把握和能力来控制僵局，否则最好不要轻易采用，此外，在运用时还要把握以下原则：

（1）在制造谈判僵局之前，谈判者应确信能得到己方高层领导的支持。因为在得不到高层领导支持的情况下，制造僵局是十分危险的。

（2）在制造僵局之前，应考虑自己是否有控制和打破僵局的能力。如果无法运用有效措施打破僵局，则不应考虑采用制造僵局的策略。

（3）制造僵局向对方所提出的较高要求，不能高不可攀，因为要求太高，对方会认为是没有谈判诚意而退出谈判。以略高于对方所能接受的条件为宜，以便最终通过自己让步，依然可以达到自己较高的目标。

（4）确保你所提供的确实是对方迫切需要的。正如美国谈判家约翰·温克勒所说："在你制造僵局的时候，必须是他们对你的东西很感兴趣的时候，否则他们会不理睬你。"

（5）制造僵局必须有充分的理由，而且不能过多地使用。

另外，谈判者要有敏锐的眼光，并掌握大量可靠翔实的资料，善于辨别谈判期间的僵局是否为对方人为制造的，这样才不至于因为己方的辨别失误而蒙受损失。

破解对方的策略性僵局，主要是以揭露为重心。如果对方制造僵局的目的只在于试探我方的实力、决心和诚意，而对方的要求在我方允许的范围内，不妨以弱者的面目出现，重新声明我方的立场、观点和诚意，并且做一些小的让步以满足对方的虚荣心，以打破僵局。对于那些吃着碗里看着锅里的对手，或者那些得了便宜还卖乖的对手，己方的底线已无可退之时，别无他法，只有坚持原则，以硬碰硬，须知对方是把僵局当作一种策略使用，并非希望中断谈判无功而返。

☕ 正视谈判心理战中的非人为性僵局

并非所有的谈判僵局都是故意制造的，实际上大部分谈判僵局是情绪性僵局和实质性僵局。

心理学家试验表明：陷入僵局时，弱者往往产生挫折感，怕被孤立。一

个不成熟的谈判者遇到僵局便会动摇信心，受挫的感觉使之产生心理压力，造成思维紊乱，怀疑自己的判断能力，为了搞好关系，怕失和，怕对方，进而不知所措甚至委屈求和，丧失既定原则和原有底线。

谈判是一场心理战，要想在谈判中立于不败之地，必须要有过硬的心理素质。应该看到，产生僵局是正常的。因为在谈判的过程中，谈判双方为了取得谈判的成功并争取各自的利益最大化，都会有自己的底线和上限，在此过程中会不断产生让步与拒绝的现象，拒绝对方的要求，提出自己的建议，然后说服对方接受，因而很可能会出现僵局，而且，越是涉及金额大、利益多的谈判越复杂，产生僵局的可能性也越大。

因此，任何一个谈判人员，在谈判陷入僵局之时不应慌张，应该对此做好准备。一个优秀的谈判人员在双方谈判陷入僵局的时候应该有着平和的心态与足够的耐心，运用自己的智慧去努力寻求在己方利益最大化的同时对方也能够接受的临界点，然后运用适宜的策略寻求双方重合的部分，使双方受益，谈判才可能达成一致。

实际上，非人为性僵局的出现可以使双方都有机会重新审视各自谈判的出发点，既能维护各自合理利益，又能注意挖掘双方共同利益；如果双方都逐渐认识到弥补现存的差距是值得的，并愿意采取相应的措施，包括做出必要的妥协，那谈判结果也符合谈判原本目的。这样，即使破裂，也可避免非理性合作，同时彼此增加了解，增进信任，为日后合作打下基础。

对大多数谈判僵局来说，如果谈判者能正确认识，恰当处理，即使无法变不利为有利，起码也能使谈判"软着陆"，使谈判得以继续进行。

对于情绪性僵局，主要是从回避的角度出发，想方设法排除误会，疏通路障。情绪性僵局往往是双方在商务谈判中由于激烈的气氛造成情绪失控所引发的，多是由于词句不当引发口角形成。化解情绪性僵局，应及时地协商休会，脱离接触，在心态上进行修复，调整失控的心理以转换气氛。如果双方主谈人的感情伤害已无法全面修复，一方对另一方不再信任时，就要及时更换谈判代表。

对于实质性僵局，应该从理解的角度排解矛盾，消除分歧，拉近距离，恢复正常谈判。当双方利益发生冲突时，坚持使用某些客观的标准来作决定，而不是双方意志力的比赛。要把人与问题分开，提出的方案要对彼此有利，坚持使用客观标准，可通过一些有说服力的资料劝说、提醒、引导对方。

实践表明，谈判僵局是一种客观存在的事实。既然不能避免，我们也不必惊慌失措。只要认真细致地分析引起僵局的根源，然后对症下药，采取灵活而又有针对性的措施进行化解，就能化险为夷。

掌握化解谈判僵局的基本原则

在谈判中，虽然谈判双方大都不希望出现僵局，但是现实中谈判僵局却是经常发生的；而僵局的持续必然给谈判双方带来一定的压力，甚至会导致谈判破裂。因此，当僵局形成以后，需要进行迅速的处理；而妥善地处理僵局，必须把握好其中的原则，以使谈判得以继续进行。

（1）了解性质和原因

谈判僵局出现后，要对僵局的性质、产生的原因等问题进行透彻的了解和分析，并且加以正确的判断，根据僵局的种类采取相应的策略和技巧，选择有效的方案。

（2）保持理性

真正的僵局形成后，谈判气氛随之紧张，这时双方都不可失去理智，任意冲动。必须明确冲突的实质是双方利益的矛盾，而不是谈判者个人之间的矛盾，因此要把人与事严格区分开来，不可夹杂个人情绪的对立，以致影响谈判气氛。

（3）语言适中

谈判人员在解释或回答反对意见时，尽量避免用针锋相对的口吻来反驳，应冷静、诚恳，解释时语言适中，既不多讲也不寡言。这样既可以减轻对方的负担，满足对方自尊心的需要，且可以在倾听对方意见的基础上探出对方的真实目的，为制定对策做好准备。同时，也应将自己的看法和对方意见的不实之处反馈给对方，形成谈判的对等局面。

（4）避免争吵

谈判既是智力的角逐，又是心理的较量。当谈判中分歧较大时，双方都

谈判心理学

会不同程度地流露出各自的情绪，即使在理智的控制下，言谈中难免会冷嘲热讽，甚至发生情绪的对立。为此，谈判者必须有较强的自控能力，防止变争论为争吵，不要因观点分歧而出言不逊，要注意语言的委婉性、艺术性，以充分的理由来强化说服力，同时注意对方的情绪变化，分析其心理状态，因势利导，寻求解决分歧的途径。争吵无助于矛盾的解决，只能使矛盾激化。如果谈判双方出现争吵就会使双方对立情绪加重，就很难打破僵局、达成协议。即使一方在争吵中获胜，另一方无论从感情上还是心理上都很难接受这种结果，谈判仍有重重障碍。

（5）求同存异

谈判的实质是谋求各方的利益，异议成为难解的焦点，根本原因在于双方摆不平各自的利益。因此，要采取求同存异的原则，让双方从各自的目前利益和长远利益两个方面来考虑，对双方的目前利益、长远利益做出调整，寻找双方都能接受的平衡点，最终达成谈判协议，则能从根本上扭转僵局，促成协议的达成。

（6）"闻过则喜"

人常说：嫌货才是买货人。谈判中出现意见分歧是平常的事，反对，一方面是谈判顺利进行的障碍，同时也是对议题感兴趣或想达成协议的表示。因此，听到对方的反对意见要"闻过则喜"，应诚恳表示欢迎。问题的关键是谈判双方在指导思想上都能坚持正确的谈判态度。提出反对意见者，说话要有充分依据，要尊重对方；被提意见者要谦虚，要欢迎对方畅所欲言。

（7）谅解疏导

当谈判出现意见对立的僵局时，双方除了要注意冷静聆听对方对自己观点的阐述外，还要变换自己谈话的角度，善于从对方角度解释你的观点，寻找双方共同的感受。从共同的信念、经验、感受和已取得的合作成果出发，积极、乐观地看待暂时的分歧。这种僵局的出现双方都是有责任的，因此在处理时，不要总是相信只有自己是有道理的，要多为对方想一想。

第十七章 化解谈判僵局：使"硬接触"变成"软着陆"

 灵活运用化解谈判僵局的方法

僵局是谈判中的一道"坎"，只有冲过这道坎的人，才是高明的谈判者。僵局并非死局，开局即僵，一僵就死的谈判是很少出现的，只要掌握化解僵局的方法，并灵活运用，让双方重新坐下来磋商并不是太难的事。

对于如何化解僵局，谈判专家总结了很多方法，下面选择一下比较有效的供大家参考：

（1）变换议题

在谈判的过程中，由于某个议题引起争执一时又无法解决，这时为了寻求和解不妨变换一下议题，把僵持不下的议题暂且搁置一旁，等其他议题解决好，再在"友好"的气氛中讨论僵持的议题。例如，双方在价格条款上互不相让、僵持不下，可以把这一问题暂时抛在一边，洽谈交货日期、付款方式、运输、保险等条款。如果在这些问题处理上，双方都比较满意，就可能坚定了解决问题的信心。如果一方特别满意，很可能对价格条款作出适当让步。

（2）从小问题入手

谈判之所以陷入僵局，很大程度上是因为双方在关键问题上不能达成一致，互不相让。而大问题是一个个小问题的汇集。一般来说，在小问题上双方容易达成一致，这就为集中精力解决大问题提供了有利条件，增强了谈判人员的信心。一旦双方在很多小问题上达成共识，谈判形势就会柳暗花明。所以，先从小问题入手不失为一种成功的谈判策略。

（3）制造假想的共同敌人

即使两个敌对的人在面临共同的强大敌人时也会联手合作。当对方强烈地反对时，可以制造一个假想的共同敌人，以转移对方的注意力。例如在竞争市场上，具有同样竞争力的中小企业，彼此间往往会产生纠纷，并演变到水火不容的地步。这时如果有一方提出："我们如果继续这样敌对的话，会让A公司坐享渔翁之利的。"如此一来，对方也会产生一种危机感，为了当前的利益，就会减弱敌对的情绪，进而使彼此之间和谐的接受气氛。如果能够将这种心理善加利用，就可以解除对立者之间的警戒状态，将对方的意见和态度引导到对自己有利的方向。另外，也可以将小的共同点扩大，使对方产生共同的感觉。

（4）寻找代替方案

谈判双方最初拿出的方案，一般是对自己有利的方案，双方都希望在谈判中，自己能获得多一些的利益。谈判各方在坚持自己的方案互不相让时，谈判就会陷入僵局。这时，各方最好是暂时放弃自己的谈判方案，共同来寻找一种可以兼顾各方利益的代替方案。这就需要我们提前多准备几套方案，在对方不同意自己方案的时候，就将下一套方案拿出来，如果对方还是不满意，就再拿出一套方案。自己准备的方案，肯定有利于自己，就算不主动将这些方案拿出来，在和对方商议的时候，该作出什么让步，自己心中也是有数的。如此，在对方提出解决方案的时候，自己就会知道要作多少妥协，有没有超过自己预先设想的范围。这样经过仔细思索才作出妥协，一般到谈判结束的时候，自己最起码是不会后悔的。如果在谈判之前不知道多想一份方案，在谈判的时候就会手忙脚乱，将自己的不足和缺点轻易暴露在对手的视野中，对手则会利用这样的机会争取更多的利益，这样的谈判对自己而言无疑是失败的。

（5）场外沟通

谈判者经常会有这样的感觉：在谈判桌上，双方态度严肃拘谨，陈词小心谨慎，在短兵相接时又常常唇枪舌剑、互不相让；而下了谈判桌以后，双方则态度轻松、气氛和谐。也许谈判本来就是如此，谈判桌上的剑拔弩张和谈判桌下的轻松愉悦构成了一道独特的谈判风景线。国外有谈判专家专门对此进行过多年的研究，结果发现，在大型劳资谈判或者商业谈判中经常出现这种局面，即越到谈判的最后阶段，正式谈判的会期往往变得越来越短，而分散的非正式谈判则变得越来越多、时间也越来越长，场外的交流也变得愈来愈频繁。谈判高手会在谈判过程中，通过转换谈判的环境、形式等方式来缓和之前的紧张气氛，使谈判对手的情绪发生改变，逐渐缩小双方的差距，最后达成谈判协议。

（6）暂时休会

夫妻吵架，分居一段时间，冷静之后也许就和好了。谈判各方由于一时"冲动"，在感情上"较劲"，这时，应当从谈判的实际利益出发，考虑暂且休会，等气氛缓和下来再谈。在冷静、平和的气氛中，谈判各方才会为了自身的利益求同存异。

（7）更换谈判人员

双方谈判人员如果互相产生成见，那么会谈就很难继续进行下去，即使是改变谈判场所，或采取其他缓和措施，也难以从根本上解决问题，因为这种局面主要是由对问题的分歧发展为双方个人之间的矛盾造成的。更换谈判人员可以缓和紧张的气氛，新的主谈人不受前主谈人的感情左右，会以新的姿态来到谈判桌上，使僵局得到缓解。

（8）抬出一个第三者

第三者可以扮演仲裁者或中间人。仲裁者和中间人有一个主要的区别：仲裁是指谈判开始之前双方都同意服从仲裁人的决定；调停人没有这种力量，是来帮助解决问题的，他的作用是催化剂，用谈判技巧寻找一个双方都认为合理的解决方案。没有经验的谈判者不愿意让调停人介入，因为他们认为没能力把问题解决好是自己的失败。其实没必要抱这种心理，第三者可以分别同双方接触，不会因为利害和偏见而过滤一些信息，也许会听见对手听不见的东西，可以更好地说服双方。仲裁人甚至可以强迫双方在24小时内拿出最后的方案，他会选择最为合理的一个，这样迫使每一方都提出更为合理的方案，因为他们都害怕对方的计划更好。实际上，这往往就是最后敲定的成交方案。不要认为带来一个第三者是自己的失败，此人有各种理由能找到一个你们双方都找不到的解决办法。

需要指出的是，在具体谈判中，最终采用何种方法来化解僵局，应该由谈判人员根据当时当地的谈判背景与形势来决定。一种方法可以有效地运用不同谈判僵局之中，但一种策略在某次僵局突迫中运用成功，并不一定就适用于其他同样的起因、同种形式的谈判僵局，只要僵局构成因素稍有差异，包括谈判人员组成不同，各种策略的使用效果都有可能迥然不同。问题还在于谈判人员本人的谈判能力和本方的谈判实力，以及是否能够灵活运用化解方法了。

谈判心理学

把协调的重点放在利益上，而不是立场上

谈判的目的往往是实现自己的利益，因而促使谈判者做出决定的是利益，利益是隐藏在立场背后的心理动机。立场是谈判者利益上的形式要求或以此而做出的某种决定。如果双方把争论的重点放在立场上，谈判就容易陷入僵局；而如果把重点放在利益上，往往很容易化解僵局。

有这样一个例子：

两个人在图书馆吵架，一个要把窗户打开，另一个要把窗户关上。他们俩为了窗户应该开多大争执不休，是露条缝、半开还是打开四分之三？没有一种方案能让两人都满意。

这时图书馆管理员走了进来，她问其中一个人为什么要开窗户，回答说："为了呼吸新鲜空气。"她又问另一个人为什么要关窗户，那人说怕有穿堂风。管理员想了一下，把隔壁房间的一扇窗户敞开了，这样既有了新鲜空气，又避免了穿堂风。

上面的例子在谈判中颇具代表性。表面上看起来，这两个人的问题在于他们的立场发生了冲突，既然双方的目标是在立场上达成共识，自然他们思考和谈论的都是立场——这往往使谈判陷入僵局。

如果管理员只注重他们俩的立场，一个要开窗，一个偏要关窗，她就很难找到

第十七章 化解谈判僵局：使"硬接触"变成"软着陆"

解决问题的办法。但是她把重点放在利益问题上，她注意到双方"空气流通"和"避免噪音"的两个潜藏的利益，抓住了问题的本质。

谈判中的基本问题常常不是立场上的冲突，而是在双方需求、欲望、关切和恐惧方面的冲突上，这些利益的冲突是立场冲突的更深刻的背景原因，如果能解决利益冲突，就更容易使谈判达成一致。

自"六日战争"以来，以色列一直占领着埃及的西奈半岛。1978年埃以双方坐下来进行和谈时，各自的立场互不相容。以色列坚持要占有西奈的部分地区，埃及则强烈要求以色列归还西奈的每一寸土地。人们一次次地划分界线，把西奈分给埃及和以色列。埃及决不接受这种妥协，以色列也拒不接受回到1967年以前的状态，谈判陷入了僵局。

考虑双方的利益而不是立场，使谈判有了转机。以色列需要的是安全，他们不想让埃及坦克驻扎在边境，随时有开过来的威胁。埃及的利益则在于主权，西奈半岛自法老时代起就一直是埃及的领土。在被希腊人、罗马人、土耳其人、法国人和英国人统治了几个世纪后，埃及才完全获得国家主权，当然不会轻易向任何外国征服者割让领土。

埃及总统萨达特与以色列总理贝京在戴维营最终达成了一项协议，让埃及拥有西奈半岛的全部主权，同时又保证了以色列的安全。协议把西奈半岛大片区域划为非军事区，埃及的国旗可以在西奈半岛随处飘扬，但埃及坦克则不得靠近以色列。

就双方的利益而不是各自的立场进行谈判是十分有益的。每一项利益可以通过多种方式得到满足，人们往往只采取最显而易见的立场。比如，以色列为了满足其安全利益的需要，宣布将保留西奈半岛的部分领土。如果能从对立的立场背后寻找利益动机，也许就能找到既满足自己的利益，又能满足对方利益的新立场。在西奈半岛问题上，非军事化就是这样一个新立场。

为什么通过调和双方的利益比调和彼此的立场更为有效呢？原因有三：一是立场通常只为某种利益的外部表象，无论立场怎么变化，都必须以利益为其根本；二是每一种利益从满足的途径和方式来讲是多方面的，调和利益

比较容易找到为各方都能接受的办法；三是在对立立场的背后所存在的共同利益，常常多于冲突性利益，而这些利益之间的互补性，就成为达成一项明智协议的诱因。

所以，在谈判中，双方应该把重点放在双方利益上来考虑问题，这既有利于避免谈判僵局，也有利于化解僵局。

谈判不是战争，而是求同存异、和而不同

虽然说谈判是一场心理战，但它毕竟不是战争，不是为了消灭对方，而是为了与对方合作。谈判是求同存异的过程，找到一个共同的利益点就可以和而不同。即使谈判中产生了分歧，甚至产生了很大的争端而陷入僵局，也不要去讲究谁对谁错。谈判中没有什么对错，只有能不能合作。

求同存异是周恩来处理复杂关系、解决复杂矛盾一以贯之的思想方法和行为模式，是周恩来辩证思维方式的实践范例。

1955年4月，周恩来为代表团首席代表，陈毅、叶季壮、章汉夫、黄镇为代表，参加了亚非会议。

会议定于4月18日至24日在印度尼西亚的避暑胜地、风光明媚的山城万隆市召开。15日晚，周恩来同尼赫鲁、吴努、纳赛尔、范文同、纳伊姆汗举行非正式六国会议交换意见。周恩来提出在亚非会议上不提共产主义问题，以免引起不必要的争论，致使会议无结果。这个建议获得一致赞同。

18日，亚非会议开幕。这是第一次由亚非国家独立召开，没有西方殖民国家参加的会议。帝国主义和反动派对这次会议十分害怕，极端仇视，一开始就施展种种阴谋，企图阻挠和破坏。中国代表团及时采取了预防措施。帝国主义见破坏会议召开的阴谋没有得逞，转而又利用亚非国家社会制度和意识形态的不同，以及长期殖民统治造成的相互之间的某些隔阂，挑拨离间，企图使会议陷于无休止的争论而归于失败：特别是挑唆中华人民共和国和其他亚非国家的关系。当时，参加会议的29个国家中，同中国建交的只有7个，同美国有援助关系的有22个。许多国家对中国很不了解，有些国家受帝国主

第十七章 化解谈判僵局：使"硬接触"变成"软着陆"

义的影响，对中国怀有恐惧甚至敌意。在帝国主义的挑唆下，会议一开始，有的国家的代表就提出所谓"共产主义威胁"，所谓"颠覆活动"等，会议气氛相当紧张。

4月19日，会议第二天的下午，轮到中国代表发言。鉴于以上情况，周恩来临时决定把原定的发言稿作为书面稿印发与会者，自己则利用午间的短暂休会时间起草补充发言稿，以回答对中国的造谣中伤。他一边写，一边交给工作人员译成外文。下午的全体会议上，他发言指出：

"中国代表团是来求团结而不是来吵架的。我们共产党人从不讳言我们相信共产主义和认为社会主义制度是好的。但是，在这个会议上用不着来宣传个人的思想意识和各国的政治制度，虽然这种不同在我们中间显然是存在的。"

他说："中国代表团是来求同而不是来立异的。在我们中间有无求同的基础呢？有的。那就是亚非绝大多数国家和人民自近代以来都曾经受过、并且现在仍在受着殖民主义所造成的灾难和痛苦。这是我们大家都承认的。从解除殖民主义痛苦和灾难中找共同基础，我们就很容易互相了解和尊重、互相同情和支持，而不是互相疑虑和恐惧、互相排斥和对立。"

他说："本来，对于美国一手造成的台湾地区的紧张局势，我们很可以在这里提出……请求会议加以讨论。……我们也可以提议会议讨论承认和恢复中华人民共和国在联合国的合法地位问题。……而且，中国在联合国所受的不公正待遇，也可以在这里提出批评。但是，我们并没有这样做。因为这样一来，就很容易使我们的会议陷入对这些问题的争论而得不到解决。"

他说："我们的会议应该求同而存异。"会议应该把"共同愿望和要求肯定下来"，"我们还应在共同的基础上来互相了解和重视彼此的不同见解"。他谈了不同的思想意识和社会制度问题、有无宗教信仰自由的问题、所谓颠覆活动的问题，并说，"中国俗话说'百闻不如一见'，我们欢迎所有到会的各国代表到中国去参观，你们什么时候去都可以，我们没有烟幕，倒是别人要在我们之间施放烟幕。"

他在发言的最后说："十六万万亚非人民期待着我们的会议成功。全世界愿意和平的国家和人民期待着我们的会议能为扩大和平区域和建立集体和

 谈判心理学

平有所贡献。让我们亚非国家团结起来，为亚非会议的成功努力吧！"

周恩来的发言获得了与会代表普遍热烈的欢迎和赞扬，会场响起了经久不息的掌声。当他讲毕回到自己的座位时，许多代表过来同他握手祝贺。缅甸总理说：周恩来的演说是"对打击中国的人一个很好的答复"。有些在会上发表过攻击中国的言论的代表也不得不承认"这个演说是出色的，和解的，表现了民主精神"。

这个发言，引导会议绕过暗礁，拨正方向，回到了正确的轨道上来。"求同存异"这个1954年周恩来曾提出的同英国等西方国家交往的方针，成了亚非会议的原则。

经过各国代表的反复磋商，特别是周恩来在坚持原则的基础上同意把五项原则的前四项改为七项，同意把"和平共处"一词改为联合国宪章的用词"和平相处"，这样，终于通过了万隆会议的十项原则。这十项原则，是照顾了有些国家避嫌不愿直接提和平共处五项原则的情况，实际上包括了和平共处五项原则的全部内容。

会议期间，周恩来打破资产阶级外交规格，同与会各国的代表，不管小国还是大国，已经建交还是尚未建交，都积极主动地进行了广泛的接触，交结了很多朋友，增进了各国对中国的了解，为后来一些亚非国家同中国建立外交关系创造了条件，为进一步发展中国同广大亚非国家的友好关系打下了良好的基础。

异中求同，是客观规律。国家与国家的建交是这样，企业与企业、个人与个人之间的交往也是如此。谈判中，有时固然因为时势的考虑、坚持原则的需要，但是在更多情况下，应以积极主动的姿态，努力从异中求同，这不仅能解决谈判僵局，也能让自己团结更多的力量有所作为。

第十八章

摆出双赢姿态：
让对方得到一些心理平衡

都说谈判讲究的是双赢，其实是否会双赢，跟双方的实力大小及谈判技巧的对比都有密切关系。不过，即使你在实力和技巧上有绝对的优势，也要适时摆出双赢姿态，给对方一些也"赢了"的心理安慰，否则双方的合作关系就难以建立或维持下去。

谈判是输是赢，只是一种心理感觉

谈判本身无所谓输赢，真正的输赢只是谈判双方的心理感觉——自己觉得这次谈判中提出的条件基本都实现了，所以自己赢了。

谈判的成败判定很主观，何谓输？何谓赢？标准存于双方各自的心中。谈判时，对峙的双方自然会为了争取自身的最大利益而明争暗斗，在此之余，如何让最终的结果令对方"觉得"自己赢了，进而将这种满意的感受延伸至后续的合作，就是成功谈判的艺术。也就是说，只要双方都觉得满意，无论旁人怎么说，都是一场成功的谈判。双方主观的感受决定了谈判的成败，而不是用量化统计出的表象获利率去决定胜负。

如果一场谈判，从头至尾，有一方总是处于挨打的状态，另一方意图追求独赢，那就称不上是谈判而是掠夺。因为这样的谈判很可能在走到终点之前，挨打方因为感受太差，单方退出。就算这一局对方迫于无奈而接受，那么下一次对方还会让步吗？恐怕连下一次的合作机会都没有了。

谈判时，最忌讳步步紧逼，做得太绝。逼得太紧的话，对方将封锁谈判沟通的桥梁，最终谁也得不到好处。很多人在谈判桌上不了解这个道理，不断得寸进尺，不给对方一点空间，最后导致谈判破裂。

谈判是为了合作，尤其是商业谈判，追究的是长久的利益，不是一次两次输赢的博弈。用自己的东西交换别人的东西，你得到了你想要的，对方得到了对方想要的，你感觉自己赢了，对方感觉他赢了，这种情况下，双方的合作关系才能持续下去。如果你战胜了对方，你赢了，对方输了，你得到了你想要的，对方失去了本不应该失去的，他为什么要和你合作呢？

如果谁都想完胜而不想完输，除了特殊情况，就都会互不相让，其结果往往不是只有一方输，而是双输。

谈判不是数学，而是注重感受的艺术。对"赢"的认定，每个人的解读都不同。因此，人们常说的"双赢"，其含义绝非像切橙子一样，两边各得百分之五十，而是在充分理解双方需求的基础上，各取所需，共同创造出双

第十八章　摆出双赢姿态：让对方得到一些心理平衡

赢的"感觉"。

管理大师玛丽·帕克·福利特曾经讲过一个"分橙姐妹"的故事。

姐妹俩只有一个橙子，姐姐想要用它来做橙汁，妹妹想要做甜点，谁都不让谁。她们提出了各自的需求，之后的争吵更是达到了白热化。最后争到都筋疲力尽时，姐妹俩决定平分，各得半个。姐姐用半个橙子榨了橙汁，扔掉了橙皮；而妹妹则是用她那一半的橙皮切碎做了甜点，扔掉了橙肉。垃圾车来了，把扔掉的橙皮橙肉一股脑都收走了……

在激烈的争吵中，两姐妹都没有注意到，其实有一个简单的双赢方案：姐姐能得到全部的橙肉去做橙汁，而妹妹能得到整个橙皮去做甜点。遗憾的是，垃圾车收走了一半的橙子，而她们却还没有领悟到错误。互不相让的强硬态度让"分橙姐妹"把一个简单的双赢局面搞成了"双输"。

很多谈判人员经常假设别人和自己要的是同一样东西，认为对自己很重要的东西，对方一定也会认为重要。其实不然，一场成功的谈判之所以能取得"双赢"的成果，不单单是因为一方获得了自己想要的东西，同时也是因为另一方也有了相似的感受。

因此，谈判不能计较谁拿的多谁拿的少，而要在乎彼此拿到的东西是不是如己所愿。谈判是各取所需，虽然每个人拿到的分量和东西可能并不一定相同，但是因为得到的是自己最想要的，所以才会有"赢"的感觉。双方都有这种感觉，就成了双赢。

将赢的感觉给对方，把目标达成给自己

谁都想赢得谈判，但真正的赢不是谁胜谁败，真正的赢，大多数时候要给对方一种赢的感觉，让对方觉得自己才是聪明人。

如果你是一个谈判高手，你会明白这种心理，让对手感觉到他自己才是真正谈判的"赢"家！这一点，很多小商贩都运用娴熟。

初夏，底特律商务谈判公司的高级职员大卫·鲍鲁斯携妻到墨西哥城休假。一天傍晚，夫妇俩在街上散步，鲍鲁斯太太突然碰了碰丈夫的臂肘说："看，街那头挺热闹的，咱们过去瞧瞧。"

大卫知道太太爱买东西，支吾着说："你如果想购物自己去吧，待会儿我们在旅馆见。"富有独立精神的鲍鲁斯太太微笑着挥手跟丈夫道别。

鲍鲁斯随着人潮往前走，前面渐渐闪出一条空隙。鲍鲁斯正在疑惑，一个墨西哥汉子走了过来。大热天，他脖子围着羊毛披肩，身上挂满披肩，冲着鲍鲁斯喊："1200比索！"

"我没有买羊毛披肩的念头。自幼我就没有想过要一条披肩，现在也不打算想像围一条披肩会是什么模样。告诉你，我不买！"鲍鲁斯说罢转身就走。

"好吧，我降到1000比索。"墨西哥汉子边追边说。

鲍鲁斯干脆不理他，加快脚步朝前走。

"我破例卖给你，800比索。"墨西哥汉子追上来又说。

鲍鲁斯猛地转身，对着小贩一字一板地说："朋友，我确实佩服你坚持不懈的精神，不过我不需要披肩，请你向别人兜售吧。明白吗？"说完侧身而过。

鲍鲁斯大步往前走，背后却又响起了脚步声，"800比索！800比索！"的叫喊声同时飞入耳膜。

鲍鲁斯走到十字路口，遇上红灯停下脚步。墨西哥汉子跑到鲍鲁斯身旁，自言自语地说："先生，500比索。先生，500比索。"

绿灯一亮，鲍鲁斯快步冲上马路，谁知刚过了马路，墨西哥汉子的话音

第十八章　摆出双赢姿态：让对方得到一些心理平衡

又追了上来："先生，我佩服你的眼力，好吧，400比索卖给你。"

鲍鲁斯又热又累，汗流浃背，对墨西哥汉子的执拗火冒三丈，突然转身大吼："见鬼！我告诉过你，我不要披肩！别再跟着我！"

"好吧，算你赢了。"满脸流汗的小贩回答道："只卖你200比索。"

"你说什么？"鲍鲁斯对他自己的反应也吃了一惊。

"200比索。"小贩重复道。

"好吧！让我看看你的披肩。"出乎意料地，鲍鲁斯对小贩说。既然不喜欢披肩，为什么又关心价格呢？鲍鲁斯想自己那时真是鬼使神差了。但小贩从1200比索降到200比索。他实在不知道自己有什么魅力，竟让小贩对他情有独钟，这么热的天紧追不放，把价钱降了1000比索。

虽然浑身是汗，鲍鲁斯还是将披肩披在身上，得意洋洋走进旅馆，兴奋地冲太太喊道："嘿，你看我买了什么？只花了320000索"

鲍鲁斯太太笑了笑说："真有趣，我也买了一条，颜色和图案跟您的一模一样，就放在包里。不过，请别生气，我只花了150比索。"说罢她取出披肩。

项刻间，鲍鲁斯颜面扫地。

鲍鲁斯本来不需要披肩，只是那个小贩完美的谈判过程使他的心理得到了满足，一种虚荣心得到了满足。墨西哥小贩是聪明的，他告诉鲍鲁斯"算你赢了"，可是他才是真正的"赢家"！

所以，在谈判过程中，可以通过适当的自我调整，改变客户的心理认知，让对方觉得赢了谈判，但同时又达成了自己的目标。

即使你拥有绝对的优势，也不要忘了让对方感觉是因为在谈判过程中锲而不舍的努力取得的一些胜利。这一则显示了你的大度和良好的修养，二来也让对方脸上有光。即便这次他们没有得到自己想要的，但因为他的心理上得到了满足，也许下次还会考虑和你合作。

谈判心理学

☕ 吃肉时，别忘记留一碗汤给对方喝

谈判是一个高度的对抗性、又有高度的合作性的心理博弈过程，是通过反复的沟通协调，双方某些利益被保留、某些利益被放弃的过程。

谈判虽然最终以利己为目的，但问题是不考虑对方利益的利己主义常常导致合作不能达成而无法真正实现利己。而适当考虑对方利益的合作性利己主义，反而更可能实现利己的目的。因此，即使你在谈判中占极大优势时，吃肉的时候也别忘了给对方留一碗汤。

李嘉诚说过这样一段发人深省的话："做事要留有余地，不把事情做绝。利人才能利己。有钱大家赚，利润大家分享，这样才有人愿意合作。"

谈判时试图一人得利，也许能得一时之利，但不能得长久之利。它容易招来大家的嫉恨，看起来是占便宜，其实却是吃了大亏。因此，有了好处就要雨露均沾，这样别人有了好处时才会想着你。

很多人片面的认为谈判就是赤裸裸的利益之争，一方所得一定是另一方所失。于是，在谈判中我们经常可以见到这样的现象：谈判双方针锋相对、各不相让，即使为了很小的利益也不愿轻易放手，直到榨干对方最后一滴可以榨出的油水为止。

比尔·盖茨和他的微软公司设计的第一个软件产品是为罗伯茨的微型仪器公司提供的，由于微软刚刚起步，在谈判中盖茨几乎被罗伯茨完胜。根据合同，微软公司按出售的软件数量提取版税，同时规定，微软公司不得单方面向微型仪器公司的竞争对手出售这套软件，但微型仪器公司有义务为微软公司全力推销这套软件。

罗伯茨是第一个开发出微型电脑的人，他的产品在当时没有竞争对手，罗伯茨因此大赚其钱。

两年后，成批电脑公司跻身市场，生产出质量更优良的微型电脑，罗伯茨的生意日渐萎缩。他不去考虑如何提高技术改进产品，却想出了一个促销

第十八章 摆出双赢姿态：让对方得到一些心理平衡

的损招：搭配销售。

罗伯茨规定，顾客只需付300多美元，就可得到一台微型仪器公司的电脑，外加一套微软公司的软件；但是，如果单买微软公司的软件，需付500美元。这明明就是不打算单独出售软件。因为他知道，很多电脑爱好者想要的是微软公司的软件，而不是他的电脑。

罗伯茨这样做，等于是为了自己的利益而出卖微软公司的利益。搭售方式使软件销量剧减，微软公司得到的版税收入也越来越少，已降到每月3500美元，尚不够支付员工薪水。而它又没有别的收入来源，照此下去，非倒闭不可。

比尔·盖茨多次找罗伯茨谈判，希望得到向其他电脑公司出售软件的许可。这对罗伯茨也是有好处的，因为他能得到其中一半收入。但他害怕竞争对手壮大起来，断然拒绝了盖茨的谈判条件。

无奈之下，盖茨决心通过法律手段，与微型仪器公司解除合约，终止合作关系。

这场官司持续了几个月，最后，法庭判微软获胜。从此，他再也不用受罗伯茨的牵制了。

罗伯茨的电脑失去微软的软件支持，已无畅销可能。他知道这一点。在官司结束前，就把微型仪器公司卖掉了，转而经营一家农场。后来，他在一个小镇上当了医生。

"单赢"策略会成为潜在的危机，影响本是强者的你，使你反胜为败！

如果你有肉吃，对方连汤都没的喝，那么这样的合作是绝不会长久的。真正的谈判高手都是极具长远眼光的，他们重在与对方建立长远真诚的合作关系，不会欺凌弱小，在自己得到利益的同时，也会给予对方想要的东西。

总之，谈判的目的并不是自己取胜，而是双方合作成功，即争取达到一个双赢的结果。创造性的谈判结局是当你和对方一起离开谈判桌的时候，你们都觉得自己赢了，以获得的是良好的合作环境。

在谁都不会输的基础上谋求共赢

谈判从某种程度上,可以说是参与谈判的各方斗智斗勇的过程,谈判各方基于各方利益的考虑,综合运用各种策略、手段等为各自方争取尽可能大的利益空间。因此,谈判的结果往往不外乎以下三种:共赢、有赢有输、不欢而散(双输)。

对谈判各方来说,如果需要合作,达成共赢无疑是一个最优的结果。

美国一位心理学家做过一个"囚犯二难"游戏:

假设两名嫌犯被扣留起来,分开羁押,地方检察官确信他们犯下一桩罪案,但没有足够的证据起诉他们。他对两个人中的每一个说,如果没有人招认,每人服刑一年;如果一个招认,另一个不招认,招认方将得到特别处理(只判半年),另一方则从重判罚,肯定不少于20年监禁;如果两个人同时招认,他就会请求宽大处理,各判8年。

如果1号招认,2号不招认,则1号只服刑半年,这是所能得到的最好结果,而2号则被判20年,这是2号所能得到的最坏结果。但1号知道,这样做非常冒险:如果他和2号都招了,那么每个人都要服刑8年。因而,最好的结果就是不招认。如果他不招,2号也不招,则每人只服刑一年,结果不算太坏。但是,如果他不招,2号却招了——则2号只判半年,他却得服刑20年!

显然,最好的结果,是他们做出对两人都有利的选择——不招认,如果两人中的任何一个基于害怕或贪心而做出选择,则双方都将失败。

后来,哥伦比亚大学师范学院的默顿·多伊奇教授,受"囚犯二难"游戏启发,开始研究人们在"混合动机情形"下的竞争与合作行为,如劳资争议或裁军谈判等。

在这些情形下,当事的一方总是寻求从对方的代价中获取更多的利益,但又存在着与对方的共同利益,因而并不想毁灭对方,这就需要建立一种竞争与合作的机制。于是,他在"囚犯二难"游戏的基础上加以修改,推出了一套全新的"多伊奇游戏",期望通过参与这个游戏,对竞争双方有所启迪。

第十八章　摆出双赢姿态：让对方得到一些心理平衡

和"囚犯二难"游戏类似，在多伊奇式游戏里，每个玩家都想在两种选择中胜出，成为赢家，但是，其结果还要取决于另外一个玩家的选择：

玩家 1 可选择 X1 或 Y1，玩家 2 可选择 X2 或 Y2。如果玩家 1 选 X1，玩家 2 选 X2，他们都可得到 8 美元，但如果玩家 1 选 X1 时玩家 2 选 Y2，玩家 1 会得到 10 美元，玩家 2 则输 10 美元；如果玩家 1 选 X2，玩家 2 选 Y1，玩家 2 就赢 10 美元，玩家 1 输 10 美元；如果两人选的是 X2 和 Y2，则他们各输 8 美元。

假如完全靠猜谜一样地揣摩对方的心思来押宝，与赌博毫无二致，你可能赢上一轮两轮，但谁也不可能成为永远的赢家。只有当两个玩家选择最有利于双方的步骤时，他们才可能实现互利和双赢，即分别选择 X1 和 X2，同时各赢 8 美元。每次都这样做，双方都会成为赢家。任何一方若一心只顾及自己的利益，则他可能这次赢回 10 美元，对方输掉 10 美元，但也存在自己输掉 10 美元而让对方赢取 10 美元，或与对方一起输掉 8 美元的可能。100 轮，1000 轮过后，结果会怎样？

多伊奇为了向他预设的目的引导，提醒部分志愿者要学会换位思考："你们得考虑自己是合作者。你们对伙伴的好处和对自己的好处同样关心。"有时，他会让一个或两个玩家在听说对方的选择后适当改变自己的选择，双方甚至可以相互传递纸条，告诉对方自己的意图，比如："我会合作，也希望你合作。这样的话，我们便可双赢。"

人们在进行谈判时，常常想到的都是击败对手，尽量地来满足自己的要求，以获取最大限额的经济利益，其实这样做有时对自己反而不利，最起码不利于长久地获利。谈判，应当以最终的谈判结果能够给双方带来好处和实惠为原则，谈判的双方最后都应当是胜利者。如果在谈判中双方都能本着互惠互利的精神，那么谈判的双方最后都应当是胜利者。

与人谈判的时候，不要存有"我胜你败"的想法与做法，应当在谁都不输的基础上，达成双方都能接受的"双赢"协议。

谈判心理学

☕ 寻找使双方需要都能满足的方案

世界著名的心理学家马斯洛博士在其需要层次理论中提出,需要是人一切行动的原动力,人的行为是由动机支配的,而动机则是由需要产生的。一个人会同时存在多种多样的需要,包括物质需要和精神需要,但是每种需要的重要性,在不同的时期和不同的环境具有不同的地位。每一个人都会首先寻求满足他的最重要的那个需要,可以说人的一生就是为了满足需要而与自然、社会不断进行拼搏的持久斗争的一生。

同样,谈判活动也是建立在人们需要的基础之上的,它是处在不同角度、不同经济发展状况下的不同的人或团体为了满足各自切身利益的需要,而通过一定的形式达成的某种目标的外在表现。正是因为有了各种层次的需要,才使谈判的各方在谈判桌上进行各种形式的磋商,最终达成满足彼此需要的目的。

美国谈判学会主席杰勒德·尼尔伦伯格根据其对马斯洛的需要层次理论进行研究,总结出了著名的"谈判需要理论"。

他在其论著《谈判艺术》一书中提出,需要和对需要的满足是一切谈判的共同基础和动力。谈判的前提是参与各方都被自己的需要所策动,都期望通过谈判得到某种利益,满足某种需要。如果不存在还未满足的需要,那么,就不会与他人坐到一起去谈判。例如在商务谈判中,买方希望以最低廉的条件换取货物或服务,来满足自己的消费需求;而卖方则希望以最理想的条件出售货物或服务,来满足自己对货币的需求——谈判双方都有通过谈判满足自己需要的愿望。

伊沃.昂特在其所著的《谈判无输家》一书中,讲了一个很有典型意义的小例子:

一位买方收到报价:14750美元,提供10台计算机及相应的软件,报价包括送货及安装软件。买主研究了几份价格较低的相似报价后,要求卖主把

第十八章 摆出双赢姿态：让对方得到一些心理平衡

价格降低到 12500 美元。对卖主来说，底价是 12875 美元，低于这个价就有损失。

卖主这时想：我们能附加什么服务或什么设备才能增加买主采购的价值呢？如果我们提出让买方的 5 名职员学习 WORD，那对我们意味着什么呢？我们每周都举办这样的培训班，每个参加者的收费是 187.5 美元。另一方面，在培训班里总有 1 至 2 个名额是空缺的。如果买方接受这种安排，我们的花费并不增加。

在有名额要利用的条件下，卖方向客户提出了每周送 1~2 人参加培训的建议，总共 5 个名额。与这种培训班的通常价格比起来，每个人将得到 50% 的优惠。建议提出后，如果买方认为 5 个名额不够，在名额问题上还有谈判余地。另外，也可在较低价位上向买方提供大的控制器或其他提高硬件的设备。在这点上，如果买主觉得这些并不代表附加值，他显然不会有兴趣。这样，卖方能做的，是减少报价中包括的内容，相应地降低价格。卖方还能建议买主自己安装软件，自己去取计算机，如果这样的安排能为卖方节省劳动力成本 500 美元的话，卖方可以保留其中的部分，譬如 125 美元，以增加这些买卖带来的纯利，余下的部分满足买主的降价要求。如果买方不同意这样做，卖方只好降价，但要求提前付款，而不是通常的 30 天信用期。"

就这样，问题妥善解决了，而且两方都感到十分满意。

在这则小案例中，如果卖方坚持 14750 美元的报价，而不采取其他相关的服务与谈判策略，可能双方的谈判就结束了。所以我们说，要想使谈判获得真正的成功，不能仅仅以满足自己的需要为出发点，而是应该通过共同磋商，尽全力地、创造性地寻找能够满足双方需要的解决方案。这种谈判的努力与结果，同双方谁都想得到一切、谁也不能忍受对方获利，直到一方放弃相比，显然能创造更大的整体价值和利润。

谈判起因于需要，需要和对需要的满足是谈判双方所共同追求的，如果能在满足自身需要的基础上切实满足或创造出对方的需要，那么你在谈判中就会处于有利的主导地位，而你和对方的谈判也会在双赢中迎来一个两全其美的结局。

主要参考文献

1. 莱希.《心理学导论》.上海人民出版社，2010.01。
2. 宋豫书.《优势谈判技巧》.化学工业出版社，2010.6。
3. 申纲领.《谈判与推销》.电子工业出版社，2010.7。
4. 孙科炎.《情绪心理学》.中国电力出版社，2010.10。
5. 罗毅.《攻心说话术》.重庆出版社，2011.01。
6. 马斐.《赢在谈判》.中国物资出版社，2011.5。
7. 白山.《谈判制胜道与术》.北京工业大学出版社，2011.6。
8. 博瀚.《心理学的诡计大全集》.同心出版社，2012.5。
9. [美]詹姆斯 著，唐钺 译.《心理学原理》.北京大学出版社，2013.02。
10. 李力刚.《谈判说服力》.北京联合出版公司，2013.7。
11. 李维.《破解谈判密码》.新华出版社，2013.9。
12. [美]罗杰·道森 著 刘祥亚 译.《优势谈判》.重庆出版社，2013.10。
13. 高建国.《人性心理学》.中国经济出版社，2013.12。
14. 王嘉铄.《谈判共赢》.中华工商联合出版社，2014.3。
15. 张婵婵.《谈判力》.贵州人民出版社，2014.5。
16. 文天行.《每天一堂谈判课》.中国华侨出版社，2014.6。
17. 连山.《心理学与口才技巧》.中国华侨出版社，2015.01。
18. 吴全会.《基础心理学》.北京师范大学出版社，2015.02。